OEUVRES DIVERSES.

OEUVRES

DE

MONTESQUIEU

AVEC

ÉLOGES, ANALYSES, COMMENTAIRES,

REMARQUES, NOTES, RÉFUTATIONS, IMITATIONS;

PAR

MM. DESTUTT DE TRACY, VILLEMAIN,

MEMBRES DE L'INSTITUT;

D'ALEMBERT, HELVÉTIUS, VOLTAIRE, CONDORCET ET BERTOLINI.

OEUVRES DIVERSES.

A PARIS,

CHEZ DALIBON, LIBRAIRE

DE S. A. R. MONSEIGNEUR LE DUC DE NEMOURS,

RUE HAUTEFEUILLE, N° 10.

M. DCCC. XXVII.

OEUVRES
DE
MONTESQUIEU.

TOME VI.

CHEZ HENRI FERET, LIBRAIRE,
PLACE DU PALAIS-ROYAL, GALLRIE DE NEMOURS, N° 5.

IMPRIMERIE DE MARCHAND DU BREUIL,
RUE DE LA HARPE, N° 80.

ARSACE
ET ISMÉNIE,
HISTOIRE ORIENTALE.

AVIS.

M. de Montesquieu avoit pris bien de la peine pour poser des bornes entre le despotisme et la monarchie tempérée, qui lui sembloit le gouvernement naturel des Français; mais comme il est toujours fort dangereux que la monarchie ne tourne en despotisme, il auroit voulu, s'il eût été possible, rendre le despotisme même utile. Dans cette vue il a tracé la peinture la plus riante d'un despote qui rend ses peuples heureux : il s'est peut-être flatté qu'un jour, en lisant son ouvrage, un prince, une reine, un ministre, désireroient de ressembler à Arsace, à Isménie, ou à Aspar, ou d'être eux-mêmes les modèles d'une peinture encore plus belle.

Au reste, plusieurs hommes peuvent être ou despotes ou rois dans leur famille, dans leur société, dans leurs emplois divers : nous pouvons tous faire notre profit de l'Esprit des Lois et de cet ouvrage-ci.

L'auteur voyoit l'empire que les femmes ont aujourd'hui sur les pensées des hommes : pour s'assurer les disciples, il a cherché à se rendre les maîtres favorables; il a parlé la langue qui leur est la plus familière et la plus agréable; il a fait un roman : il y a peint l'amour tel qu'il le sentoit, impétueux, rarement sombre, souvent badin.

ARSACE ET ISMÉNIE,

HISTOIRE ORIENTALE.

Sur la fin du règne d'Artamène, la Bactriane fut agitée par les discordes civiles. Ce prince mourut accablé d'ennuis, et laissa son trône à sa fille Isménie. Aspar, premier eunuque du palais, eut la principale direction des affaires. Il désiroit beaucoup le bien de l'état, et il désiroit fort peu le pouvoir. Il connoissoit les hommes, et jugeoit bien des événemens. Son esprit étoit naturellement conciliateur, et son âme sembloit s'approcher de toutes les autres. La paix, qu'on n'osoit plus espérer, fut rétablie. Tel fut le prestige d'Aspar; chacun rentra dans le devoir, et ignora presque qu'il en fût sorti. Sans effort et sans bruit, il savoit faire les grandes choses.

La paix fut troublée par le roi d'Hyrcanie. Il envoya des ambassadeurs pour demander Isménie en mariage; et, sur ses refus, il entra dans la Bactriane. Cette entrée fut singulière. Tantôt il paroissoit armé de toutes pièces, et prêt à combattre ses ennemis; tantôt on le voyoit vêtu comme un amant que l'amour conduit auprès de sa maîtresse. Il menoit avec lui tout ce qui étoit propre à un appareil de noces ; des danseurs, des joueurs d'instrumens, des farceurs, des cuisiniers, des eunuques, des femmes ; et il menoit avec lui une formidable armée. Il écrivoit à la reine les lettres du monde les plus tendres ; et d'un autre côté, il ravageoit tout le pays : un jour étoit employé à des festins, un autre à des expéditions militaires. Jamais on n'a vu une si parfaite image de la guerre et de la paix, et jamais il n'y eut tant de dissolution et tant de discipline. Un village fuyoit la cruauté du vainqueur ; un autre étoit dans la joie, les danses et les festins ; et, par un étrange caprice, il cherchoit deux choses incompatibles, de se faire craindre, et de se faire aimer : il ne fut ni craint, ni aimé. On opposa une armée à la sienne ; et une seule bataille finit la guerre. Un soldat nouvellement arrivé dans l'armée des Bactriens fit des prodiges de valeur ; il perça jusqu'au lieu où combattoit vaillamment le roi d'Hyrcanie, et le fit prisonnier. Il remit ce prince à un officier, et, sans dire son nom, il alloit rentrer dans la foule : mais, suivi par les acclamations, il fut mené comme en triomphe à la tente du général. Il parut devant lui avec une noble assurance ; il parla modestement de son action. Le général lui offrit des récompenses ; il s'y montra insensible : il voulut le combler d'honneurs; il y parut accoutumé.

Aspar jugea qu'un tel homme n'étoit pas d'une naissance ordinaire. Il le fit venir à la cour; et quand il le vit, il se confirma encore plus dans cette pensée. Sa présence lui donna de l'admiration; la tristesse même qui paroissoit sur son visage lui inspira du respect; il loua sa valeur, et lui dit les choses les plus flatteuses. Seigneur, lui dit l'étranger, excusez un malheureux que l'horreur de sa situation rend presque incapable de sentir vos bontés, et encore plus d'y répondre. Ses yeux se remplirent de larmes, et l'eunuque en fut attendri. Soyez mon ami, lui dit-il, puisque vous êtes malheureux. Il y a un moment que je vous admirois; à présent je vous aime; je voudrois vous consoler, et que vous fissiez usage de ma raison et de la vôtre. Venez prendre un appartement dans mon palais; celui qui l'habite aime la vertu, et vous n'y serez point étranger.

Le lendemain fut un jour de fête pour tous les Bactriens. La reine sortit de son palais, suivie de toute sa cour. Elle paroissoit sur son char, au milieu d'un peuple immense. Un voile qui couvroit son visage laissoit voir une taille charmante; ses traits étoient cachés, et l'amour des peuples sembloit les leur montrer.

Elle descendit de son char, et entra dans le

temple. Les grands de Bactriane étoient autour d'elle. Elle se prosterna, et adora les dieux dans le silence ; puis elle leva son voile, se recueillit, et dit à haute voix :

Dieux immortels ! la reine de Bactriane vient vous rendre grâces de la victoire que vous lui avez donnée. Mettez le comble à vos faveurs, en ne permettant jamais qu'elle en abuse. Faites qu'elle n'ait ni passions, ni foiblesses, ni caprices ; que ses craintes soient de faire le mal, ses espérances de faire le bien ; et puisqu'elle ne peut être heureuse...., dit-elle d'une voix que les sanglots parurent arrêter, faites du moins que son peuple le soit.

Les prêtres finirent les cérémonies prescrites pour le culte des dieux ; la reine sortit du temple, remonta sur son char, et le peuple la suivit jusqu'au palais.

Quelques momens après, Aspar rentra chez lui ; il cherchoit l'étranger, et il le trouva dans une affreuse tristesse. Il s'assit auprès de lui, et ayant fait retirer tout le monde, il lui dit : Je vous conjure de vous ouvrir à moi. Croyez-vous qu'un cœur agité ne trouve point de douceur à confier ses peines ? C'est comme si l'on se reposoit dans un lieu plus tranquille. Il faudroit, lui dit l'étranger, vous raconter tous les événemens de ma vie. C'est ce que je vous demande, reprit Aspar ; vous parlerez à un homme sensible : ne me cachez rien ; tout est important devant l'amitié.

Ce n'étoit pas seulement la tendresse et un sentiment de pitié qui donnoit cette curiosité à Aspar. Il vouloit attacher cet homme extraordinaire à la cour de Bactriane ; il désiroit de connoître à fond un homme qui étoit déjà dans l'ordre de ses desseins, et qu'il destinoit dans sa pensée aux plus grandes choses.

L'étranger se recueillit un moment, et commença ainsi :

L'amour a fait tout le bonheur et tout le malheur de ma vie. D'abord il l'avoit semée de peines et de plaisirs ; il n'y a laissé dans la suite que les pleurs, les plaintes et les regrets.

Je suis né dans la Médie, et je puis compter d'illustres aïeux. Mon père remporta de grandes victoires à la tête des armées des Mèdes. Je le perdis dans mon enfance, et ceux qui m'élevèrent me firent regarder ses vertus comme la plus belle partie de son héritage.

A l'âge de quinze ans on m'établit. On ne me donna point ce nombre prodigieux de femmes dont on accable en Médie les gens de ma naissance. On voulut suivre la nature, et m'apprendre que, si les besoins des sens étoient bornés, ceux du cœur l'étoient encore davantage.

Ardasire n'étoit pas plus distinguée de mes autres femmes par son rang que par mon amour. Elle avoit une fierté mêlée de quelque chose de si tendre, ses sentimens étoient si nobles, si différens de ceux qu'une complaisance éternelle met dans le cœur des femmes d'Asie; elle avoit d'ailleurs tant de beauté, que mes yeux ne virent qu'elle, et mon cœur ignora les autres.

Sa physionomie étoit ravissante; sa taille, son air, ses grâces, le son de sa voix, le charme de ses discours, tout m'enchantoit. Je voulois toujours l'entendre; je ne me lassois jamais de la voir. Il n'y avoit rien pour moi de si parfait dans la nature; mon imagination ne pouvoit me dire que ce que je trouvois en elle; et quand je pensois au bonheur dont les humains peuvent être capables, je voyois toujours le mien.

Ma naissance, mes richesses, mon âge, et quelques avantages personnels, déterminèrent le roi à me donner sa fille. C'est une coutume inviolable des Mèdes, que ceux qui reçoivent un pareil honneur renvoient toutes leurs femmes. Je ne vis dans cette grande alliance que la perte de ce que j'avois dans le monde de plus cher; mais il me fallut dévorer mes larmes, et montrer de la gaieté. Pendant que toute la cour me félicitoit d'une faveur dont elle est toujours enivrée, Ardasire ne demandoit point à me voir, et moi je craignois sa présence, et je la cherchois. J'allai dans son appartement; j'étois désolé. Ardasire, lui dis-je, je vous perds.... Mais sans me faire ni caresses ni reproches, sans lever les yeux, sans verser de larmes, elle garda un profond silence; une pâleur mortelle paroissoit sur son visage, et j'y voyois une certaine indignation mêlée de désespoir.

Je voulus l'embrasser; elle me parut glacée, et je ne lui sentis de mouvement que pour échapper de mes bras.

Ce ne fut point la crainte de mourir qui me fit accepter la princesse, et, si je n'avois tremblé pour Ardasire, je me serois sans doute exposé à la plus affreuse vengeance. Mais quand je me représentois que mon refus seroit infailliblement suivi de sa mort, mon esprit se confondoit, et je m'abandonnois à mon malheur.

Je fus conduit dans le palais du roi, et il ne me fut plus permis d'en sortir. Je vis ce lieu fait pour l'abattement de tous, et les délices d'un seul; ce lieu où, malgré le silence, les soupirs de l'amour sont à peine entendus; ce lieu où règne la tristesse et la magnificence, où tout ce qui est inanimé est riant, et tout ce qui a de la vie est sombre, où tout se meut avec le maître, et tout s'engourdit avec lui.

Je fus présenté le même jour à la princesse; elle pouvoit m'accabler de ses regards, et il ne me fut pas permis de lever les miens. Étrange effet de la grandeur! Si ses yeux pouvoient parler, les miens ne pouvoient répondre. Deux eunuques avoient un poignard à la main, prêts à expier dans mon sang l'affront de la regarder.

Quel état pour un cœur comme le mien, d'aller porter dans mon lit l'esclavage de la cour, suspendu entre les caprices et les dédains superbes; de ne sentir plus que le respect, et de perdre pour jamais ce qui peut faire la consolation de la servitude même, la douceur d'aimer et d'être aimé!

Mais quelle fut ma situation lorsqu'un eunuque de la princesse vint me faire signer l'ordre de faire sortir de mon palais toutes mes femmes. Signez, me dit-il, sentez la douceur de ce commandement: je rendrai compte à la princesse de votre promptitude à obéir. Mon visage se couvrit de larmes; j'avois commencé d'écrire, et je m'arrêtai. De grâce, dis-je à l'eunuque, attendez; je me meurs.... Seigneur, me dit-il, il y va de votre tête et de la mienne; signez : nous commençons à devenir coupables; on compte les momens; je devrois être de retour. Ma main tremblante ou rapide (car mon esprit étoit perdu) traça les caractères les plus funestes que je pusse former.

Mes femmes furent enlevées la veille de mon mariage, mais Ardasire, qui avoit gagné un de mes eunuques, mit une esclave de sa taille et de son air sous ses voiles et ses habits, et se cacha dans un lieu secret. Elle avoit fait entendre à l'eunuque qu'elle vouloit se retirer parmi les prêtresses des dieux.

Ardasire avoit l'âme trop haute pour qu'une loi qui sans aucun sujet privoit de leur état des femmes légitimes pût lui paroître faite pour elle. L'abus du pouvoir ne lui faisoit point respecter le pouvoir. Elle appeloit de cette tyrannie à la nature, et de son impuissance à son désespoir.

La cérémonie du mariage se fit dans le palais. Je menai la princesse dans ma maison. Là, les concerts, les danses, les festins, tout parut exprimer une joie que mon cœur étoit bien éloigné de sentir.

La nuit étant venue, toute la cour nous quitta. Les eunuques conduisirent la princesse dans son appartement : hélas ! c'étoit celui où j'avois fait tant de sermens à Ardasire. Je me retirai dans le mien plein de rage et de désespoir.

Le moment fixé pour l'hymen arriva. J'entrai dans ce corridor, presque inconnu dans ma maison même, par où l'amour m'avoit conduit tant de fois. Je marchois dans les ténèbres, seul, triste, pensif, quand tout-à-coup un flambeau fut découvert. Ardasire, un poignard à la main, parut devant moi. Arsace, dit-elle, allez dire à votre nouvelle épouse que je meurs ici ; dites-lui que j'ai disputé votre cœur jusqu'au dernier soupir. Elle alloit se frapper ; j'arrêtai sa main. Ardasire, m'écriai-je, quel affreux spectacle veux-tu me donner !.... et lui ouvrant mes bras : Commence par frapper celui qui a cédé le premier à une loi barbare. Je la vis pâlir, et le poignard lui tomba des mains. Je l'embrassai, et je ne sais par quel charme, mon âme sembla se calmer. Je tenois ce cher objet : je me livrai tout entier au plaisir d'aimer. Tout, jusqu'à l'idée de mon malheur, fuyoit de ma pensée. Je croyois posséder Ardasire, et il me sembloit que je ne pouvois plus la perdre. Étrange effet de l'amour ! mon cœur s'échauffoit, et mon âme devenoit tranquille.

Les paroles d'Ardasire me rappelèrent à moi-même. Arsace, me dit-elle, quittons ces lieux infortunés ; fuyons. Que craignons-nous ? nous savons aimer et mourir.... Ardasire, lui dis-je, je jure que vous serez toujours à moi ; vous y serez comme si vous ne sortiez jamais de ces bras : je ne me séparerai jamais de vous. J'atteste les dieux que vous seule ferez le bonheur de ma vie.... Vous me proposez un généreux dessein : l'amour me l'avoit inspiré : il me l'inspire encore par vous ; vous allez voir si je vous aime.

Je la quittai, et, plein d'impatience et d'amour, j'allai partout donner mes ordres. La porte de l'appartement de la princesse fut fermée. Je pris tout ce que je pus emporter d'or et de pierreries. Je fis prendre à mes esclaves divers chemins, et partis seul avec Ardasire dans l'horreur de la nuit; espérant tout, craignant tout, perdant quelquefois mon audace naturelle, saisi par toutes les passions, quelquefois par les remords mêmes, ne sachant si je suivois mon devoir, ou l'amour, qui le fait oublier.

Je ne vous dirai point les périls infinis que nous courûmes. Ardasire, malgré la foiblesse de son sexe, m'encourageoit; elle étoit mourante, et elle me suivoit toujours. Je fuyois la présence des hommes; car tous les hommes étoient devenus mes ennemis : je ne cherchois que les déserts. J'arrivai dans ces montagnes qui sont remplies de tigres et de lions. La présence de ces animaux me rassuroit. Ce n'est point ici, disois-je à Ardasire, que les eunuques de la princesse et les gardes du roi de Médie viendront nous chercher. Mais enfin les bêtes féroces se multiplièrent tellement, que je commençai à craindre. Je faisois tomber à coups de flèches celles qui s'approchoient trop près de nous; car, au lieu de me charger des choses nécessaires à la vie, je m'étois muni d'armes qui pouvoient partout me les procurer. Pressé de toutes parts, je fis du feu avec des cailloux, j'allumai du bois sec, je passois la nuit auprès de ces feux, et je faisois du bruit avec mes armes.

Quelquefois je mettois le feu aux forêts, et je chassois devant moi ces bêtes intimidées. J'entrai dans un pays plus ouvert, et j'admirai ce vaste silence de la nature. Il me représentoit le temps où les dieux naquirent, et où la beauté parut la première; l'amour l'échauffa, et tout fut animé.

Enfin nous sortîmes de la Médie. Ce fut dans une cabane de pasteurs que je me crus le maître du monde, et que je pus dire que j'étois à Ardasire, et qu'Ardasire étoit à moi.

Nous arrivâmes dans la Margiane; nos esclaves nous y rejoignirent. Là, nous vécûmes à la campagne, loin du monde et du bruit. Charmés l'un de l'autre, nous nous entretenions de nos plaisirs présens et de nos peines passées.

Ardasire me racontoit quels avoient été ses sentimens dans tout le temps qu'on nous avoit arrachés l'un à l'autre, ses jalousies pendant qu'elle crut que je ne l'aimois plus, sa douleur quand elle vit que je l'aimois encore, sa fureur contre une loi barbare, sa colère contre moi qui m'y soumettois. Elle avoit d'abord formé le dessein d'immoler la princesse; elle avoit rejeté cette idée : elle auroit trouvé du plaisir à mourir à mes yeux; elle n'avoit point douté que je ne fusse attendri. Quand j'étois dans ses bras, disoit-elle, quand elle me proposa de quitter ma patrie, elle étoit déjà sûre de moi.

Ardasire n'avoit jamais été si heureuse; elle étoit charmée. Nous ne vivions point dans le faste de la Médie; mais nos mœurs étoient plus douces. Elle voyoit dans tout ce que nous avions perdu les grands sacrifices que je lui avois faits. Elle étoit seule avec moi. Dans les sérails, dans ces lieux de délices, on trouve toujours l'idée d'une rivale, et lorsqu'on y jouit de ce qu'on aime, plus on aime, et plus on est alarmé.

Mais Ardasire n'avoit aucune défiance; le cœur étoit assuré du cœur. Il semble qu'un tel amour donne un air riant à tout ce qui nous entoure, et que, parce qu'un objet nous plaît, il ordonne à toute la nature de nous plaire; il semble qu'un tel amour soit cette enfance aimable devant qui tout se joue, et qui sourit toujours.

Je sens une espèce de douceur à vous parler de cet heureux temps de notre vie. Quelquefois je perdois Ardasire dans les bois, et je la retrouvois aux accens de sa voix charmante. Elle se paroit des fleurs que je cueillois; je me parois de celles qu'elle avoit cueillies. Le chant des oiseaux, le murmure des fontaines, les danses et les concerts de nos jeunes esclaves, une douceur partout répandue, étoient des témoignages continuels de notre bonheur.

Tantôt Ardasire étoit une bergère qui, sans parure et sans ornemens, se montroit à moi avec sa naïveté naturelle ; tantôt je la voyois telle qu'elle étoit lorsque j'étois enchanté dans le sérail de Médie.

Ardasire occupoit ses femmes à des ouvrages charmans : elles filoient la laine d'Hyrcanie ; elles employoient la pourpre de Tyr. Toute la maison goûtoit une joie naïve. Nous descendions avec plaisir à l'égalité de la nature ; nous étions heureux, et nous voulions vivre avec des gens qui le fussent. Le bonheur faux rend les hommes durs et superbes, et ce bonheur ne se communique point. Le vrai bonheur les rend doux et sensibles, et ce bonheur se partage toujours.

Je me souviens qu'Ardasire fit le mariage d'une de ses favorites avec un de mes affranchis. L'amour et la jeunesse avoient formé cet hymen. La favorite dit à Ardasire : Ce jour est aussi le premier jour de votre hyménée. Tous les jours de ma vie, répondit-elle, seront ce premier jour.

Vous serez peut-être surpris qu'exilé et proscrit de la Médie, n'ayant eu qu'un moment pour me préparer à partir, ne pouvant emporter que l'argent et les pierreries qui se trouvoient sous ma main, je pusse avoir assez de richesses dans la Margiane pour y avoir un palais, un grand nombre de domestiques, et toutes sortes de commodités pour la vie. J'en fus surpris moi-même, et je le suis encore. Par une fatalité que je ne saurois vous expliquer, je ne voyois aucune ressource, et j'en trouvois partout. L'or, les pierreries, les bijoux, sembloient se présenter à moi. C'étoient des hasards, me direz-vous. Mais des hasards si réitérés, et perpétuellement les mêmes, ne pouvoient guère être des hasards. Ardasire crut d'abord que je voulois la surprendre, et que j'avois porté des richesses qu'elle ne connoissoit pas. Je crus à mon tour qu'elle en avoit qui m'étoient inconnues. Mais nous vîmes bien l'un et l'autre que nous étions dans l'erreur. Je trouvai plusieurs fois dans ma chambre des rouleaux où il y avoit plusieurs centaines de dariques; Ardasire trouvoit dans la sienne des boîtes pleines de pierreries. Un jour que je me promenois dans mon jardin, un petit coffre plein de pièces d'or parut à mes yeux, et j'en aperçus un autre dans le creux d'un chêne sous lequel j'allois ordinairement me reposer. Je passe le reste. J'étois sûr qu'il n'y avoit pas un seul homme dans la Médie qui eût quelque connoissance du lieu où je m'étois retiré; et d'ailleurs je savois que je n'avois aucun secours à attendre de ce côté-là. Je me creusois la tête pour pénétrer d'où me venoient ces secours. Toutes les conjectures que je faisois se détruisoient les unes les autres.

On sait, dit Aspar en interrompant Arsace, des contes merveilleux de certains génies puissans qui s'attachent aux hommes, et leur font de grands biens. Rien de ce que j'ai ouï dire là-dessus n'a fait impression sur mon esprit; mais ce que j'entends m'étonne davantage : vous dites ce que vous avez éprouvé, et non pas ce que vous avez ouï dire.

Soit que ces secours, reprit Arsace, fussent humains ou surnaturels, il est certain qu'ils ne me manquèrent jamais, et que, de la même manière qu'une infinité de gens trouvent partout la misère, je trouvai partout les richesses; et, ce qui vous surprendra, elles venoient toujours à point nommé : je n'ai jamais vu mon trésor prêt à finir qu'un nouveau n'ait d'abord reparu, tant l'intelligence qui veilloit sur nous étoit attentive. Il y a plus; ce n'étoit pas seulement nos besoins qui étoient prévenus, mais souvent nos fantaisies. Je n'aime guère, ajouta-t-il, à dire des choses merveilleuses : je vous dis ce que je suis forcé de croire, et non pas ce qu'il faut que vous croyiez.

La veille du mariage de la favorite, un jeune homme, beau comme l'Amour, vint me porter un panier de très-beaux fruits. Je lui donnai quelques pièces d'argent; il les prit, laissa le panier, et ne parut plus. Je portai le panier à Ardasire; je le trouvai plus pesant que je ne pensois. Nous mangeâmes le fruit, et nous trouvâmes que le fond étoit plein de dariques. C'est le génie, dit-on dans toute la maison, qui a apporté un trésor ici pour les dépenses des noces.

Je suis convaincue, disoit Ardasire, que c'est un génie qui fait ces prodiges en notre faveur. Aux intelligences supérieures à nous, rien ne doit être plus agréable que l'amour : l'amour seul a une perfection qui peut nous élever jusqu'à elles. Arsace, c'est un génie qui connoît mon cœur, et qui voit à quel point je vous aime. Je voudrois le voir, et qu'il pût me dire à quel point vous m'aimez.

Je reprends ma narration.

La passion d'Ardasire et la mienne prirent des impressions de notre différente éducation et de nos différens caractères. Ardasire ne respiroit que pour aimer; sa passion étoit sa vie; toute son âme étoit de l'amour. Il n'étoit pas en elle de m'aimer moins; elle ne pouvoit non plus m'aimer davantage. Moi, je parus aimer avec plus d'emportement, parce qu'il sembloit que je n'aimois pas toujours de même. Ardasire seule étoit capable de m'occuper ; mais il y eut des choses qui purent me distraire. Je suivois les cerfs dans les forêts, et j'allois combattre les bêtes féroces.

Bientôt je m'imaginai que je menois une vie trop obscure. Je me trouve, disois-je, dans les états du roi de Margiane : pourquoi n'irois-je point à la cour ? La gloire de mon père venoit s'offrir à mon esprit. C'est un poids bien pesant qu'un grand nom à soutenir, quand les vertus des hommes ordinaires sont moins le terme où il faut s'arrêter que celui dont on doit partir. Il semble que les engagemens que les autres prennent pour nous soient plus forts que ceux que nous prenons nous-mêmes. Quand j'étois en Médie, disois-je, il falloit que je m'abaissasse et que je cachasse avec plus de soin mes vertus que mes vices. Si je n'étois pas esclave de la cour, je l'étois de sa jalousie. Mais à présent que je me vois maître de moi, que je suis indépendant, parce que je suis sans patrie, libre au milieu des forêts comme les lions, je commencerai à avoir une âme commune si je reste un homme commun.

Je m'accoutumai peu à peu à ces idées. Il est attaché à la nature qu'à mesure que nous sommes heureux nous voulons l'être davantage. Dans la félicité même il y a des impatiences. C'est que, comme notre esprit est une suite d'idées, notre cœur est une suite de désirs. Quand nous sentons que notre bonheur ne peut plus s'augmenter, nous voulons lui donner une modification nouvelle. Quelquefois mon ambition étoit irritée par mon amour même : j'espérois que je serois plus digne d'Ardasire, et, malgré ses prières, malgré ses larmes, je la quittai.

Je ne vous dirai point l'affreuse violence que je

me fis. Je fus cent fois sur le point de revenir. Je voulois m'aller jeter aux genoux d'Ardasire; mais la honte de me démentir, la certitude que je n'aurois plus la force de me séparer d'elle, l'habitude que j'avois prise de commander à mon cœur des choses difficiles, tout cela me fit continuer mon chemin.

Je fus reçu du roi avec toutes sortes de distinctions. A peine eus-je le temps de m'apercevoir que je fusse étranger. J'étois de toutes les parties de plaisir : il me préféra à tous ceux de mon âge, et il n'y eut point de rang ni de dignité que je ne pusse espérer dans la Margiane.

J'eus bientôt une occasion de justifier sa faveur. La cour de Margiane vivoit depuis long-temps dans une profonde paix. Elle apprit qu'une multitude infinie de barbares s'étoit présentée sur la frontière, qu'elle avoit taillé en pièces l'armée qu'on lui avoit opposée, et qu'elle marchoit à grands pas vers la capitale. Quand la ville auroit été prise d'assaut, la cour ne seroit pas tombée dans une plus affreuse consternation. Ces gens-là n'avoient jamais connu que la prospérité ; ils ne savoient pas distinguer les malheurs d'avec les malheurs, et ce qui peut se rétablir d'avec ce qui est irréparable. On assembla à la hâte un conseil, et, comme j'étois auprès du roi, je fus de ce conseil. Le roi étoit éperdu, et ses conseillers n'avoient plus de sens. Il étoit clair qu'il étoit impossible de les sauver, si on ne leur rendoit le courage. Le premier ministre ouvrit les avis. Il proposa de faire sauver le roi, et d'envoyer au général ennemi les clefs de la ville. Il alloit dire ses raisons, et tout le conseil alloit les suivre. Je me levai pendant qu'il parloit, et je lui tins ce discours : « Si tu dis encore un mot, je te tue. Il ne faut pas qu'un roi magnanime et tous les braves gens qui sont ici perdent un temps précieux à écouter tes lâches conseils. » Et me tournant vers le roi : « Seigneur, un grand état ne tombe pas d'un seul coup. Vous avez une infinité de ressources ; et quand vous n'en aurez plus, vous délibérerez avec cet homme si vous devez mourir, ou suivre de lâches conseils. Amis ! je jure avec vous que nous défendrons le roi jusqu'au dernier soupir. Suivez-le, armons le peuple, et faisons-lui part de notre courage. »

On se mit en défense dans la ville, et je me saisis d'un poste au dehors avec une troupe de gens d'élite, composée de Margiens et de quelques braves gens qui étoient à moi. Nous battîmes plusieurs de leurs partis. Un corps de cavalerie empêchoit qu'on ne leur envoyât des vivres. Ils n'avoient point de machines pour faire le siège de la ville. Notre corps d'armée grossissoit tous les jours. Ils se retirèrent, et la Margiane fut délivrée.

Dans le bruit et le tumulte de cette cour, je ne goûtois que de fausses joies. Ardasire me manquoit partout, et toujours mon cœur se tournoit vers elle. J'avois connu mon bonheur, et je l'avois fui ; j'avois quitté des plaisirs réels, pour chercher des erreurs.

Ardasire depuis mon départ n'avoit point eu de sentiment qui n'eût d'abord été combattu par un autre. Elle avoit toutes les passions ; elle n'étoit contente d'aucune. Elle vouloit se taire ; elle vouloit se plaindre ; elle prenoit la plume pour m'écrire ; le dépit lui faisoit changer de pensée ; elle ne pouvoit se résoudre à me marquer de la sensibilité, encore moins de l'indifférence ; mais enfin la douleur de son âme fixa ses résolutions, et elle m'écrivit cette lettre :

« Si vous aviez gardé dans votre cœur le moin-
« dre sentiment de pitié, vous ne m'auriez jamais
« quittée ; vous auriez répondu à un amour si ten-
« dre, et respecté nos malheurs ; vous m'auriez
« sacrifié des idées vaines : cruel ! vous croiriez
« perdre quelque chose en perdant un cœur qui
« ne brûle que pour vous. Comment pouvez-vous
« savoir si, ne vous voyant plus, j'aurai le cou-
« rage de soutenir la vie ? Et si je meurs, barbare !
« pouvez-vous douter que ce ne soit par vous ?
« O dieux, par vous, Arsace ! Mon amour, si in-
« dustrieux à s'affliger, ne m'avoit jamais fait

« craindre ce genre de supplice. Je croyois que
« je n'aurois jamais à pleurer que vos malheurs,
« et que je serois toute ma vie insensible sur les
« miens.... »

Je ne pus lire cette lettre sans verser des larmes.
Mon cœur fut saisi de tristesse; et au sentiment
de pitié se joignit un cruel remords de faire le
malheur de ce que j'aimois plus que ma vie.

Il me vint dans l'esprit d'engager Ardasire à
venir à la cour : je ne restai sur cette idée qu'un
moment.

La cour de Margiane est presque la seule d'Asie
où les femmes ne sont point séparées du commerce des hommes. Le roi étoit jeune : je pensai
qu'il pouvoit tout, et je pensai qu'il pouvoit aimer. Ardasire auroit pu lui plaire; et cette idée
étoit pour moi plus effrayante que mille morts.

Je n'avois d'autre parti à prendre que de retourner auprès d'elle. Vous serez étonné quand
vous saurez ce qui m'arrêta.

J'attendois à tout moment des marques brillantes de la reconnoissance du roi. Je m'imaginai
que, paroissant aux yeux d'Ardasire avec un nouvel éclat, je me justifierois plus aisément auprès
d'elle. Je pensois qu'elle m'en aimeroit plus, et
je goûtois d'avance le plaisir d'aller porter ma
nouvelle fortune à ses pieds.

Je lui appris la raison qui me faisoit différer

mon départ; et ce fut cela même qui la mit au désespoir.

Ma faveur auprès du roi avoit été si rapide qu'on l'attribua au goût que la princesse, sœur du roi, avoit paru avoir pour moi. C'est une de ces choses que l'on croit toujours lorsqu'elles ont été dites une fois. Un esclave qu'Ardasire avoit mis auprès de moi lui écrivit ce qu'il avoit entendu dire. L'idée d'une rivale fut désolante pour elle. Ce fut bien pis lorsqu'elle apprit les actions que je venois de faire. Elle ne douta point que tant de gloire ne dût augmenter l'amour. Je ne suis point princesse, disoit-elle dans son indignation; mais je sens bien qu'il n'y en a aucune sur la terre que je croie mériter que je lui cède un cœur qui doit être à moi; et, si je l'ai fait voir en Médie, je le ferai voir en Margiane.

Après mille pensées, elle se fixa, et prit cette résolution.

Elle se défit de la plupart de ses esclaves, en choisit de nouveaux, envoya meubler un palais dans le pays des Sogdiens; se déguisa, prit avec elle des eunuques qui ne m'étoient pas connus, vint secrètement à la cour. Elle s'aboucha avec l'esclave qui lui étoit affidé, et prit avec lui des mesures pour m'enlever dès le lendemain. Je devois aller me baigner dans la rivière. L'esclave me mena dans un endroit du rivage où Ardasire m'attendoit. J'étois à peine déshabillé, qu'on me saisit; on jeta sur moi une robe de femme; on me fit entrer dans une litière fermée : on marcha jour et nuit. Nous eûmes bientôt quitté la Margiane, et nous arrivâmes dans le pays des Sogdiens. On m'enferma dans un vaste palais : on me faisoit entendre que la princesse, qu'on disoit avoir du goût pour moi, m'avoit fait enlever et conduire secrètement dans une terre de son apanage.

Ardasire ne vouloit point être connue, ni que je fusse connu : elle cherchoit à jouir de mon erreur. Tous ceux qui n'étoient pas du secret la prenoient pour la princesse. Mais un homme enfermé dans son palais auroit démenti son caractère. On me laissa donc mes habits de femme, et on crut que j'étois une fille nouvellement achetée et destinée à la servir.

J'étois dans ma dix-septième année. On disoit que j'avois toute la fraîcheur de la jeunesse, et on me louoit sur ma beauté, comme si j'eusse été une fille du palais.

Ardasire, qui savoit que la passion pour la gloire m'avoit déterminé à la quitter, songea à amollir mon courage par toutes sortes de moyens. Je fus mis entre les mains de deux eunuques. On passoit les journées à me parer; on composoit mon teint; on me baignoit; on versoit sur moi les essences les plus délicieuses. Je ne sortois jamais de la maison; on m'apprenoit à travailler moi-même à ma parure; et surtout on vouloit m'accoutumer à cette obéissance sous laquelle les femmes sont abattues dans les grands sérails d'Orient.

J'étois indigné de me voir traité ainsi. Il n'y a rien que je n'eusse osé pour rompre mes chaînes; mais, me voyant sans armes, entouré de gens qui avoient toujours les yeux sur moi, je ne craignois pas d'entreprendre, mais de manquer mon entreprise. J'espérois que dans la suite je serois moins soigneusement gardé, que je pourrois corrompre quelque esclave, et sortir de ce séjour, ou mourir.

Je l'avouerai même; une espèce de curiosité de voir le dénoûment de tout ceci sembloit ralentir mes pensées. Dans la honte, la douleur et la confusion, j'étois surpris de n'en avoir pas davantage. Mon âme formoit des projets; ils finissoient tous par un certain trouble; un charme secret, une force inconnue, me retenoient dans ce palais.

La feinte princesse étoit toujours voilée, et je n'entendois jamais sa voix. Elle passoit presque toute la journée à me regarder par une jalousie pratiquée à ma chambre. Quelquefois elle me faisoit venir à son appartement. Là, ses filles chantoient les airs les plus tendres : il me sembloit que tout exprimoit son amour. Je n'étois jamais assez près d'elle; elle n'étoit occupée que de moi; il y avoit toujours quelque chose à raccommoder à ma parure : elle défaisoit mes cheveux pour les arranger encore; elle n'étoit jamais contente de ce qu'elle avoit fait.

Un jour, on vint me dire qu'elle me permettoit de venir la voir. Je la trouvai sur un sofa de pourpre ; ses voiles la couvroient encore; sa tête étoit mollement penchée, et elle sembloit être dans une douce langueur. J'approchai, et une de ses femmes me parla ainsi : L'amour vous favorise; c'est lui qui sous ce déguisement vous a fait venir ici. La princesse vous aime : tous les cœurs lui seroient soumis, et elle ne veut que le vôtre.

Comment, dis-je en soupirant, pourrois-je donner un cœur qui n'est pas à moi? Ma chère Ardasire en est la maîtresse; elle le sera toujours.

Je ne vis point qu'Ardasire marquât d'émotion à ces paroles; mais elle m'a dit depuis qu'elle n'a jamais senti une si grande joie.

Téméraire, me dit cette femme, la princesse doit être offensée comme les dieux lorsqu'on est assez malheureux pour ne pas les aimer.

Je lui rendrai, répondis-je, toutes sortes d'hommages; mon respect, ma reconnoissance, ne finiront jamais : mais le destin, le cruel destin ne me permet point de l'aimer. Grande princesse, ajoutai-je en me jetant à ses genoux, je vous conjure par votre gloire d'oublier un homme qui, par un amour éternel pour une autre, ne sera jamais digne de vous.

J'entendis qu'elle jeta un profond soupir : je crus m'apercevoir que son visage étoit couvert de larmes. Je me reprochois mon insensibilité; j'aurois voulu, ce que je ne trouvois pas possible, être fidèle à mon amour, et ne pas désespérer le sien.

On me ramena dans mon appartement; et, quelques jours après, je reçus ce billet, écrit d'une main qui m'étoit inconnue :

« L'amour de la princesse est violent, mais il
« n'est pas tyrannique : elle ne se plaindra pas
« même de vos refus, si vous lui faites voir qu'ils
« sont légitimes. Venez donc lui apprendre les
« raisons que vous avez pour être si fidèle à cette
« Ardasire. »

Je fus reconduit auprès d'elle. Je lui racontai toute l'histoire de ma vie. Lorsque je lui parlois de mon amour, je l'entendois soupirer. Elle tenoit ma main dans la sienne, et dans ces momens touchans elle la serroit malgré elle.

Recommencez, me disoit une de ses femmes, à cet endroit où vous fûtes si désespéré, lorsque le roi de Médie vous donna sa fille. Redites-nous les craintes que vous eûtes pour Ardasire dans votre fuite. Parlez à la princesse des plaisirs que vous goûtiez lorsque vous étiez dans votre solitude chez les Margiens.

Je n'avois jamais dit toutes les circonstances : je répétois, et elle croyoit apprendre ; je finissois, et elle s'imaginoit que j'allois commencer.

Le lendemain je reçus ce billet.

« Je comprends bien votre amour, et je n'exige
« point que vous me le sacrifiiez. Mais êtes-vous
« sûr que cette Ardasire vous aime encore? Peut-
« être refusez-vous pour une ingrate le cœur d'une
« princesse qui vous adore. »

Je fis cette réponse :

« Ardasire m'aime à un tel point que je ne sau-
« rois demander aux dieux qu'ils augmentent son
« amour. Hélas! peut-être qu'elle m'a trop aimé.
« Je me souviens d'une lettre qu'elle m'écrivit
« quelque temps après que je l'eus quittée. Si
« vous aviez vu les expressions terribles et ten-
« dres de sa douleur, vous en auriez été touchée.
« Je crains que, pendant que je suis retenu dans
« ces lieux, le désespoir de m'avoir perdu, et son
« dégoût pour la vie, ne lui fassent prendre une
« résolution qui me mettroit au tombeau. »

Elle me fit cette réponse :

« Soyez heureux, Arsace, et donnez tout votre
« amour à la beauté qui vous aime : pour moi,
« je ne veux que votre amitié. »

Le lendemain je fus reconduit dans son appartement. Là, je sentis tout ce qui peut porter à la volupté. On avoit répandu dans la chambre les parfums les plus agréables. Elle étoit sur un lit qui n'étoit fermé que par des guirlandes de fleurs : elle y paroissoit languissamment couchée. Elle me tendit la main, et me fit asseoir auprès d'elle. Tout, jusqu'au voile qui lui couvroit le visage, avoit de la grâce. Je voyois la forme de son beau corps. Une simple toile qui se mouvoit sur elle me faisoit tour à tour perdre et trouver des beautés ravissantes. Elle remarqua que mes yeux étoient occupés, et quand elle les vit s'enflammer, la toile sembla s'ouvrir d'elle-même. Je vis tous les trésors d'une beauté divine. Dans ce moment elle me serra la main; mes yeux errèrent partout. Il n'y a, m'écriai-je, que ma chère Ardasire qui soit aussi belle; mais j'atteste les dieux que ma fidélité... Elle se jeta à mon cou, et me serra dans ses bras. Tout d'un coup la chambre s'obscurcit, son voile s'ouvrit; elle me donna un baiser. Je fus tout hors de moi. Une flamme subite coula dans mes veines, et échauffa tous mes sens. L'idée d'Ardasire s'éloigna de moi. Un reste de souvenir..... mais il ne me paroissoit qu'un songe...... j'allois..... j'allois la préférer à elle-même. Déjà j'avois porté mes mains sur son sein; elles couroient rapidement partout : l'amour ne se montroit que par sa fureur;

il se précipitoit à la victoire ; un moment de plus, et Ardasire ne pouvoit pas se défendre : lorsque tout-à-coup elle fit un effort ; elle fut secourue, elle se déroba de moi, et je la perdis.

Je retournai dans mon appartement, surpris moi-même de mon inconstance. Le lendemain on entra dans ma chambre, on me rendit les habits de mon sexe, et le soir on me mena chez celle dont l'idée m'enchantoit encore. J'approchai d'elle, je me mis à ses genoux ; et, transporté d'amour, je parlai de mon bonheur, je me plaignis de mes propres refus, je demandai, je promis, j'exigeai, j'osai tout dire, je voulus tout voir ; j'allois tout entreprendre. Mais je trouvai un changement étrange ; elle me parut glacée ; et lorsqu'elle m'eut assez découragé, qu'elle eut joui de tout mon embarras, elle me parla, et j'entendis sa voix pour la première fois : Ne voulez-vous point voir le visage de celle que vous aimez?... Ce son de voix me frappa ; je restai immobile ; j'espérai que ce seroit Ardasire, et je le craignis. Découvrez ce bandeau, me dit-elle. Je le fis, et je vis le visage d'Ardasire. Je voulus parler, et ma voix s'arrêta. L'amour, la surprise, la joie, la honte, toutes les passions me saisirent tour à tour. Vous êtes Ardasire ? lui dis-je. Oui, perfide, répondit-elle, je la suis. Ardasire, lui dis-je, d'une voix entrecoupée, pourquoi vous jouez-vous ainsi d'un malheureux amour? Je voulus l'embrasser. Seigneur, dit-elle, je suis à vous. Hélas! j'avois espéré de vous revoir plus fidèle. Contentez-vous de commander ici. Punissez-moi, si vous voulez, de ce que j'ai fait..... Arsace, ajouta-t-elle, en pleurant, vous ne le méritiez pas.

Ma chère Ardasire, lui dis-je, pourquoi me désespérez-vous? Auriez-vous voulu que j'eusse été insensible à des charmes que j'ai toujours adorés? Comptez que vous n'êtes pas d'accord avec vous-même. N'étoit-ce pas vous que j'aimois? Ne sont-ce pas ces beautés qui m'ont toujours charmé? Ah! dit-elle, vous auriez aimé une autre que moi. Je n'aurois point, lui dis-je, aimé une autre que vous. Tout ce qui n'auroit point été vous m'auroit déplu. Qu'eût-ce été, lorsque je n'aurois point vu cet adorable visage, que je n'aurois pas entendu cette voix, que je n'aurois pas trouvé ces yeux? Mais, de grâce, ne me désespérez pas; songez que, de toutes les infidélités que l'on peut faire, j'ai sans doute commis la moindre.

Je connus à la langueur de ses yeux qu'elle n'étoit plus irritée; je le connus à sa voix mourante. Je la tins dans mes bras. Qu'on est heureux quand on tient dans ses bras ce que l'on aime! comment exprimer ce bonheur, dont l'excès n'est que pour les vrais amans? lorsque l'amour renaît après lui-même, lorsque tout promet, que tout demande, que tout obéit; lorsqu'on sent qu'on a tout, et que l'on sent que l'on n'en a pas assez; lorsque l'âme semble s'abandonner et se porter au-delà de la nature même.

Ardasire, revenue à elle, me dit : Mon cher Arsace, l'amour que j'ai eu pour vous m'a fait faire des choses bien extraordinaires. Mais un amour bien violent n'a de règle ni de loi. On ne le connoît guère, si l'on ne met ses caprices au nombre de ses plus grands plaisirs. Au nom des dieux, ne me quitte plus. Que peut-il te manquer? Tu es heureux si tu m'aimes. Tu es sûr que jamais mortel n'a été tant aimé. Dis-moi, promets-moi, jure-moi que tu resteras ici.

Je lui fis mille sermens : ils ne furent interrompus que par mes embrassemens; et elle les crut.

Heureux l'amour lors même qu'il s'apaise, lorsqu'après qu'il a cherché à se faire sentir, il aime à se faire connoître, lorsqu'après avoir joui des beautés, il ne se sent plus touché que par les grâces!

Nous vécûmes dans la Sogdiane dans une félicité que je ne saurois vous exprimer. Je n'avois resté que quelques mois dans la Margiane, et ce séjour m'avoit déjà guéri de l'ambition. J'avois eu la faveur du roi; mais je m'aperçus bientôt qu'il ne pouvoit me pardonner mon courage et sa frayeur. Ma présence le mettoit dans l'embarras; il ne pouvoit donc pas m'aimer. Ses courtisans s'en aperçurent, et dès lors ils se donnèrent bien de garde de me trop estimer; et, pour que je n'eusse pas sauvé l'état du péril, tout le monde convenoit à la cour qu'il n'y avoit pas eu de péril.

Ainsi, également dégoûté de l'esclavage et des esclaves, je ne connus plus d'autre passion que mon amour pour Ardasire; et je m'estimai cent fois plus heureux de rester dans la seule dépendance que j'aimois que de rentrer dans une autre que je ne pouvois que hair.

Il nous parut que le génie nous avoit suivis : nous nous retrouvâmes dans la même abondance, et nous vîmes toujours de nouveaux prodiges.

Un pêcheur vint nous vendre un poisson : on m'apporta une bague fort riche qu'on avoit trouvée dans son gosier.

Un jour, manquant d'argent, j'envoyai vendre quelques pierreries à la ville prochaine : on m'en apporta le prix, et quelques jours après je vis sur ma table les pierreries.

Grands dieux! dis-je en moi-même, il m'est donc impossible de m'appauvrir!

Nous voulûmes tenter le génie, et nous lui demandâmes une somme immense. Il nous fit bien voir que nos vœux étoient indiscrets. Nous trouvâmes quelques jours après sur la table la plus petite somme que nous eussions encore reçue. Nous ne pûmes, en la voyant, nous empêcher de rire. Le génie nous joue, dit Ardasire. Ah! m'écriai-je, les dieux sont de bons dispensateurs : la médiocrité qu'ils nous accordent vaut bien mieux que les trésors qu'ils nous refusent.

Nous n'avions aucune des passions tristes. L'aveugle ambition, la soif d'acquérir, l'envie de dominer, sembloient s'éloigner de nous, et être les passions d'un autre univers. Ces sortes de biens ne sont faits que pour entrer dans le vide des âmes que la nature n'a point remplies. Ils n'ont été imaginés que par ceux qui se sont trouvés incapables de bien sentir les autres.

Je vous ai déjà dit que nous étions adorés de cette petite nation qui formoit notre maison. Nous nous aimions Ardasire et moi; et sans doute que l'effet naturel de l'amour est de rendre heureux ceux qui s'aiment. Mais cette bienveillance générale que nous trouvons dans tous ceux qui sont autour de nous peut rendre plus heureux que l'amour même. Il est impossible que ceux qui ont le cœur bien fait ne se plaisent au milieu de cette bienveillance générale. Étrange effet de la nature! l'homme n'est jamais si peu à lui que lorsqu'il paroît l'être davantage. Le cœur n'est jamais le cœur que quand il se donne, parce que ses jouissances sont hors de lui.

C'est ce qui fait que ces idées de grandeur qui retirent toujours le cœur vers lui-même trompent ceux qui en sont enivrés; c'est ce qui fait qu'ils s'étonnent de n'être point heureux au milieu de ce qu'ils croient être le bonheur; que, ne le trouvant point dans la grandeur, ils cherchent plus de grandeur encore. S'ils n'y peuvent atteindre, ils se croient plus malheureux; s'ils y atteignent, ils ne trouvent pas encore le bonheur.

C'est l'orgueil qui, à force de nous posséder, nous empêche de nous posséder, et qui, nous concentrant dans nous-mêmes, y porte toujours la tristesse. Cette tristesse vient de la solitude du cœur, qui se sent toujours fait pour jouir, et qui ne jouit pas; qui se sent toujours fait pour les autres, et qui ne les trouve pas.

Ainsi nous aurions goûté des plaisirs que donne la nature toutes les fois qu'on ne la fuit pas. Nous aurions passé notre vie dans la joie, l'innocence et la paix. Nous aurions compté nos années par le renouvellement des fleurs et des fruits; nous aurions perdu nos années dans la rapidité d'une vie heureuse. J'aurois vu tous les jours Ardasire, et je lui aurois dit que je l'aimois. La même terre auroit repris son âme et la mienne. Mais tout-à-coup mon bonheur s'évanouit; et j'éprouvai le revers du monde le plus affreux.

Le prince du pays étoit un tyran capable de

tous les crimes ; mais rien ne le rendoit si odieux que les outrages continuels qu'il faisoit à un sexe sur lequel il n'est pas seulement permis de lever les yeux. Il apprit, par une esclave sortie du sérail d'Ardasire, qu'elle étoit la plus belle personne de l'Orient. Il n'en fallut pas davantage pour le déterminer à me l'enlever. Une nuit, une grosse troupe de gens armés entoura ma maison, et, le matin, je reçus un ordre du tyran de lui envoyer Ardasire. Je vis l'impossibilité de la faire sauver. Ma première idée fut de lui aller donner la mort dans le sommeil où elle étoit ensevelie. Je pris mon épée, je courus, j'entrai dans sa chambre, j'ouvris les rideaux ; je reculai d'horreur, et tous mes sens se glacèrent. Une nouvelle rage me saisit. Je voulus aller me jeter au milieu de ces satellites, et immoler tout ce qui se présenteroit à moi. Mon esprit s'ouvrit pour un dessein plus suivi, et je me calmai. Je résolus de prendre les habits que j'avois eus il y avoit quelques mois, de monter, sous le nom d'Ardasire, dans la litière que le tyran lui avoit destinée, de me faire mener à lui. Outre que je ne voyois point d'autre ressource, je sentois en moi-même du plaisir à faire une action de courage sous les mêmes habits avec lesquels l'aveugle amour avoit auparavant avili mon sexe.

J'exécutai tout de sang-froid. J'ordonnai que l'on cachât à Ardasire le péril que je courois, et que, sitôt que je serois parti, on la fît sauver dans un autre pays. Je pris avec moi un esclave dont je connoissois le courage, et je me livrai aux femmes et aux eunuques que le tyran avoit envoyés. Je ne restai pas deux jours en chemin, et quand j'arrivai, la nuit étoit déjà avancée. Le tyran donnoit un festin à ses femmes et à ses courtisans, dans une salle de ses jardins. Il étoit dans cette gaieté stupide que donne la débauche lorsqu'elle a été portée à l'excès. Il ordonna que l'on me fît venir. J'entrai dans la salle du festin : il me fit mettre auprès de lui, et je sus cacher ma fureur et le désordre de mon âme. J'étois comme incertain dans mes souhaits. Je voulois attirer les regards du tyran ; et quand il les tournoit vers moi, je sentois redoubler ma rage. Parce qu'il me croit Ardasire, disois-je en moi-même, il ose m'aimer. Il me sembloit que je voyois multiplier ses outrages, et qu'il avoit trouvé mille manières d'offenser mon amour. Cependant j'étois prêt à jouir de la plus affreuse vengeance. Il s'enflammoit, et je le voyois insensiblement approcher de son malheur. Il sortit de la salle du festin, et me mena dans un appartement plus reculé de ses jardins, suivi d'un seul eunuque et de mon esclave. Déjà sa fureur brutale alloit l'éclaircir sur mon sexe. Ce fer, m'écriai-je, t'apprendra mieux que je suis un homme. Meurs, et qu'on dise aux enfers que l'époux d'Ardasire a puni tes crimes. Il tomba à mes pieds, et dans ce moment la porte de l'appartement s'ouvrit ; car sitôt que mon esclave avoit entendu ma voix, il avoit tué l'eunuque qui la gardoit, et s'en étoit saisi. Nous fuîmes ; nous errions dans les jardins ; nous rencontrâmes un homme ; je le saisis : Je te plongerai, lui dis-je, ce poignard dans le sein, si tu ne me fais sortir d'ici. C'étoit un jardinier, qui, tout tremblant de peur, me mena à une porte qu'il ouvrit ; je la lui fis refermer, et lui ordonnai de me suivre.

Je jetai mes habits, et pris un manteau d'esclave. Nous errâmes dans les bois ; et, par un bonheur inespéré, lorsque nous étions accablés de lassitude, nous trouvâmes un marchand qui faisoit paître ses chameaux ; nous l'obligeâmes de nous mener hors de ce funeste pays.

A mesure que j'évitois tant de dangers, mon cœur devenoit moins tranquille. Il falloit revoir Ardasire, et tout me faisoit craindre pour elle. Ses femmes et ses eunuques lui avoient caché l'horreur de notre situation ; mais ne me voyant plus auprès d'elle, elle me croyoit coupable ; elle s'imaginoit que j'avois manqué à tant de sermens que je lui avois faits. Elle ne pouvoit concevoir cette barbarie de l'avoir fait enlever sans lui rien dire. L'amour voit tout ce qu'il craint. La vie lui devint insupportable ; elle prit du poison ; il ne fit pas son effet violemment. J'arrivai, et je la trouvai mourante. Ardasire, lui dis-je, je vous perds ! vous mourez ! cruelle Ardasire ! hélas ! qu'avois-je fait ?.... Elle versa quelques larmes. Arsace, me dit-elle, il n'y a qu'un moment que la mort me sembloit délicieuse ; elle me paroît terrible depuis que je vous vois. Je sens que je voudrois revivre pour vous, et que mon âme me quitte malgré elle. Conservez mon souvenir ; et si j'apprends qu'il vous est cher, comptez que je ne serai point tourmentée chez les ombres. J'ai du moins cette consolation, mon cher Arsace, de mourir dans vos bras.

Elle expira. Il me seroit impossible de dire comment je n'expirai pas aussi. On m'arracha d'Ardasire, et je crus qu'on me séparoit de moi-même. Je fixai mes yeux sur elle, et je restai immobile ; j'étois devenu stupide. On m'ôta ce terrible spectacle, et je sentis mon âme reprendre toute sa sensibilité. On m'entraîna : je tournois les yeux vers ce fatal objet de ma douleur ; j'aurois donné mille vies pour le voir encore un moment. J'entrai en fureur, je pris mon épée ; j'allois me percer le sein ; on m'arrêta. Je sortis de ce palais funeste ; je n'y rentrai plus. Mon esprit s'aliéna ; je courois dans les bois ; je remplissois l'air de mes cris. Quand je devenois plus tranquille, toutes les forces de mon âme la fixoient à ma douleur. Il me sembla qu'il ne me restoit plus rien dans le monde que ma tristesse et le nom d'Ardasire. Ce nom, je le prononçois d'une voix terrible, et je rentrois dans le silence. Je résolus de m'ôter la vie, et tout-à-coup j'entrai en fureur. Tu veux mourir, me dis-je à moi-même, et Ardasire n'est pas vengée! Tu veux mourir, et le fils du tyran est en Hyrcanie, qui se baigne dans les délices! Il vit, et tu veux mourir!

Je me suis mis en chemin pour l'aller chercher. J'ai appris qu'il vous avoit déclaré la guerre; j'ai volé à vous. Je suis arrivé trois jours avant la bataille, et j'ai fait l'action que vous connoissez. J'aurois percé le fils du tyran; j'ai mieux aimé le faire prisonnier. Je veux qu'il traîne dans la honte et dans les fers une vie aussi malheureuse que la mienne. J'espère que quelque jour il apprendra que j'aurai fait mourir le dernier des siens. J'avoue pourtant que, depuis que je suis vengé, je ne me trouve pas plus heureux; et je sens bien que l'espoir de la vengeance flatte plus que la vengeance même. Ma rage que j'ai satisfaite, l'action que vous avez vue, les acclamations du peuple, seigneur, votre amitié même, ne me rendent point ce que j'ai perdu.

La surprise d'Aspar avoit commencé presque avec le récit qu'il avoit entendu. Sitôt qu'il avoit oui le nom d'Arsace, il avoit reconnu le mari de la reine. Des raisons d'état l'avoient obligé d'envoyer chez les Mèdes Isménie, la plus jeune des filles du dernier roi, et il l'y avoit fait élever en secret sous le nom d'Ardasire. Il l'avoit mariée à Arsace; il avoit toujours eu des gens affidés dans le sérail d'Arsace; il étoit le génie qui, par ces mêmes gens, avoit répandu tant de richesses dans la maison d'Arsace, et qui, par des voies très-simples, avoit fait imaginer tant de prodiges.

Il avoit eu de très-grandes raisons pour cacher à Arsace la naissance d'Ardasire. Arsace, qui avoit beaucoup de courage, auroit pu faire valoir les droits de sa femme sur la Bactriane, et la troubler.

Mais ces raisons ne subsistoient plus; et quand il entendit le récit d'Arsace, il eut mille fois envie de l'interrompre; mais il crut qu'il n'étoit pas encore temps de lui apprendre son sort. Un ministre accoutumé à arrêter ses mouvemens revenoit toujours à la prudence; il pensoit à préparer un grand événement, et non pas à le hâter.

Deux jours après, le bruit se répandit que l'eunuque avoit mis sur le trône une fausse Isménie. On passa des murmures à la sédition. Le peuple furieux entoura le palais; il demanda à haute voix la tête d'Aspar. L'eunuque fit ouvrir une des portes; et, monté sur un éléphant, il s'avança dans la foule. Bactriens, dit-il, écoutez-moi. Et comme on murmuroit encore : Ecoutez-moi, vous dis-je. Si vous pouvez me faire mourir à présent, vous pourrez dans un moment me faire mourir tout de même. Voici un papier écrit et scellé de la main du feu roi : prosternez-vous, adorez-le; je vais le lire.

Il le lut :

« Le ciel m'a donné deux filles qui se ressem-
« blent au point que tous les yeux peuvent s'y
« tromper. Je crains que cela ne donne occasion
« à de plus grands troubles et à des guerres plus
« funestes. Vous donc, Aspar, lumière de l'em-
« pire, prenez la plus jeune des deux; envoyez-la
« secrètement dans la Médie, et faites-en prendre
« soin. Qu'elle y reste sous un nom supposé, tan-
« dis que le bien de l'état le demandera. »

Il porta cet écrit au-dessus de sa tête, et il s'inclina ; puis reprenant la paroles :

« Isménie est morte; n'en doutez pas; mais sa
« sœur la jeune Isménie est sur le trône. Voudriez-
« vous vous plaindre de ce que, voyant la mort
« de la reine approcher, j'ai fait venir sa sœur du
« fond de l'Asie ? Me reprocheriez-vous d'avoir
« été assez heureux pour vous la rendre et la pla-
« cer sur un trône qui, depuis la mort de la reine
« sa sœur, lui appartient? Si j'ai tu la mort de la
« reine, l'état des affaires ne l'a-t-il pas demandé?
« Me blâmez-vous d'avoir fait une action de fidé-
« lité avec prudence? Posez donc les armes. Jus-

« qu'ici vous n'êtes point coupables ; dès ce mo-
« ment vous le seriez. »

Aspar expliqua ensuite comment il avoit confié la jeune Isménie à deux vieux eunuques ; comment on l'avoit transportée en Médie sous un nom supposé ; comment il l'avoit mariée à un grand seigneur du pays ; comment il l'avoit fait suivre dans tous les lieux où la fortune l'avoit conduite ; comment la maladie de la reine l'avoit déterminé à la faire enlever pour être gardée en secret dans le sérail ; comment, après la mort de la reine, il l'avoit placée sur le trône.

Comme les flots de la mer agitée s'apaisent par les zéphyrs, le peuple se calma par les paroles d'Aspar. On n'entendit plus que des acclamations de joie ; tous les temples retentirent du nom de la jeune Isménie.

Aspar inspira à Isménie de voir l'étranger qui avoit rendu un si grand service à la Bactriane ; il lui inspira de lui donner une audience éclatante. Il fut résolu que les grands et les peuples seroient assemblés ; que là il seroit déclaré général des armées de l'état, et que la reine lui ceindroit l'épée. Les principaux de la nation étoient rangés autour d'une grande salle ; et une foule de peuple en occupoit le milieu et l'entrée. La reine étoit sur son trône, vêtue d'un habit superbe. Elle avoit la tête couverte de pierreries ; elle avoit, selon l'usage de ces solennités, levé son voile, et l'on voyoit le visage de la beauté même. Arsace parut, et le peuple commença ses acclamations. Arsace, les yeux baissés par respect, resta un moment dans le silence, et adressant la parole à la reine :

Madame, lui dit-il d'une voix basse et entrecoupée, si quelque chose pouvoit rendre à mon âme quelque tranquillité, et me consoler de mes malheurs....

La reine ne le laissa pas achever; elle crut d'abord reconnoître le visage, elle reconnut encore la voix d'Arsace. Toute hors d'elle-même, et ne se connoissant plus, elle se précipita de son trône, et se jeta aux genoux d'Arsace.

Mes malheurs ont été plus grands que les tiens, dit-elle, mon cher Arsace. Hélas! je croyois ne te revoir jamais depuis le fatal moment qui nous a séparés. Mes douleurs ont été mortelles.

Et comme si elle avoit passé tout-à-coup d'une manière d'aimer à une autre manière d'aimer, ou qu'elle se trouvât incertaine sur l'impétuosité de l'action qu'elle venoit de faire, elle se releva tout-à-coup; et une rougeur modeste parut sur son visage.

Bactriens, dit-elle, c'est aux genoux de mon époux que vous m'avez vue. C'est ma félicité d'avoir pu faire paroître devant vous mon amour.

J'ai descendu de mon trône, parce que je n'y étois pas avec lui, et j'atteste les dieux que je n'y remonterai pas sans lui. Je goûte ce plaisir, que la plus belle action de mon règne c'est par lui qu'elle a été faite, et que c'est pour moi qu'il l'a faite. Grands, peuples, et citoyens, croyez-vous que celui qui règne sur moi soit digne de régner sur vous? Approuvez-vous mon choix? Elisez-vous Arsace? Dites-le moi, parlez.

A peine les dernières paroles de la reine furent-elles entendues, tout le palais retentit d'acclamations; on n'entendit plus que le nom d'Arsace et celui d'Isménie.

Pendant tout ce temps, Arsace étoit comme stupide. Il voulut parler, sa voix s'arrêta; il voulut se mouvoir, et il resta sans action. Il ne voyoit pas la reine; il ne voyoit pas le peuple; à peine entendoit-il les acclamations : la joie le troubloit tellement, que son âme ne put sentir toute sa félicité.

Mais quand Aspar eut fait retirer le peuple, Arsace pencha la tête sur la main de la reine.

Ardasire, vous vivez! vous vivez, ma chère Ardasire! Je mourois tous les jours de douleur. Comment les dieux vous ont-ils rendue à la vie?

Elle se hâta de lui raconter comment une de ses femmes avoit substitué au poison une liqueur enivrante. Elle avoit été trois jours sans mouvement; on l'avoit rendue à la vie : sa première parole avoit été le nom d'Arsace; ses yeux ne s'étoient ouverts que pour le voir; elle l'avoit fait chercher; elle l'avoit cherché elle-même. Aspar l'avoit fait enlever, et, après la mort de sa sœur, il l'avoit placée sur le trône.

Aspar avoit rendu éclatante l'entrevue d'Arsace et d'Isménie. Il se ressouvenoit de la dernière sédition. Il croyoit qu'après avoir pris sur lui de mettre Isménie sur le trône, il n'étoit pas à propos qu'il parût encore avoir contribué à y placer Arsace. Il avoit pour maxime de ne faire jamais lui-même ce que les autres pouvoient faire, et d'aimer le bien de quelque main qu'il pût venir. D'ailleurs, connoissant la beauté du caractère d'Arsace et d'Isménie, il désiroit de les faire paroître dans leur jour. Il vouloit leur concilier ce respect que s'attirent toujours les grandes âmes dans toutes les occasions où elles peuvent se montrer. Il cherchoit à leur attirer cet amour que l'on porte à ceux qui ont éprouvé de grands malheurs. Il vouloit faire naître cette admiration que l'on a pour tous ceux qui sont capables de sentir les belles passions. Enfin il croyoit que rien n'étoit plus propre à faire perdre à Arsace le titre d'étranger, et à lui faire trouver celui de Bactrien dans tous les cœurs des peuples de la Bactriane.

Arsace jouissoit d'un bonheur qui lui paroissoit

inconcevable. Ardasire, qu'il croyoit morte, lui étoit rendue; Ardasire étoit Isménie ; Ardasire étoit reine de Bactriane; Ardasire l'en avoit fait roi. Il passoit du sentiment de sa grandeur au sentiment de son amour. Il aimoit ce diadème qui, bien loin d'être un signe d'indépendance, l'avertissoit sans cesse qu'il étoit à elle; il aimoit ce trône, parce qu'il voyoit la main qui l'y avoit fait monter.

Isménie goûtoit pour la première fois le plaisir de voir qu'elle étoit une grande reine. Avant l'arrivée d'Arsace, elle avoit une grande fortune, mais il lui manquoit un cœur capable de la sentir : au milieu de sa cour, elle se trouvoit seule; dix millions d'hommes étoient à ses pieds, et elle se croyoit abandonnée.

Arsace fit d'abord venir le prince d'Hyrcanie.

Vous avez, lui dit-il, paru devant moi, et les fers sont tombés de vos mains; il ne faut point qu'il y ait d'infortuné dans l'empire du plus heureux des mortels.

Quoique je vous aie vaincu, je ne crois pas que vous m'ayez cédé en courage : je vous prie de consentir que vous me cédiez en générosité.

Le caractère de la reine étoit la douceur, et sa fierté naturelle disparoissoit toujours toutes les fois qu'elle devoit disparoître.

Pardonnez-moi, dit-elle au prince d'Hyrcanie,

si je n'ai pas répondu à des feux qui n'étoient pas légitimes. L'épouse d'Arsace ne pouvoit pas être la vôtre : vous ne devez vous plaindre que du destin.

Si l'Hyrcanie et la Bactriane ne forment pas un même empire, ce sont des états faits pour être alliés. Isménie peut promettre de l'amitié, si elle n'a pu promettre de l'amour.

Je suis, répondit le prince, accablé de tant de malheurs et comblé de tant de bienfaits, que je ne sais si je suis un exemple de la bonne ou de la mauvaise fortune.

J'ai pris les armes contre vous pour me venger d'un mépris que vous n'aviez pas. Ni vous ni moi ne méritions que le ciel favorisât mes projets. Je vais retourner dans l'Hyrcanie, et j'y oublierois bientôt mes malheurs, si je ne comptois parmi mes malheurs celui de vous avoir vue, et celui de ne plus vous voir.

Votre beauté sera chantée dans tout l'Orient; elle rendra le siècle où vous vivez plus célèbre que tous les autres; et, dans les races futures, les noms d'Arsace et d'Isménie seront les titres les plus flatteurs pour les belles et les amans.

Un événement imprévu demanda la présence d'Arsace dans une province du royaume : il quitta Isménie. Quels tendres adieux! quelles douces larmes! C'étoit moins un sujet de s'affliger, qu'une occasion de s'attendrir. La peine de se quitter se joignit à l'idée de la douceur de se revoir.

Pendant l'absence du roi, tout fut par ses soins disposé de manière que le temps, le lieu, les personnes, chaque événement offroient à Isménie des marques de son souvenir. Il étoit éloigné, et ses actions disoient qu'il étoit auprès d'elle ; tout étoit d'intelligence pour lui rappeler Arsace : elle ne trouvoit point Arsace ; mais elle trouvoit son amant.

Arsace écrivoit continuellement à Isménie. Elle lisoit :

« J'ai vu les superbes villes qui conduisent à vos
« frontières ; j'ai vu des peuples innombrables
« tomber à mes genoux. Tout me disoit que je ré-
« gnois dans la Bactriane : je ne voyois point
« celle qui m'en avoit fait roi, et je ne l'étois plus. »

Il lui disoit :

« Si le ciel vouloit m'accorder le breuvage d'im-
« mortalité tant cherché dans l'Orient, vous boi-
« riez dans la même coupe, ou je n'en approche-
« rois pas mes lèvres ; vous seriez immortelle avec
« moi, ou je mourrois avec vous. »

Il lui mandoit :

« J'ai donné votre nom à la ville que j'ai fait
« bâtir ; il me semble qu'elle sera habitée par nos
« sujets les plus heureux. »

Dans une autre lettre, après ce que l'amour

pouvoit dire de plus tendre sur les charmes de sa personne, il ajoutoit :

« Je vous dis ces choses sans même chercher à
« vous plaire : je voudrois calmer mes ennuis ; je
« sens que mon âme s'apaise en vous parlant de
« vous. »

Enfin elle reçut cette lettre :

« Je comptois les jours, je ne compte plus que
« les momens, et ces momens sont plus longs que
« les jours. Belle reine, mon cœur est moins tran-
« quille à mesure que j'approche de vous. »

Après le retour d'Arsace, il lui vint des ambassades de toutes parts ; il y en eut qui parurent singulières. Arsace étoit sur un trône qu'on avoit élevé dans la cour du palais. L'ambassadeur des Parthes entra d'abord ; il étoit monté sur un superbe coursier ; il ne descendit point à terre, et il parla ainsi :

« Un tigre d'Hyrcanie désoloit la contrée, un
« éléphant l'étouffa sous ses pieds. Un jeune tigre
« restoit, et il étoit déjà aussi cruel que son père ;
« l'éléphant en délivra encore le pays. Tous les
« animaux qui craignoient les bêtes féroces ve-
« noient paître autour de lui. Il se plaisoit à voir
« qu'il étoit leur asile, et il disoit en lui-même : On
« dit que le tigre est le roi des animaux, il n'en est
« que le tyran, et j'en suis le roi. »

L'ambassadeur des Perses parla ainsi :

« Au commencement du monde la lune fut ma-
« riée avec le soleil. Tous les astres du firmament
« vouloient l'épouser. Elle leur dit : Regardez le
« soleil, et regardez-vous ; vous n'avez pas tous
« ensemble autant de lumière que lui. »

L'ambassadeur d'Égypte vint ensuite, et dit :

« Lorsqu'Isis épousa le grand Osiris, ce mariage
« fut la cause de la prospérité de l'Égypte, et le
« type de sa fécondité. Telle sera la Bactriane, elle
« deviendra heureuse par le mariage de ses dieux. »

Arsace faisoit mettre sur les murailles de tous ses palais son nom avec celui d'Isménie. On voyoit leurs chiffres partout entrelacés. Il étoit défendu de peindre Arsace qu'avec Isménie.

Toutes les actions qui demandoient quelque sévérité, il vouloit paroître les faire seul ; il voulut que les grâces fussent faites sous son nom et celui d'Isménie.

Je vous aime, lui disoit-il, à cause de votre beauté divine et de vos grâces toujours nouvelles. Je vous aime encore, parce que, quand j'ai fait quelque action digne d'un grand roi, il me semble que je vous plais davantage.

Vous avez voulu que je fusse votre roi, quand je ne pensois qu'au bonheur d'être votre époux, et ces plaisirs dont je m'enivrois avec vous, vous m'avez appris à les fuir lorsqu'il s'agissoit de ma gloire.

Vous avez accoutumé mon âme à la clémence; et lorsque vous avez demandé des choses qu'il n'étoit pas permis d'accorder, vous m'avez toujours fait respecter ce cœur qui les avoit demandées.

Les femmes de votre palais ne sont point entrées dans les intrigues de la cour; elles ont cherché la modestie et l'oubli de tout ce qu'elles ne doivent point aimer.

Je crois que le ciel a voulu faire de moi un grand prince, puisqu'il m'a fait trouver, dans les écueils ordinaires des rois, des secours pour devenir vertueux.

Jamais les Bactriens ne virent des temps si heureux. Arsace et Isménie disoient qu'ils régnoient sur le meilleur peuple de l'univers; les Bactriens disoient qu'ils vivoient sous les meilleurs de tous les princes.

Il disoit qu'étant né sujet, il avoit souhaité mille fois de vivre sous un bon prince, et que ses sujets faisoient sans doute les mêmes vœux que lui.

Il ajoutoit qu'ayant le cœur d'Isménie, il devoit lui offrir tous les cœurs de l'univers : il ne pouvoit lui apporter un trône, mais des vertus capables de le remplir.

Il croyoit que son amour devoit passer à la postérité, et qu'il n'y passeroit jamais mieux qu'avec sa gloire. Il vouloit qu'on écrivît ces paroles sur son tombeau : *Isménie a eu pour époux un roi chéri des mortels.*

Il disoit qu'il aimoit Aspar, son premier ministre, parce qu'il parloit toujours des sujets, plus rarement du roi, et jamais de lui-même.

Il a, disoit-il, trois grandes choses : l'esprit juste, le cœur sensible, et l'âme sincère.

Arsace parloit souvent de l'innocence de son administration. Il disoit qu'il conservoit ses mains pures, parce que le premier crime qu'il commettroit décideroit de toute sa vie, et que là commenceroit la chaîne d'une infinité d'autres.

Je punirois, disoit-il, un homme sur des soupçons. Je croirois en rester là; non : de nouveaux soupçons me viendroient en foule contre les parens et les amis de celui que j'aurois fait mourir. Voilà le germe d'un second crime. Ces actions violentes me feroient penser que je serois haï de mes sujets : je commencerois à les craindre. Ce seroit le sujet de nouvelles exécutions, qui deviendroient elles-mêmes le sujet de nouvelles frayeurs.

Que si ma vie étoit une fois marquée de ces sortes de taches, le désespoir d'acquérir une bonne réputation viendroit me saisir; et, voyant que je n'effacerois jamais le passé, j'abandonnerois l'avenir.

Arsace aimoit si fort à conserver les lois et les anciennes coutumes des Bactriens, qu'il trembloit toujours au mot de réformation des abus, parce qu'il avoit souvent remarqué que chacun appeloit loi ce qui étoit conforme à ses vues, et appeloit abus tout ce qui choquoit ses intérêts.

Que, de corrections en corrections d'abus, au lieu de rectifier les choses, on parvenoit à les anéantir.

Il étoit persuadé que le bien ne devoit couler dans un état que par le canal des lois; que le moyen de faire un bien permanent, c'étoit, en faisant le bien, de les suivre; que le moyen de faire un mal permanent, c'étoit, en faisant le mal, de les choquer.

Que les devoirs des princes ne consistoient pas moins dans la défense des lois contre les passions des autres que contre leurs propres passions.

Que le désir général de rendre les hommes heureux étoit naturel aux princes; mais que ce désir n'aboutissoit à rien s'ils ne se procuroient continuellement des connoissances particulières pour y parvenir.

Que, par un grand bonheur, le grand art de régner demandoit plus de sens que de génie, plus de désir d'acquérir des lumières que de grandes lumières, plutôt des connoissances pratiques que des connoissances abstraites, plutôt un certain discernement pour connoître les hommes que la capacité de les former.

Qu'on apprenoit à connoître les hommes en se communiquant à eux, comme on apprend toute autre chose. Qu'il est très-incommode pour les défauts et pour les vices de se cacher toujours. Que la plupart des hommes ont une enveloppe; mais qu'elle tient et serre si peu, qu'il est très-difficile que quelque côté ne vienne à se découvrir.

Arsace ne parloit jamais des affaires qu'il pouvoit avoir avec les étrangers; mais il aimoit à s'entretenir de celles de l'intérieur de son royaume, parce que c'étoit le seul moyen de le bien connoître; et là-dessus il disoit qu'un bon prince devoit être secret, mais qu'il pouvoit quelquefois l'être trop.

Il disoit qu'il sentoit en lui-même qu'il étoit un bon roi; qu'il étoit doux, affable, humain; qu'il aimoit la gloire, qu'il aimoit ses sujets; que cependant, si, avec ces belles qualités, il ne s'étoit gravé dans l'esprit les grands principes de gouvernement, il seroit arrivé la chose du monde la plus triste, que ses sujets auroient eu un bon roi, et qu'ils auroient peu joui de ce bonheur, et que ce beau présent de la Providence auroit été en quelque sorte inutile pour eux.

Celui qui croit trouver le bonheur sur le trône se trompe, disoit Arsace : on n'y a que le bonheur qu'on y a porté, et souvent même on y risque ce bonheur que l'on a porté. Si donc les dieux, ajoutoit-il, n'ont pas fait le commandement pour le bonheur de ceux qui commandent, il faut qu'ils l'aient fait pour le bonheur de ceux qui obéissent.

Arsace savoit donner, parce qu'il savoit refuser.

Souvent, disoit-il, quatre villages ne suffisent pas pour faire un don à un grand seigneur prêt à devenir misérable, ou à un misérable prêt à devenir grand seigneur. Je puis bien enrichir la pauvreté d'état; mais il m'est impossible d'enrichir la pauvreté de luxe.

Arsace étoit plus curieux d'entrer dans les chaumières que dans les palais de ses grands.

C'est là que je trouve mes vrais conseillers. Là, je me ressouviens de ce que mon palais me fait oublier. Ils me disent leurs besoins. Ce sont les petits malheurs de chacun qui composent le malheur général. Je m'instruis de tous ces malheurs, qui tous ensemble pourroient former le mien.

C'est dans ces chaumières que je vois ces objets tristes qui font toujours les délices de ceux qui peuvent le faire changer, et qui me font connoître que je puis devenir un plus grand prince que je ne le suis. J'y vois la joie succéder aux larmes; au lieu que dans mon palais je ne puis guère voir que les larmes succéder à la joie.

On lui dit un jour que, dans quelques réjouissances publiques, des farceurs avoient chanté ses louanges.

Savez-vous bien, dit-il, pourquoi je permets à ces gens-là de me louer? C'est afin de me faire mépriser la flatterie, et de la rendre vile à tous les gens de bien. J'ai un si grand pouvoir, qu'il sera toujours naturel de chercher à me plaire. J'espère bien que les dieux ne permettront point que la flatterie me plaise jamais. Pour vous, mes amis, dites-moi la vérité ; c'est la seule chose du monde que je désire, parce que c'est la seule chose du monde qui puisse me manquer.

Ce qui avoit troublé la fin du règne d'Artamène, c'est que dans sa jeunesse il avoit conquis quelques petits peuples voisins, situés entre la Médie et la Bactriane. Ils étoient ses alliés ; il voulut les avoir pour sujets, il les eut pour ennemis ; et comme ils habitoient les montagnes, ils ne furent jamais bien assujettis ; au contraire, les Mèdes se servoient d'eux pour troubler le royaume : de sorte que le conquérant avoit beaucoup affoibli le monarque, et que, lorsqu'Arsace monta sur le trône, ces peuples étoient encore peu affectionnés. Bientôt les Mèdes les firent révolter. Arsace vola, et les soumit. Il fit assembler la nation, et parla ainsi :

« Je sais que vous souffrez impatiemment la
« domination des Bactriens ; je n'en suis point
« surpris. Vous aimez vos anciens rois, qui vous
« ont comblés de bienfaits. C'est à moi à faire en

« sorte, par ma modération et par ma justice, que
« vous me regardiez comme le vrai successeur de
« ceux que vous avez tant aimés. »

Il fit venir les deux chefs les plus dangereux de la révolte, et dit au peuple :

« Je les fais mener devant vous pour que vous
« les jugiez vous-mêmes. »

Chacun, en les condamnant, chercha à se justifier.

« Connoissez, leur dit-il, le bonheur que vous
« avez de vivre sous un roi qui n'a point de pas-
« sion lorsqu'il punit, et qui n'en met que quand
« il récompense; qui croit que la gloire de vaincre
« n'est que l'effet du sort, et qu'il ne tient que de
« lui-même celle de pardonner.

« Vous vivrez heureux sous mon empire, et
« vous garderez vos usages et vos lois. Oubliez
« que je vous ai vaincus par les armes, et ne le
« soyez que par mon affection. »

Toute la nation vint rendre grâce à Arsace de sa clémence et de la paix. Des vieillards portoient la parole. Le premier parla ainsi :

« Je crois voir ces grands arbres qui font l'or-
« nement de notre contrée. Tu en es la tige, et
« nous en sommes les feuilles; elles couvriront
« les racines des ardeurs du soleil. »

Le second lui dit :

« Tu avois à demander aux dieux que nos mon-

« tagnes s'abaissassent pour qu'elles ne pussent
« pas nous défendre contre toi. Demande-leur
« aujourd'hui qu'elles s'élèvent jusques aux nues
« pour qu'elles puissent mieux te défendre contre
« tes ennemis. »

Le troisième dit ensuite :

« Regarde le fleuve qui traverse notre contrée ;
« là où il est impétueux et rapide, après avoir
« tout renversé, il se dissipe et se divise au point
« que les femmes le traversent à pied. Mais si tu
« le regardes dans les lieux où il est doux et tran-
« quille, il grossit lentement ses eaux, il est res-
« pecté des nations, et il arrête les armées. »

Depuis ce temps ces peuples furent les plus fidèles sujets de la Bactriane.

Cependant le roi de Médie apprit qu'Arsace régnoit dans la Bactriane. Le souvenir de l'affront qu'il avoit reçu se réveilla dans son cœur. Il avoit résolu de lui faire la guerre. Il demanda le secours du roi d'Hyrcanie.

« Joignez-vous à moi, lui écrivit-il, poursui-
« vons une vengeance commune. Le ciel vous
« destinoit la reine de Bactriane ; un de mes sujets
« vous l'a ravie : venez la conquérir. »

Le roi d'Hyrcanie lui fit cette réponse :

« Je serois aujourd'hui en servitude chez les
« Bactriens, si je n'avois trouvé des ennemis géné-
« reux. Je rends grâces au ciel de ce qu'il a voulu

« que mon règne commençât par des malheurs.
« L'adversité est notre mère; la prospérité n'est
« que notre marâtre. Vous me proposez des que-
« relles qui ne sont pas celles des rois. Laissons
« jouir le roi et la reine de Bactriane du bonheur
« de se plaire et de s'aimer. »

LE
TEMPLE DE GNIDE.

. . . . Non murmura vestra, columbæ,
Brachia non hederæ, non vincant oscula conchæ.
(Fragm. d'un épithal. de l'empereur Gallien.)

PRÉFACE DU TRADUCTEUR.

Un ambassadeur de France à la Porte ottomane, connu par son goût pour les lettres, ayant acheté plusieurs manuscrits grecs, il les porta en France. Quelques-uns de ces manuscrits m'étant tombés entre les mains, j'y ai trouvé l'ouvrage dont je donne ici la traduction.

Peu d'auteurs grecs sont venus jusqu'à nous, soit qu'ils aient péri dans la ruine des bibliothèques, ou par la négligence des familles qui les possédoient.

Nous recouvrons de temps en temps quelques pièces de ces trésors. On a trouvé des ouvrages jusque dans les tombeaux de leurs auteurs; et, ce qui est à peu près la même chose, on a trouvé celui-ci parmi les livres d'un évêque grec.

On ne sait ni le nom de l'auteur, ni le temps auquel il a vécu. Tout ce qu'on en peut dire, c'est qu'il n'est pas antérieur à Sapho, puisqu'il en parle dans son ouvrage.

Quant à ma traduction, elle est fidèle. J'ai cru que les beautés qui n'étoient point dans mon auteur n'étoient point des beautés; et j'ai souvent quitté l'expression la moins vive, pour prendre celle qui rendoit mieux sa pensée.

J'ai été encouragé à cette traduction par le succès qu'a eu celle du Tasse. Celui qui l'a faite ne trouvera pas mauvais que je coure la même carrière que lui. Il s'y est distingué d'une manière à ne rien craindre de ceux mêmes à qui il a donné le plus d'émulation.

Ce petit roman est une espèce de tableau où l'on a peint avec choix les objets les plus agréables. Le public y a trouvé des idées riantes, une certaine magnificence dans les descriptions, et de la naïveté dans les sentimens.

Il y a trouvé un caractère original qui a fait demander aux critiques quel en étoit le modèle; ce qui devient un grand éloge, lorsque l'ouvrage n'est pas méprisable d'ailleurs.

Quelques savans n'y ont point reconnu ce qu'ils appellent l'art. Il n'est point, disent-ils, selon les règles. Mais si l'ouvrage a plu, vous verrez que le cœur ne leur a pas dit toutes les règles.

Un homme qui se mêle de traduire ne souffre point patiemment que l'on n'estime pas son auteur autant qu'il le fait; et j'avoue que ces messieurs m'ont mis dans une furieuse colère : mais je les prie de laisser les jeunes gens juger d'un livre qui, en quelque langue qu'il ait été écrit, a certainement été fait pour eux. Je les prie de ne point les troubler dans leurs décisions. Il n'y a que des têtes bien frisées et bien poudrées qui connoissent tout le mérite du Temple de Gnide.

A l'égard du beau sexe, à qui je dois le peu de momens heureux que je puis compter dans ma vie, je souhaite de tout mon cœur que cet ouvrage puisse lui plaire. Je l'adore encore; et, s'il n'est plus l'objet de mes occupations, il l'est de mes regrets.

Que si les gens graves désiroient de moi quelque ouvrage moins frivole, je suis en état de les satisfaire. Il y a trente ans que je travaille à un livre de douze pages, qui doit contenir tout ce que nous savons sur la métaphysique, la politique et la morale, et tout ce que de grands auteurs ont oublié dans les volumes qu'ils ont donnés sur ces science-là.

LE TEMPLE DE GNIDE.

PREMIER CHANT.

Vénus préfère le séjour de Gnide à celui de Paphos et d'Amathonte. Elle ne descend point de l'Olympe sans venir parmi les Gnidiens. Elle a tellement accoutumé ce peuple heureux à sa vue, qu'il ne sent plus cette horreur sacrée qu'inspire la présence des dieux. Quelquefois elle se couvre d'un nuage, et on la reconnoît à l'odeur divine qui sort de ses cheveux parfumés d'ambroisie.

La ville est au milieu d'une contrée sur laquelle les dieux ont versé leurs bienfaits à pleines mains. On y jouit d'un printemps éternel : la terre, heureusement fertile, y prévient tous les souhaits ; les troupeaux y paissent sans nombre ; les vents semblent n'y régner que pour répandre partout l'esprit des fleurs ; les oiseaux y chantent sans cesse, vous diriez que les bois sont harmonieux ; les ruisseaux murmurent dans les plaines ; une chaleur douce fait tout éclore ; l'air ne s'y respire qu'avec la volupté.

Auprès de la ville est le palais de Vénus. Vulcain lui-même en a bâti les fondemens; il travailla pour son infidèle, quand il voulut lui faire oublier le cruel affront qu'il lui fit devant les dieux.

Il me seroit impossible de donner une idée des charmes de ce palais; il n'y a que les Grâces qui puissent décrire les choses qu'elles ont faites. L'or, l'azur, les rubis, les diamans, y brillent de toutes parts.... Mais j'en peins les richesses et non pas les beautés.

Les jardins en sont enchantés : Flore et Pomone en ont pris soin; leurs nymphes les cultivent. Les fruits y renaissent sous la main qui les cueille; les fleurs succèdent aux fruits. Quand Vénus s'y promène, entourée de ses Gnidiennes, vous diriez que, dans leurs jeux folâtres, elles vont détruire ces jardins délicieux : mais, par une vertu secrète, tout se répare en un instant.

Vénus aime à voir les danses naïves des filles de Gnide. Ses nymphes se confondent avec elles. La déesse prend part à leurs jeux, elle se dépouille de sa majesté : assise au milieu d'elles, elle voit régner dans leurs cœurs la joie et l'innocence.

On découvre de loin une grande prairie, toute parée de l'émail des fleurs. Le berger vient les cueillir avec sa bergère; mais celle qu'elle a trouvée est toujours la plus belle, et il croit que Flore l'a faite exprès.

Le fleuve Céphée arrose cette prairie, et y fait mille détours. Il arrête les bergères fugitives ; il faut qu'elles donnent le tendre baiser qu'elles avoient promis.

Lorsque les nymphes approchent de ses bords, il s'arrête ; et ses flots, qui fuyoient, trouvent des flots qui ne fuient plus. Mais lorsqu'une d'elles se baigne, il est plus amoureux encore : ses eaux tournent autour d'elle ; quelquefois il se soulève pour l'embrasser mieux : il l'enlève, il fuit, il l'entraîne. Ses compagnes timides commencent à pleurer : mais il la soutient sur ses flots ; et, charmé d'un fardeau si cher, il la promène sur sa plaine liquide ; enfin, désespéré de la quitter, il la porte lentement sur le rivage, et console ses compagnes.

A côté de la prairie est un bois de myrtes, dont les routes font mille détours. Les amans y viennent se conter leurs peines : l'Amour, qui les amuse, les conduit par des routes toujours plus secrètes.

Non loin de là est un bois antique et sacré où le jour n'entre qu'à peine : des chênes, qui semblent immortels, portent au ciel une tête qui se dérobe aux yeux. On y sent une frayeur religieuse : vous diriez que c'étoit la demeure des dieux lorsque les hommes n'étoient pas encore sortis de la terre.

Quand on a trouvé la lumière du jour, on monte

une petite colline sur laquelle est le temple de Vénus : l'univers n'a rien de plus saint ni de plus sacré que ce lieu.

Ce fut dans ce temple que Vénus vit pour la première fois Adonis : le poison coula au cœur de la déesse. Quoi ! dit-elle, j'aimerois un mortel ! hélas ! je sens que je l'adore. Qu'on ne m'adresse plus de vœux : il n'y a plus à Gnide d'autre dieu qu'Adonis.

Ce fut dans ce lieu qu'elle appela les Amours lorsque, piquée d'un défi téméraire, elle les consulta. Elle étoit en doute si elle s'exposeroit nue aux regards du berger troyen. Elle cacha sa ceinture sous ses cheveux ; ses nymphes la parfumèrent ; elle monta sur son char traîné par des cygnes, et arriva dans la Phrygie. Le berger balançoit entre Junon et Pallas ; il la vit, et ses regards errèrent et moururent. La pomme d'or tomba aux pieds de la déesse : il voulut parler, et son désordre décida.

Ce fut dans ce temple que la jeune Psyché vint avec sa mère, lorsque l'Amour, qui voloit autour des lambris dorés, fut surpris lui-même par un de ses regards. Il sentit tous les maux qu'il fait souffrir. C'est ainsi, dit-il, que je blesse ! Je ne puis soutenir mon arc ni mes flèches. Il tomba sur le sein de Psyché. Ah ! dit-il, je commence à sentir que je suis le dieu des plaisirs.

Lorsqu'on entre dans ce temple, on sent dans le cœur un charme secret qu'il est impossible d'exprimer : l'âme est saisie de ces ravissemens que les dieux ne sentent eux-mêmes que lorsqu'ils sont dans la demeure céleste.

Tout ce que la nature a de riant est joint à tout ce que l'art a pu imaginer de plus noble et de plus digne des dieux.

Une main, sans doute immortelle, l'a partout orné de peintures qui semblent respirer. On y voit la naissance de Vénus, le ravissement des dieux qui la virent, son embarras de se voir toute nue, et cette pudeur qui est la première des grâces.

On y voit les amours de Mars et de la déesse. Le peintre a représenté le dieu sur son char, fier et même terrible : la Renommée vole autour de lui ; la Peur et la Mort marchent devant ses coursiers couverts d'écume ; il entre dans la mêlée, et une poussière épaisse commence à le dérober. D'un autre côté, on le voit couché languissamment sur un lit de roses ; il sourit à Vénus : vous ne le reconnoissez qu'à quelques traits divins, qui restent encore. Les Plaisirs font des guirlandes dont ils lient les deux amans : leurs yeux semblent se confondre ; ils soupirent ; et, attentifs l'un à l'autre, ils ne regardent pas les Amours qui se jouent autour d'eux.

Il y a un appartement séparé où le peintre a représenté les noces de Vénus et de Vulcain : toute la cour céleste y est assemblée. Le dieu paroît moins sombre, mais aussi pensif qu'à l'ordinaire. La déesse regarde d'un air froid la joie commune ; elle lui donne négligemment une main, qui semble se dérober ; elle retire de dessus lui des regards qui portent à peine, et se tourne du côté des Grâces.

Dans un autre tableau on voit Junon qui fait la cérémonie du mariage. Vénus prend la coupe pour jurer à Vulcain une fidélité éternelle : les dieux sourient, et Vulcain l'écoute avec plaisir.

De l'autre côté on voit le dieu impatient qui entraîne sa divine épouse : elle fait tant de résistance, que l'on croiroit que c'est la fille de Cérès que Pluton va ravir, si l'œil qui voit Vénus pouvoit jamais se tromper.

Plus loin de là on le voit qui l'enlève pour l'emporter sur le lit nuptial. Les dieux suivent en foule. La déesse se débat, et veut échapper des bras qui la tiennent. Sa robe fuit ses genoux, la toile vole : mais Vulcain répare ce beau désordre, plus attentif à la cacher qu'ardent à la ravir.

Enfin on le voit qui vient de la poser sur le lit que l'hymen a préparé : il l'enferme dans les rideaux, et il croit l'y tenir pour jamais. La troupe importune se retire : il est charmé de la voir s'éloigner. Les déesses jouent entre elles : mais les dieux paroissent tristes; et la tristesse de Mars a quelque chose d'aussi sombre que la noire jalousie.

Charmée de la magnificence de son temple, la déesse elle-même y a voulu établir son culte : elle en a réglé les cérémonies, institué les fêtes; et elle y est en même temps la divinité et la prêtresse.

Le culte qu'on lui rend presque par toute la terre est plutôt une profanation qu'une religion. Elle a des temples où toutes les filles de la ville se prostituent en son honneur, et se font une dot des profits de leur dévotion. Elle en a où chaque femme mariée va une fois en sa vie se donner à celui qui la choisit, et jette dans le sanctuaire l'argent qu'elle a reçu. Il y en a d'autres où les courtisanes de tous les pays, plus honorées que les matrones, vont porter leurs offrandes. Il y en a enfin où les hommes se font eunuques, et s'habillent en femmes pour servir dans le sanctuaire, consacrant à la déesse et le sexe qu'ils n'ont plus et celui qu'ils ne peuvent pas avoir.

Mais elle a voulu que le peuple de Gnide eût un culte plus pur, et lui rendît des honneurs plus dignes d'elle. Là, les sacrifices sont des soupirs, et les offrandes un cœur tendre. Chaque amant adresse ses vœux à sa maîtresse, et Vénus les reçoit pour elle.

Partout où se trouve la beauté on l'adore comme

Vénus même; car la beauté est aussi divine qu'elle.

Les cœurs amoureux viennent dans le temple; ils vont embrasser les autels de la fidélité et de la constance.

Ceux qui sont accablés des rigueurs d'une cruelle y viennent soupirer : ils sentent diminuer leurs tourmens; ils trouvent dans leur cœur la flatteuse espérance.

La déesse, qui a promis de faire le bonheur des vrais amans, le mesure toujours à leurs peines.

La jalousie est une passion qu'on peut avoir, mais qu'on doit taire. On adore en secret les caprices de sa maîtresse, comme on adore les décrets des dieux, qui deviennent plus justes lorsqu'on ose s'en plaindre.

On met au rang des faveurs divines le feu, les transports de l'amour, et la fureur même; car moins on est maître de son cœur, plus il est à la déesse.

Ceux qui n'ont point donné leur cœur sont des profanes, qui ne peuvent pas entrer dans le temple : ils adressent de loin leurs vœux à la déesse, et lui demandent de les délivrer de cette liberté, qui n'est qu'une impuissance de former des désirs.

La déesse inspire aux filles de la modestie : cette qualité charmante donne un nouveau prix à tous les trésors qu'elle cache.

Mais jamais, dans ces lieux fortunés, elles n'ont

rougi d'une passion sincère, d'un sentiment naïf, d'un aveu tendre.

Le cœur fixe toujours lui-même le moment auquel il doit se rendre; mais c'est une profanation de se rendre sans aimer.

L'amour est attentif à la félicité des Gnidiens : il choisit les traits dont il les blesse. Lorsqu'il voit une amante affligée, accablée des rigueurs d'un amant, il prend une flèche trempée dans les eaux du fleuve d'oubli. Quand il voit deux amans qui commencent à s'aimer, il tire sans cesse sur eux de nouveaux traits. Quand il en voit dont l'amour s'affoiblit, il le fait soudain renaître ou mourir; car il épargne toujours les derniers jours d'une passion languissante : on ne passe point par les dégoûts avant de cesser d'aimer; mais de plus grandes douceurs font oublier les moindres.

L'Amour a ôté de son carquois les traits cruels dont il blessa Phèdre et Ariane, qui, mêlés d'amour et de haine, servent à montrer sa puissance, comme la foudre sert à faire connoître l'empire de Jupiter.

A mesure que le dieu donne le plaisir d'aimer, Vénus y joint le bonheur de plaire.

Les filles entrent chaque jour dans le sanctuaire pour faire leur prière à Vénus. Elles y expriment des sentimens naïfs comme le cœur qui les fait naître. Reine d'Amathonte, disoit une d'elles, ma flamme pour Thyrsis est éteinte ; je ne te demande pas de me rendre mon amour ; fais seulement qu'Ixiphile m'aime.

Une autre disoit tout bas : Puissante déesse, donne-moi la force de cacher quelque temps mon amour à mon berger, pour augmenter le prix de l'aveu que je veux lui en faire.

Déesse de Cythère, disoit une autre, je cherche la solitude ; les jeux de mes compagnes ne me plaisent plus. J'aime peut-être. Ah ! si j'aime quelqu'un, ce ne peut être que Daphnis.

Dans les jours de fêtes, les filles et les jeunes garçons viennent réciter des hymnes en l'honneur de Vénus : souvent ils chantent sa gloire, en chantant leurs amours.

Un jeune Gnidien, qui tenoit par la main sa maîtresse, chantoit ainsi : Amour, lorsque tu vis Psyché, tu te blessas sans doute des mêmes traits dont tu viens de blesser mon cœur : ton bonheur n'étoit pas différent du mien ; car tu sentois mes feux, et moi j'ai senti tes plaisirs.

J'ai vu tout ce que je décris. J'ai été à Gnide ; j'y ai vu Thémire, et je l'ai aimée : je l'ai vue encore, et je l'ai aimée davantage. Je resterai toute ma vie à Gnide avec elle, et je serai le plus heureux des mortels.

Nous irons dans le temple, et jamais il n'y sera entré un amant si fidèle ; nous irons dans le palais de Vénus, et je croirai que c'est le palais de Thémire ; j'irai dans la prairie, et je cueillerai des fleurs que je mettrai sur son sein. Peut-être que je pourrai la conduire dans le bocage où tant de routes vont se confondre ; et quand elle sera égarée.... L'Amour, qui m'inspire, me défend de révéler ses mystères.

SECOND CHANT.

Il y a à Gnide un antre sacré que les nymphes habitent, où la déesse rend ses oracles. La terre ne mugit point sous les pieds ; les cheveux ne se dressent point sur la tête : il n'y a point de prêtresses comme à Delphes, où Apollon agite la Pythie ; mais Vénus elle-même écoute les mortels, sans se jouer de leurs espérances ni de leurs craintes.

Une coquette de l'île de Crète étoit venue à Gnide : elle marchoit entourée de tous les jeunes Gnidiens ; elle sourioit à l'un, parloit à l'oreille à l'autre, soutenoit son bras sur un troisième, crioit à deux autres de la suivre. Elle étoit belle, et parée avec art ; le son de sa voix étoit imposteur comme ses yeux. O ciel ! que d'alarmes ne causa-t-elle point aux vraies amantes ! Elle se présenta à l'oracle, aussi fière que les déesses; mais soudain nous entendîmes une voix qui sortoit du sanctuaire : Perfide, comment oses-tu porter tes artifices jusque dans les lieux où je règne avec la candeur? Je vais te punir d'une manière cruelle : je t'ôterai tes charmes; mais je te laisserai le cœur comme il est. Tu appelleras tous les hommes que tu verras; ils te fuiront comme une ombre plaintive, et tu mourras accablée de refus et de mépris.

Une courtisane de Nocrétis vint ensuite toute brillante des dépouilles de ses amans. Va, dit la déesse, tu te trompes, si tu crois faire la gloire de mon empire : ta beauté fait voir qu'il y a des plaisirs, mais elle ne les donne pas. Ton cœur est comme le fer, et quand tu verrois mon fils même, tu ne saurois l'aimer. Va prodiguer tes faveurs aux hommes lâches qui les demandent et qui s'en dégoûtent; va leur montrer des charmes que l'on voit soudain, et que l'on perd pour toujours. Tu n'es propre qu'à faire mépriser ma puissance.

Quelque temps après vint un homme riche qui levoit les tributs du roi de Lydie. Tu me demandes, dit la déesse, une chose que je ne saurois faire, quoique je sois la déesse de l'amour. Tu achètes des beautés pour les aimer; mais tu ne les aimes pas parce que tu les achètes. Tes trésors ne te seront point inutiles; ils te serviront à te dégoûter de tout ce qu'il y a de plus charmant dans la nature.

Un jeune homme de Doride, nommé Aristée, se présenta ensuite. Il avoit vu à Gnide la charmante Camille; il en étoit éperdument amoureux; il sentoit tout l'excès de son amour; et il venoit demander à Vénus qu'il pût l'aimer davantage.

Je connois ton cœur, lui dit la déesse; tu sais aimer. J'ai trouvé Camille digne de toi : j'aurois pu la donner au plus grand roi du monde; mais les rois la méritent moins que les bergers.

Je parus ensuite avec Thémire. La déesse me dit : Il n'y a point dans mon empire de mortel qui me soit plus soumis que toi. Mais que veux-tu que je fasse? Je ne saurois te rendre plus amoureux, ni Thémire plus charmante. Ah! lui dis-je, grande déesse, j'ai mille grâces à vous demander : faites que Thémire ne pense qu'à moi; qu'elle ne voie que moi; qu'elle se réveille en songeant à moi; qu'elle craigne de me perdre quand je suis présent; qu'elle m'espère dans mon absence; que, toujours charmée de me voir, elle regrette encore tous les momens qu'elle a passés sans moi.

TROISIÈME CHANT.

Il y a à Gnide des jeux sacrés qui se renouvellent tous les ans : les femmes y viennent de toutes parts disputer le prix de la beauté. Là, les bergères sont confondues avec les filles des rois, car la beauté seule y porte les marques de l'empire. Vénus y préside elle-même. Elle décide sans balancer ; elle sait bien quelle est la mortelle heureuse qu'elle a le plus favorisée.

Hélène remporta ce prix plusieurs fois : elle triompha lorsque Thésée l'eut ravie; elle triompha lorsqu'elle eut été enlevée par le fils de Priam; elle triompha enfin lorsque les dieux l'eurent rendue à Ménélas après dix ans d'espérances. Ainsi ce prince, au jugement de Vénus même, se vit aussi heureux époux que Thésée et Pâris avoient été heureux amans.

Il vint trente filles de Corinthe, dont les cheveux tomboient à grosses boucles sur les épaules. Il en vint dix de Salamine, qui n'avoient encore vu que treize fois le cours du soleil. Il en vint quinze de l'île de Lesbos; et elles se disoient l'une à l'autre : Je me sens tout émue; il n'y a rien de si charmant que vous : si Vénus vous voit des mêmes yeux que moi, elle vous couronnera au milieu de toutes les beautés de l'univers.

Il vint cinquante femmes de Milet. Rien n'approchoit de la blancheur de leur teint et de la régularité de leurs traits; tout faisoit voir ou promettoit un beau corps; et les dieux, qui les formèrent, n'auroient rien fait de plus digne d'eux, s'ils n'avoient plus cherché à leur donner des perfections que des grâces.

Il vint cent femmes de l'île de Chypre. Nous avons, disoient-elles, passé notre jeunesse dans le temple de Vénus; nous lui avons consacré notre virginité et notre pudeur même. Nous ne rougissons point de nos charmes : nos manières, quelquefois hardies et toujours libres, doivent nous donner de l'avantage sur une pudeur qui s'alarme sans cesse.

Je vis les filles de la superbe Lacédémone : leur robe étoit ouverte par les côtés, depuis la ceinture, de la manière la plus immodeste; et cependant elles faisoient les prudes, et soutenoient qu'elles ne violoient la pudeur que par amour pour la patrie.

Mer fameuse par tant de naufrages, vous savez conserver des dépôts précieux. Vous vous calmâtes lorsque le navire Argo porta la toison d'or sur votre plaine liquide; et lorsque cinquante beautés sont parties de Colchos et se sont confiées à vous, vous vous êtes courbée sous elles.

Je vis aussi Oriane, semblable aux déesses : toutes les beautés de Lydie entouroient leur reine. Elle avoit envoyé devant elle cent jeunes filles qui avoient présenté à Vénus une offrande de deux cents talens. Candaule étoit venu lui-même, plus distingué par son amour que par la pourpre royale : il passoit les jours et les nuits à dévorer de ses regards les charmes d'Oriane ; ses yeux erroient sur son beau corps, et ses yeux ne se lassoient jamais. Hélas! disoit-il, je suis heureux, mais c'est une chose qui n'est sue que de Vénus et de moi : mon bonheur seroit plus grand s'il donnoit de l'envie. Belle reine, quittez ces vains ornemens; faites tomber cette toile importune ; montrez-vous à l'univers; laissez le prix de la beauté, et demandez des autels.

Auprès de là étoient vingt Babyloniennes; elles avoient des robes de pourpre brodées d'or : elles croyoient que leur luxe augmentoit leur prix. Il y en avoit qui portoient, pour preuve de leur beauté, les richesses qu'elle leur avoit fait acquérir.

Plus loin je vis cent femmes d'Egypte qui avoient les yeux et les cheveux noirs. Leurs maris étoient auprès d'elles, et ils disoient : Les lois nous soumettent à vous en l'honneur d'Isis; mais votre beauté a sur nous un empire plus fort que celui des lois : nous vous obéissons avec le même plaisir que l'on obéit aux dieux; nous sommes les plus heureux esclaves de l'univers.

Le devoir vous répond de notre fidélité; mais il n'y a que l'amour qui puisse nous promettre la vôtre.

Soyez moins sensibles à la gloire que vous acquerrez à Gnide qu'aux hommages que vous pouvez trouver dans votre maison auprès d'un mari tranquille, qui, pendant que vous vous occupez des affaires du dehors, doit attendre dans le sein de votre famille le cœur que vous lui rapportez.

Il vint des femmes de cette ville puissante qui envoie ses vaisseaux au bout de l'univers : les ornemens fatiguoient leur tête superbe : toutes les parties du monde sembloient avoir contribué à leur parure.

Dix beautés vinrent des lieux où commence le jour : elles étoient filles de l'Aurore, et, pour la voir, elles se levoient tous les jours avant elle. Elles se plaignoient du Soleil, qui faisoit disparoître leur mère; elles se plaignoient de leur mère, qui ne se montroit à elles que comme au reste des mortels.

Je vis sous une tente une reine d'un peuple des Indes. Elle étoit entourée de ses filles, qui déjà faisoient espérer les charmes de leur mère : des eunuques la servoient, et leurs yeux regardoient la terre; car, depuis qu'ils avoient respiré l'air de Gnide, ils avoient senti redoubler leur affreuse mélancolie.

Les femmes de Cadix, qui sont aux extrémités de la terre, disputèrent aussi le prix. Il n'y a point de pays dans l'univers où une belle ne reçoive des hommages; mais il n'y a que les plus grands hommages qui puissent apaiser l'ambition d'une belle.

Les filles de Gnide parurent ensuite : belles sans ornemens, elles avoient des grâces au lieu de perles et de rubis. On ne voyoit sur leur tête que les présens de Flore; mais ils y étoient plus dignes des embrassemens de Zéphyre. Leur robe n'avoit d'autre mérite que celui de marquer une taille charmante, et d'avoir été filée de leurs propres mains.

Parmi toutes ces beautés on ne vit point la jeune Camille. Elle avoit dit : Je ne veux point disputer le prix de la beauté; il me suffit que mon cher Aristée me trouve belle.

Diane rendoit ces jeux célèbres par sa présence. Elle n'y venoit point disputer le prix; car les déesses ne se comparent point aux mortelles. Je la vis seule, elle étoit belle comme Vénus; je la vis auprès de Vénus, elle n'étoit plus que Diane.

Il n'y eut jamais un si grand spectacle : les peuples étoient séparés des peuples; les yeux erroient de pays en pays, depuis le couchant jusqu'à l'aurore; il sembloit que Gnide fût tout l'univers.

Les dieux ont partagé la beauté entre les nations, comme la nature l'a partagée entre les déesses. Là, on voyoit la beauté fière de Pallas; ici, la grandeur et la majesté de Junon; plus loin, la simplicité de Diane, la délicatesse de Thétis, le charme des Grâces, et quelquefois le sourire de Vénus.

Il sembloit que chaque peuple eût une manière particulière d'exprimer sa pudeur, et que toutes ces femmes voulussent se jouer des yeux : les unes découvroient la gorge et cachoient leurs épaules ; les autres montroient les épaules et couvroient la gorge ; celles qui vous déroboient le pied vous payoient par d'autres charmes ; et là on rougissoit de ce qu'ici on appeloit bienséance.

Les dieux sont si charmés de Thémire, qu'ils ne la regardent jamais sans sourire de leur ouvrage. De toutes les déesses il n'y a que Vénus qui la voie avec plaisir, et que les dieux ne raillent point d'un peu de jalousie.

Comme on remarque une rose au milieu des fleurs qui naissent dans l'herbe, on distingua Thémire de tant de belles. Elles n'eurent pas le temps d'être ses rivales : elles furent vaincues avant de la craindre. Dès qu'elle parut, Vénus ne regarda qu'elle. Elle appela les Grâces. Allez la couronner, leur dit-elle : de toutes les beautés que je vois, c'est la seule qui vous ressemble.

QUATRIÈME CHANT.

Pendant que Thémire étoit occupée avec ses compagnes au culte de la déesse, j'entrai dans un bois solitaire; j'y trouvai le tendre Aristée. Nous nous étions vus le jour que nous allâmes consulter l'oracle; c'en fut assez pour nous engager à nous entretenir : car Vénus met dans le cœur, en la présence d'un habitant de Gnide, le charme secret que trouvent deux amis lorsqu'après une longue absence ils sentent dans leurs bras le doux objet de leurs inquiétudes.

Ravis l'un de l'autre, nous sentîmes que notre cœur se donnoit; il sembloit que la tendre amitié étoit descendue du ciel pour se placer au milieu de nous. Nous nous racontâmes mille choses de notre vie. Voici, à peu près, ce que je lui dis :

Je suis né à Sybaris, où mon père Antiloque étoit prêtre ne Vénus. On ne met point dans cette ville de différence entre les voluptés et les besoins; on bannit tous les arts qui pourroient troubler un sommeil tranquille; on donne des prix, aux dépens du public, à ceux qui peuvent découvrir des voluptés nouvelles; les citoyens ne se souviennent que des bouffons qui les ont divertis, et ont perdu la mémoire des magistrats qui les ont gouvernés.

On y abuse de la fertilité du terroir, qui y produit une abondance éternelle; et les faveurs des dieux sur Sybaris ne servent qu'à encourager le luxe et la mollesse.

Les hommes sont si efféminés, leur parure est si semblable à celle des femmes, ils composent si bien leur teint, ils se frisent avec tant d'art, ils emploient tant de temps à se corriger à leur miroir, qu'il semble qu'il n'y ait qu'un sexe dans toute la ville.

Les femmes se livrent au lieu de se rendre; chaque jour voit finir les désirs et les espérances de chaque jour : on ne sait ce que c'est que d'aimer et d'être aimé, on n'est occupé que de ce qu'on appelle si faussement jouir.

Les faveurs n'y ont que leur réalité propre; et toutes ces circonstances qui les accompagnent si bien, tous ces riens qui sont d'un si grand prix, ces engagemens qui paroissent toujours plus grands, ces petites choses qui valent tant, tout ce qui prépare un heureux moment, tant de conquêtes au lieu d'une, tant de jouissances avant la dernière; tout cela est inconnu à Sybaris.

Encore si elles avoient la moindre modestie, cette foible image de la vertu pourroit plaire :

mais non; les yeux sont accoutumés à tout voir, et les oreilles à tout entendre.

Bien loin que la multiplicité des plaisirs donne aux Sybarites plus de délicatesse, ils ne peuvent plus distinguer un sentiment d'avec un sentiment.

Ils passent leur vie dans une joie purement extérieure : ils quittent un plaisir qui leur déplaît pour un plaisir qui leur déplaira encore ; tout ce qu'ils imaginent est un nouveau sujet de dégoût.

Leur âme, incapable de sentir les plaisirs, semble n'avoir de délicatesse que pour les peines : un citoyen fut fatigué toute une nuit d'une rose qui s'étoit repliée dans son lit.

La mollesse a tellement affoibli leurs corps, qu'ils ne sauroient remuer les moindres fardeaux ; ils peuvent à peine se soutenir sur leurs pieds ; les voitures les plus douces les font évanouir ; lorsqu'ils sont dans les festins, l'estomac leur manque à tous les instans.

Ils passent leur vie sur des siéges renversés, sur lesquels ils sont obligés de se reposer tout le jour, sans être fatigués ; ils sont brisés quand ils vont languir ailleurs.

Incapables de porter le poids des armes, timides devant leurs concitoyens, lâches devant les étrangers, ils sont des esclaves tout prêts pour le premier maître.

Dès que je sus penser, j'eus du dégoût pour la malheureuse Sybaris. J'aime la vertu, et j'ai toujours craint les dieux immortels. Non, disois-je, je ne respirerai pas plus long-temps cet air empoisonné : tous ces esclaves de la mollesse sont faits pour vivre dans leur patrie, et moi pour la quitter.

J'allai pour la dernière fois au temple; et, m'approchant des autels où mon père avoit tant de fois sacrifié : Grande déesse, dis-je à haute voix, j'abandonne ton temple, et non pas ton culte : en quelque lieu de la terre que je sois, je ferai fumer pour toi de l'encens; mais il sera plus pur que celui qu'on t'offre à Sybaris.

Je partis, et j'arrivai en Crète. Cette île est toute pleine des monumens de la fureur de l'Amour. On y voit le taureau d'airain, ouvrage de Dédale, pour tromper ou pour satisfaire les égaremens de Pasiphaé; le labyrinthe, dont l'amour seul sut éluder l'artifice; le tombeau de Phèdre, qui étonna le soleil, comme avoit fait sa mère; et le temple d'Ariane, qui, désolée dans les déserts, abandonnée par un ingrat, ne se repentoit pas encore de l'avoir suivi.

On y voit le palais d'Idoménée, dont le retour ne fut pas plus heureux que celui des autres capitaines grecs : car ceux qui échappèrent aux dangers d'un élément colère trouvèrent leur maison plus funeste encore. Vénus irritée leur fit embrasser des épouses perfides, et ils moururent de la main qu'ils croyoient la plus chère.

Je quittai cette île, si odieuse à une déesse qui devoit faire quelque jour la félicité de ma vie.

Je me rembarquai, et la tempête me jeta à Lesbos. C'est encore une île peu chérie de Vénus : elle a ôté la pudeur du visage des femmes, la foiblesse de leur corps, et la timidité de leur âme. Grande Vénus, laisse brûler les femmes de Lesbos d'un feu légitime ; épargne à la nature humaine tant d'horreurs.

Mitylène est la capitale de Lesbos ; c'est la patrie de la tendre Sapho. Immortelle comme les Muses, cette fille infortunée brûle d'un feu qu'elle ne peut éteindre. Odieuse à elle-même, trouvant ses ennuis dans ses charmes, elle hait son sexe, et le cherche toujours. Comment, dit-elle, une flamme si vaine peut-elle être si cruelle ? Amour, tu es cent fois plus redoutable quand tu te joues que quand tu t'irrites.

Enfin je quittai Lesbos, et le sort me fit trouver une île plus profane encore ; c'étoit celle de Lemnos. Vénus n'y a point de temple ; jamais les Lemniens ne lui adressèrent de vœux. Nous rejetons, disent-ils, un culte qui amollit les cœurs. La déesse les en a souvent punis ; mais, sans expier leur crime, ils en portent la peine ; toujours plus impies à mesure qu'ils sont plus affligés.

Je me remis en mer, cherchant toujours quelque terre chérie des dieux; les vents me portèrent à Délos. Je restai quelques mois dans cette île sacrée : mais, soit que les dieux nous préviennent quelquefois sur ce qui nous arrive, soit que notre âme retienne de la divinité, dont elle est émanée, quelque foible connoissance de l'avenir, je sentis que mon destin, que mon bonheur même, m'appeloient dans un autre pays.

Une nuit que j'étois dans cet état tranquille où l'âme plus à elle-même semble être délivrée de la chaîne qui la tient assujettie, il m'apparut, je ne sus pas d'abord si c'étoit une mortelle ou une déesse. Un charme secret étoit répandu sur toute sa personne : elle n'étoit point belle comme Vénus, mais elle étoit ravissante comme elle : tous ses traits n'étoient point réguliers, mais ils enchantoient tous ensemble : vous n'y trouviez point ce qu'on admire, mais ce qui pique : ses cheveux tomboient négligemment sur ses épaules, mais cette négligence étoit heureuse : sa taille étoit charmante; elle avoit cet air que la nature donne seule, et dont elle cache le secret aux peintres mêmes. Elle vit mon étonnement; elle en sourit. Dieux! quel souris! Je suis, me dit-elle d'une voix qui pénétroit le cœur, la seconde des Grâces : Vénus, qui m'envoie, veut te rendre heureux;

mais il faut que tu ailles l'adorer dans son temple de Gnide. Elle fuit, mes bras la suivirent, mon songe s'envola avec elle ; et il ne me resta qu'un doux regret de ne la plus voir, mêlé du plaisir de l'avoir vue.

Je quittai donc l'île de Délos : j'arrivai à Gnide. Je puis dire que d'abord je respirai l'amour. Je sentis, je ne puis pas bien exprimer ce que je sentis. Je n'aimois pas encore, mais je cherchois à aimer : mon cœur s'échauffoit comme dans la présence de quelque beauté divine. J'avançai, et je vis de loin de jeunes filles qui jouoient dans la prairie ; je fus d'abord entraîné vers elles. Insensé que je suis ! disois-je ; j'ai, sans aimer, tous les égaremens de l'amour ; mon cœur vole déjà vers des objets inconnus, et ces objets lui donnent de l'inquiétude. J'approchai, je vis la charmante Thémire ! sans doute que nous étions faits l'un pour l'autre. Je ne regardai qu'elle, et je crois que je serois mort de douleur si elle n'avoit tourné sur moi quelques regards. Grande Vénus, m'écriai-je, puisque vous devez me rendre heureux, faites que ce soit avec cette bergère : je renonce à toutes les autres beautés ; elle seule peut remplir vos promesses et tous les vœux que je ferai jamais.

CINQUIÈME CHANT.

Je parlois encore au jeune Aristée de mes tendres amours; ils lui firent soupirer les siens; je soulageai son cœur, en le priant de me les raconter. Voici ce qu'il me dit : je n'oublierai rien ; car je suis inspiré par le même dieu qui le faisoit parler.

Dans tout ce récit vous ne trouverez rien que de tres-simple : mes aventures ne sont que les sentimens d'un cœur tendre, que mes plaisirs, que mes peines; et, comme mon amour pour Camille fait le bonheur, il fait aussi toute l'histoire de ma vie.

Camille est fille d'un des principaux habitans de Gnide; elle est belle; elle a une physionomie qui va se peindre dans tous les cœurs : les femmes qui font des souhaits demandent aux dieux les grâces de Camille; les hommes qui la voient veulent la voir toujours, ou craignent de la voir encore.

Elle a une taille charmante, un air noble, mais modeste, des yeux vifs et tout prêts à être tendres, des traits faits exprès l'un pour l'autre, des charmes invisiblement assortis pour la tyrannie des cœurs.

Camille ne cherche point à se parer, mais elle est mieux parée que les autres femmes.

Elle a un esprit que la nature refuse presque toujours aux belles. Elle se prête également au sérieux et à l'enjouement. Si vous voulez, elle pensera sensément; si vous voulez, elle badinera comme les Grâces.

Plus on a d'esprit, plus on en trouve à Camille. Elle a quelque chose de si naïf, qu'il semble qu'elle ne parle que le langage du cœur. Tout ce qu'elle dit, tout ce qu'elle fait, a les charmes de la simplicité; vous trouvez toujours une bergère naïve. Des grâces si légères, si fines, si délicates, se font remarquer, mais se font encore mieux sentir.

Avec tout cela Camille m'aime : elle est ravie quand elle me voit, elle est fâchée quand je la quitte; et comme si je pouvois vivre sans elle, elle me fait promettre de revenir. Je lui dis toujours que je l'aime, elle me croit; je lui dis que je l'adore, elle le sait; mais elle est ravie comme si elle ne le savoit pas. Quand je lui dis qu'elle fait la félicité de ma vie, elle me dit que je fais le bonheur de la sienne. Enfin elle m'aime tant, qu'elle me feroit presque croire que je suis digne de son amour.

Il y avoit un mois que je voyois Camille sans oser lui dire que je l'aimois, et sans oser presque me le dire à moi-même : plus je la trouvois aimable, moins j'espérois d'être celui qui la rendroit sensible. Camille, tes charmes me touchoient ; mais ils me disoient que je ne te méritois pas.

Je cherchois partout à t'oublier ; je voulois effacer de mon cœur ton adorable image. Que je suis heureux ! je n'ai pu y réussir ; cette image y est restée, et elle y vivra toujours.

Je dis à Camille : J'aimois le bruit du monde, et je cherche la solitude ; j'avois des vues d'ambition, et je ne désire plus que ta présence ; je voulois errer sous des climats reculés, et mon cœur n'est plus citoyen que des lieux où tu respires : tout ce qui n'est point toi s'est évanoui de devant mes yeux.

Quand Camille m'a parlé de sa tendresse, elle a encore quelque chose à me dire ; elle croit avoir oublié ce qu'elle m'a juré mille fois. Je suis si charmé de l'entendre que je feins quelquefois de ne la pas croire, pour qu'elle touche encore mon cœur : bientôt règne entre nous ce doux silence, qui est le plus tendre langage des amans.

Quand j'ai été absent de Camille, je veux lui rendre compte de ce que j'ai pu voir ou entendre. De quoi m'entretiens-tu ? me dit-elle ; parle-moi de nos amours : ou, si tu n'as rien pensé, si tu n'as rien à me dire, cruel, laisse-moi parler.

Quelquefois elle me dit en m'embrassant : Tu es triste. Il est vrai, lui dis-je ; mais la tristesse des amans est délicieuse : je sens couler mes larmes, et je ne sais pourquoi, car tu m'aimes ; je n'ai point de sujet de me plaindre, et je me plains. Ne me retire point de la langueur où je suis ; laisse-moi soupirer en même temps mes peines et mes plaisirs.

Dans les transports de l'amour, mon âme est trop agitée ; elle est entraînée vers son bonheur sans en jouir : au lieu qu'à présent je goûte ma tristesse même. N'essuie point mes larmes : qu'importe que je pleure, puisque je suis heureux ?

Quelquefois Camille me dit : Aime-moi. Oui, je t'aime. Mais comment m'aimes-tu ? Hélas ! lui dis-je, je t'aime comme je t'aimois : car je ne puis comparer l'amour que j'ai pour toi qu'à celui que j'ai eu pour toi-même.

J'entends louer Camille par tous ceux qui la connoissent : ces louanges me touchent comme si elles m'étoient personnelles, et j'en suis plus flatté qu'elle-même.

Quand il y a quelqu'un avec nous, elle parle avec tant d'esprit que je suis enchanté de ses moindres paroles ; mais j'aimerois encore mieux qu'elle ne dît rien.

Quand elle fait des amitiés à quelqu'un, je voudrois être celui à qui elle fait des amitiés, quand tout-à-coup je fais réflexion que je ne serois point aimé d'elle.

Prends garde, Camille, aux impostures des amans. Ils te diront qu'ils t'aiment, et ils diront vrai : ils te diront qu'ils t'aiment autant que moi ; mais je jure par les dieux que je t'aime davantage.

Quand je l'aperçois de loin, mon esprit s'égare : elle approche, et mon cœur s'agite : j'arrive auprès d'elle, et il semble que mon âme veut me quitter, que cette âme est à Camille, et qu'elle va l'animer.

Quelquefois je veux lui dérober une faveur ; elle me la refuse, et dans un instant elle m'en accorde une autre. Ce n'est point un artifice : combattue par sa pudeur et son amour, elle voudroit me tout refuser, elle voudroit pouvoir me tout accorder.

Elle me dit : Ne vous suffit-il pas que je vous aime ? que pouvez-vous désirer après mon cœur ? Je désire, lui dis-je, que tu fasses pour moi une faute que l'amour fait faire, et que le grand amour justifie.

Camille, si je cesse un jour de t'aimer, puisse la Parque se tromper, et prendre ce jour pour le dernier de mes jours ! puisse-t-elle effacer le reste d'une vie que je trouverois déplorable, quand je me souviendrois des plaisirs que j'ai eus en aimant.

Aristée soupira et se tut ; et je vis bien qu'il ne cessa de parler de Camille que pour penser à elle.

SIXIÈME CHANT.

Pendant que nous parlions de nos amours, nous nous égarâmes; et après avoir erré long-temps, nous entrâmes dans une grande prairie : nous fûmes conduits, par un chemin de fleurs, au pied d'un rocher affreux. Nous vîmes un antre obscur; nous y entrâmes, croyant que c'étoit la demeure de quelque mortel. O dieux! qui auroit pensé que ce lieu eût été si funeste! A peine y eus-je mis le pied, que tout mon corps frémit, mes cheveux se dressèrent sur la tête. Une main invisible m'entraînoit dans ce fatal séjour : à mesure que mon cœur s'agitoit, il cherchoit à s'agiter encore. Ami, m'écriai-je, entrons plus avant, dussions-nous voir augmenter nos peines. J'avance dans ce lieu, où jamais le soleil n'entra, et que les vents n'agitèrent jamais. J'y vis la Jalousie; son aspect étoit plus sombre que terrible : la Pâleur, la Tristesse, le Silence, l'entouroient, et les Ennuis voloient autour d'elle. Elle souffla sur nous, elle nous mit la main sur le cœur, elle nous frappa sur la tête; et nous ne vîmes, nous n'imaginâmes plus que des monstres. Entrez plus avant, nous dit-elle, malheureux mortels; allez trouver une déesse plus puissante que moi. Nous vîmes une affreuse divinité à la lueur des langues enflammées des serpens qui siffloient sur sa tête ; c'étoit la Fureur. Elle détacha un de ses serpens, et le jeta sur moi : je voulus le prendre ; déjà, sans que je l'eusse senti, il s'étoit glissé dans mon cœur. Je restai un moment comme stupide ; mais dès que le poison se fut répandu dans mes veines, je crus être au milieu des enfers : mon âme fut embrasée, et, dans sa violence, tout mon corps la contenoit à peine : j'étois si agité qu'il me sembloit que je tournois sous le fouet des Furies. Nous nous abandonnâmes à nos transports ; nous fîmes cent fois le tour de cet antre épouvantable : nous allions de la Jalousie à la Fureur, et de la Fureur à la Jalousie : nous criions, Thémire ! nous criions, Camille ! Si Thémire ou Camille étoient venues, nous les aurions déchirées de nos propres mains.

Enfin nous trouvâmes la lumière du jour ; elle nous parut importune, et nous regrettâmes presque l'antre affreux que nous avions quitté. Nous tombâmes de lassitude ; et ce repos même nous parut insupportable. Nos yeux nous refusèrent des larmes, et notre cœur ne put plus former de soupirs.

Je fus pourtant un moment tranquille : le sommeil commençoit à verser sur moi ses doux pavots. O dieux ! ce sommeil même devint cruel. J'y voyois des images plus terribles pour moi que les pâles ombres : je me réveillois, à chaque instant, sur une infidélité de Thémire; je la voyois.... Non, je n'ose encore le dire; et ce que j'imaginois seulement pendant la veille, je le trouvois réel dans les horreurs de cet affreux sommeil.

Il faudra donc, dis-je en me levant, que je fuie également les ténèbres et la lumière ! Thémire, la cruelle Thémire m'agite comme les Furies. Qui l'eût cru, que mon bonheur seroit de l'oublier pour jamais !

Un accès de fureur me reprit. Ami, m'écriai-je, lève-toi. Allons exterminer les troupeaux qui paissent dans cette prairie : poursuivons ces bergers dont les amours sont si paisibles. Mais, non : je vois de loin un temple; c'est peut-être celui de l'Amour : allons le détruire, allons briser sa statue, et lui rendre nos fureurs redoutables. Nous courûmes; et il sembloit que l'ardeur de commettre un crime nous donnât des forces nouvelles : nous traversâmes les bois, les prés, les guérets; nous ne fûmes pas arrêtés un instant : une colline s'élevoit en vain, nous y montâmes; nous entrâmes dans le temple : il étoit consacré à Bacchus. Que la puissance des dieux est grande ! notre fureur fut aussitôt calmée. Nous nous regardâmes, et nous vîmes avec surprise le désordre où nous étions.

Grand dieu ! m'écriai-je, je te rends moins grâces

d'avoir apaisé ma fureur que de m'avoir épargné un grand crime. Et, m'approchant de la prêtresse : Nous sommes aimés du dieu que vous servez ; il vient de calmer les transports dont nous étions agités ; à peine sommes-nous entrés dans ce lieu, que nous avons senti sa faveur présente. Nous voulons lui faire un sacrifice : daignez l'offrir pour nous, divine prêtresse. J'allai chercher une victime, et je l'apportai à ses pieds.

Pendant que la prêtresse se préparoit à donner le coup mortel, Aristée prononça ces paroles : Divin Bacchus, tu aimes à voir la joie sur le visage des hommes : nos plaisirs sont un culte pour toi ; et tu ne veux être adoré que par les mortels les plus heureux.

Quelquefois tu égares doucement notre raison : mais quand quelque divinité cruelle nous l'a ôtée, il n'y a que toi qui puisse nous la rendre.

La noire Jalousie tient l'Amour sous son esclavage ; mais tu lui ôtes l'empire qu'elle prend sur nos cœurs, et tu la fais rentrer dans sa demeure affreuse.

Après que le sacrifice fut fait, tout le peuple s'assembla autour de nous ; et je racontai à la prêtresse comment nous avions été tourmentés dans la demeure de la Jalousie. Et tout-à-coup nous entendîmes un grand bruit et un mélange confus de voix et d'instrumens de musique. Nous sortîmes du temple; et nous vîmes arriver une troupe de bacchantes, qui frappoient la terre de leurs thyrses, criant à haute voix : Évohé. Le vieux Silène suivoit, monté sur son âne : sa tête sembloit chercher la terre; et sitôt qu'on abandonnoit son corps, il se balançoit comme par mesure. La troupe avoit le visage barbouillé de lie. Pan paroissoit ensuite avec sa flûte; et les Satyres entouroient leur roi. La joie régnoit avec le désordre; une folie aimable mêloit ensemble les jeux, les railleries, les danses, les chansons. Enfin, je vis Bacchus : il étoit sur son char traîné par des tigres, tel que le Gange le vit au bout de l'univers, portant partout la joie et la victoire.

A ses côtés étoit la belle Ariane. Princesse, vous vous plaigniez encore de l'infidélité de Thésée, lorsque le dieu prit votre couronne et la plaça dans le ciel. Il essuya vos larmes. Si vous n'aviez pas cessé de pleurer, vous auriez rendu un dieu plus malheureux que vous, qui n'étiez qu'une mortelle. Il vous dit : Aimez-moi; Thésée fuit; ne vous souvenez plus de son amour, oubliez jusqu'à sa perfidie. Je vous rends immortelle pour vous aimer toujours.

Je vis Bacchus descendre de son char; je vis descendre Ariane; elle entra dans le temple. Aimable dieu, s'écria-t-elle, restons dans ces lieux, et soupirons-y nos amours : faisons jouir ce doux climat d'une joie éternelle. C'est auprès de ces lieux que la reine des cœurs a posé son empire : que le dieu de la joie règne auprès d'elle, et augmente le bonheur de ces peuples déjà si fortunés.

Pour moi, grand dieu, je sens déjà que je t'aime davantage. Quoi! tu pourrois quelque jour me paroître encore plus aimable! Il n'y a que les immortels qui puissent aimer à l'excès, et aimer toujours davantage; il n'y a qu'eux qui obtiennent plus qu'ils n'espèrent, et qui sont plus bornés quand ils désirent que quand ils jouissent.

Tu seras ici mes éternelles amours. Dans le ciel, on n'est occupé que de sa gloire; ce n'est que sur la terre et dans les lieux champêtres que l'on sait aimer : et pendant que cette troupe se livrera à une joie insensée, ma joie, mes soupirs et mes larmes mêmes, te rediront sans cesse mes amours.

Le dieu sourit à Ariane; il la mena dans le sanctuaire. La joie s'empara de nos cœurs : nous sentîmes une émotion divine. Saisis des égaremens de Silène et des transports des bacchantes, nous prîmes un thyrse, et nous nous mêlâmes dans les danses et dans les concerts.

SEPTIÈME CHANT.

Nous quittâmes les lieux consacrés à Bacchus; mais bientôt nous crûmes sentir que nos maux n'avoient été que suspendus. Il est vrai que nous n'avions point cette fureur qui nous avoit agités; mais la sombre tristesse avoit saisi notre âme, et nous étions dévorés de soupçons et d'inquiétudes.

Il nous sembloit que les cruelles déesses ne nous avoient agités que pour nous faire pressentir des malheurs auxquels nous étions destinés.

Quelquefois nous regrettions le temple de Bacchus; bientôt nous étions entraînés vers celui de Gnide : nous voulions voir Thémire et Camille, ces objets puissans de notre amour et de notre jalousie.

Mais nous n'avions aucune de ces douceurs que l'on a coutume de sentir lorsque, sur le point de revoir ce qu'on aime, l'âme est déjà ravie, et semble goûter d'avance tout le bonheur qu'elle se promet.

Peut-être, dit Aristée, que je trouverai le berger Lycas avec Camille : que sais-je s'il ne lui parle pas dans ce moment? O dieux! l'infidèle prend plaisir à l'entendre!

On disoit l'autre jour, repris-je, que Thyrsis, qui a tant aimé Thémire, devoit arriver à Gnide : il l'a aimée, sans doute qu'il l'aime encore ; il faudra que je dispute un cœur que je croyois tout à moi.

L'autre jour, Lycas chantoit ma Camille ; que j'étois insensé ! j'étois ravi de l'entendre louer.

Je me souviens que Thyrsis porta à ma Thémire des fleurs nouvelles : malheureux que je suis ! elle les a mises sur son sein ! C'est un présent de Thyrsis, disoit-elle. Ah ! j'aurois dû les arracher, et les fouler à mes pieds.

Il n'y a pas long-temps que j'allois avec Camille faire à Vénus un sacrifice de deux tourterelles ; elles m'échappèrent et s'envolèrent dans les airs.

J'avois écrit sur des arbres mon nom avec celui de Thémire : j'avois écrit mes amours ; je les lisois et relisois sans cesse ; un matin, je les trouvai effacées.

Camille, ne désespère point un malheureux qui t'aime : l'amour qu'on irrite peut avoir tous les effets de la haine.

Le premier Gnidien qui regardera ma Thémire, je le poursuivrai jusque dans le temple ; et je le punirai, fût-il aux pieds de Vénus.

Cependant nous arrivâmes près de l'antre sacré où la déesse rend ses oracles. Le peuple étoit comme les flots de la mer agitée : ceux-ci venoient d'entendre, les autres alloient chercher leur réponse.

Nous entrâmes dans la foule; je perdis l'heureux Aristée : déjà il avoit embrassé sa Camille; et moi je cherchois encore ma Thémire.

Je la trouvai enfin. Je sentis ma jalousie redoubler à sa vue, je sentis renaître mes premières fureurs : mais elle me regarda, et je devins tranquille. C'est ainsi que les dieux renvoient les Furies, lorsqu'elles sortent des enfers.

O dieux! me dit-elle, que tu m'as coûté de larmes! Trois fois le soleil a parcouru sa carrière; je craignois de t'avoir perdu pour jamais : cette parole me fait trembler. J'ai été consulter l'oracle. Je n'ai point demandé si tu m'aimois; hélas! je ne voulois que savoir si tu vivois encore : Vénus vient de me répondre que tu m'aimes toujours.

Excuse, lui dis-je, un infortuné qui t'auroit haïe si son âme en étoit capable. Les dieux, dans les mains desquels je suis, peuvent me faire perdre la raison : ces dieux, Thémire, ne peuvent pas m'ôter mon amour.

La cruelle jalousie m'a agité comme dans le Tartare on tourmente les ombres criminelles : j'en tire cet avantage, que je sens mieux le bonheur qu'il y a d'être aimé de toi, après l'affreuse situation où m'a mis la crainte de te perdre.

Viens donc avec moi, viens dans ce bois solitaire : il faut qu'à force d'aimer j'expie les crimes que j'ai faits. C'est un grand crime, Thémire, de te croire infidèle.

Jamais les bois de l'Élysée, que les dieux ont faits exprès pour la tranquillité des ombres qu'ils chérissent ; jamais les forêts de Dodone, qui parlent aux humains de leur félicité future, ni les jardins des Hespérides, dont les arbres se courbent sous le poids de l'or qui compose leurs fruits, ne furent plus charmans que ce bocage enchanté par la présence de Thémire.

Je me souviens qu'un satyre, qui suivoit une nymphe qui fuyoit tout éplorée, nous vit, et s'arrêta. Heureux amans ! s'écria-t-il ; vos yeux savent s'entendre et se répondre ; vos soupirs sont payés par des soupirs : mais moi, je passe ma vie sur les traces d'une bergère farouche, malheureux pendant que je la poursuis, plus malheureux encore lorsque je l'ai atteinte.

Une jeune nymphe, seule dans ce bois, nous aperçut et soupira. Non, dit-elle, ce n'est que pour augmenter mes tourmens que le cruel amour me fait voir un amant si tendre.

Nous trouvâmes Apollon assis auprès d'une fontaine : il avoit suivi Diane, qu'un daim timide avoit menée dans ces bois. Je le reconnus à ses blonds cheveux, et à la troupe immortelle qui étoit autour de lui. Il accordoit sa lyre ; elle attire les rochers; les arbres la suivent, les lions restent immobiles. Mais nous entrâmes plus avant dans les forêts, appelés en vain par cette divine harmonie.

Où croyez-vous que je trouvai l'amour? Je le trouvai sur les lèvres de Thémire; je le trouvai ensuite sur son sein; il s'étoit sauvé à ses pieds, je l'y trouvai encore; il se cacha sous ses genoux, je le suivis; et je l'aurois toujours suivi, si Thémire tout en pleurs, Thémire irritée ne m'eût arrêté. Il étoit à sa dernière retraite : elle est si charmante qu'il ne sauroit la quitter. C'est ainsi qu'une tendre fauvette, que la crainte et l'amour retiennent sur ses petits, reste immobile sous la main avide qui s'approche, et ne peut consentir à les abandonner.

Malheureux que je suis! Thémire écouta mes plaintes; et elle n'en fut point attendrie; elle entendit mes prières, et elle devint plus sévère. Enfin je fus téméraire : elle s'indigna, je tremblai; elle me parut fâchée, je pleurai; elle me rebuta, je tombai, et je sentis que mes soupirs alloient être mes derniers soupirs, si Thémire n'avoit mis la main sur mon cœur, et n'y eût rappelé la vie.

Non, dit-elle, je ne suis pas si cruelle que toi; car je n'ai jamais voulu te faire mourir, et tu veux m'entraîner dans la nuit du tombeau.

Ouvre ces yeux mourans si tu ne veux que les miens se ferment pour jamais.

Elle m'embrassa : je reçus ma grâce, hélas! sans espérance de devenir coupable.

———

Comme la pièce suivante m'a paru être du même auteur, j'ai cru devoir la traduire et la mettre ici.

CÉPHISE ET L'AMOUR.

Un jour que j'errois dans les bois d'Idalie avec la jeune Céphise, je trouvai l'Amour qui dormoit couché sur des fleurs, et couvert par quelques branches de myrte qui cédoient doucement aux haleines des zéphyrs. Les jeux et les ris, qui le suivent toujours, étoient allés folâtrer loin de lui : il étoit seul. J'avois l'Amour en mon pouvoir; son arc et son carquois étoient à ses côtés; et, si j'avois voulu, j'aurois volé les armes de l'Amour. Céphise prit l'arc du plus grand des dieux : elle y mit un trait, sans que je m'en aperçusse, et le lança contre moi. Je lui dis en souriant : Prends-en un second; fais-moi une autre blessure; celle-ci est trop douce. Elle voulut ajuster un autre trait; il lui tomba sur le pied, et elle cria doucement : c'étoit le trait le plus pesant qui fût dans le carquois de l'Amour! Elle le reprit, le fit voler; il me frappa, je me baissai : Ah! Céphise, tu veux donc me faire mourir? Elle s'approcha de l'Amour. Il dort profondément, dit-elle; il s'est fatigué à lancer ses traits. Il faut cueillir des fleurs, pour lui lier les pieds et les mains. Ah! je n'y puis consentir; car il nous a toujours favorisés. Je vais donc, dit-elle, prendre ses armes, et lui tirer une flèche de toute ma force. Mais il se réveillera, lui dis-je. Eh bien! qu'il se réveille : que pourra-t-il faire que nous blesser davantage? Non, non ; laissons-le dormir ; nous resterons auprès de lui, et nous en serons plus enflammés.

Céphise prit alors des feuilles de myrte et de roses. Je veux, dit-elle, en couvrir l'Amour. Les jeux et les ris le chercheront, et ne pourront plus le trouver. Elle les jeta sur lui ; et elle rioit de voir le petit dieu presque enseveli. Mais à quoi m'amusé-je, dit-elle? Il faut lui couper les ailes, afin qu'il n'y ait plus sur la terre d'hommes volages ; car ce dieu va de cœur en cœur, et porte partout l'inconstance. Elle prit ses ciseaux, s'assit ; et, tenant d'une main le bout des ailes dorées de l'Amour, je sentis mon cœur frappé de crainte. Arrête, Céphise. Elle ne m'entendit pas. Elle coupa le sommet des ailes de l'Amour, laissa ses ciseaux, et s'enfuit.

Lorsqu'il se fut réveillé, il voulut voler ; et il sentit un poids qu'il ne connoissoit pas. Il vit sur les fleurs le bout de ses ailes ; il se mit à pleurer. Jupiter, qui l'aperçut du haut de l'Olympe, lui envoya un nuage qui le porta dans le palais de Gnide, et le posa sur le sein de Vénus. Ma mère, dit-il, je battois de mes ailes sur votre sein ; on me les a coupées : que vais-je devenir? Mon fils, dit la belle Cypris, ne pleurez point; restez sur mon sein, ne bougez pas; la chaleur va les faire renaître. Ne voyez-vous pas qu'elles sont plus grandes? Embrassez-moi : elles croissent : vous les aurez bientôt comme vous les aviez; j'en vois déjà le sommet qui se dore : dans un moment..... C'est assez : volez, volez, mon fils. Oui, dit-il, je vais me hasarder. Il s'envola; il se reposa auprès de Vénus, et revint d'abord sur son sein. Il reprit l'essor; il alla se reposer un peu plus loin, et revint encore sur le sein de Vénus. Il l'embrassa; elle lui sourit : il l'embrassa encore, et badina avec elle : et enfin il s'éleva dans les airs, d'où il règne sur toute la nature.

L'Amour, pour se venger de Céphise, l'a rendue la plus volage de toutes les belles. Il la fait brûler chaque jour d'une nouvelle flamme. Elle m'a aimé; elle a aimé Daphnis; et elle aime aujourd'hui Cléon. Cruel Amour, c'est moi que vous punissez! Je veux bien porter la peine de son crime; mais n'auriez-vous point d'autres tourmens à me faire souffrir?

LYSIMAQUE.

Lorsque Alexandre eut détruit l'empire des Perses, il voulut que l'on crût qu'il étoit fils de Jupiter. Les Macédoniens étoient indignés de voir ce prince rougir d'avoir Philippe pour père : leur mécontentement s'accrut lorsqu'ils lui virent prendre les mœurs, les habits et les manières des Perses; et ils se reprochoient tous d'avoir tant fait pour un homme qui commençoit à les mépriser. Mais on murmuroit dans l'armée, et on ne parloit pas.

Un philosophe nommé Callisthène avoit suivi le roi dans son expédition. Un jour qu'il le salua à la manière des Grecs : *D'où vient*, lui dit Alexandre, *que tu ne m'adores pas ?* « Seigneur, lui dit
« Callisthène, vous êtes chef de deux nations :
« l'une, esclave avant que vous l'eussiez soumise,
« ne l'est pas moins depuis que vous l'avez vain-
« cue; l'autre, libre avant qu'elle vous servît à
« remporter tant de victoires, l'est encore depuis
« que vous les avez remportées. Je suis Grec, sei-
« gneur; et ce nom, vous l'avez élevé si haut que,
« sans vous faire tort, il ne nous est plus permis
« de l'avilir. »

Les vices d'Alexandre étoient extrêmes comme ses vertus : il étoit terrible dans sa colère ; elle le rendoit cruel. Il fit couper les pieds, le nez et les oreilles à Callisthène, ordonna qu'on le mît dans une cage de fer, et le fit porter ainsi à la suite de l'armée.

J'aimois Callisthène ; et de tout temps, lorsque mes occupations me laissoient quelques heures de loisir, je les avois employées à l'écouter : et, si j'ai de l'amour pour la vertu, je le dois aux impressions que ses discours faisoient sur moi. J'allai le voir. « Je vous salue, lui dis-je, illustre « malheureux, que je vois dans une cage de fer « comme on enferme une bête sauvage, pour « avoir été le seul homme de l'armée. »

« Lysimaque, me dit-il, quand je suis dans une « situation qui demande de la force et du cou- « rage, il me semble que je me trouve presque à « ma place. En vérité, si les dieux ne m'avoient « mis sur la terre que pour y mener une vie vo- « luptueuse, je croirois qu'ils m'auroient donné « en vain une âme grande et immortelle. Jouir « des plaisirs des sens est une chose dont tous les « hommes sont aisément capables ; et si les dieux « ne nous ont faits que pour cela, ils ont fait un « ouvrage plus parfait qu'ils n'ont voulu, et ils ont « plus exécuté qu'entrepris. Ce n'est pas, ajouta- « t-il, que je sois insensible : vous ne me faites que

« trop voir que je ne le suis pas. Quand vous êtes
« venu à moi, j'ai trouvé d'abord quelque plaisir
« à vous voir faire une action de courage. Mais,
« au nom des dieux, que ce soit pour la dernière
« fois. Laissez-moi soutenir mes malheurs, et
« n'ayez point la cruauté d'y joindre encore les
« vôtres. »

« Callisthène, lui dis-je, je vous verrai tous les
« jours. Si le roi vous voyoit abandonné des gens
« vertueux, il n'auroit plus de remords ; il com-
« menceroit à croire que vous êtes coupable.
« Ah! j'espère qu'il ne jouira pas du plaisir de
« voir que ses châtimens me feront abandonner
« un ami. »

Un jour, Callisthène me dit : « Les dieux im-
« mortels m'ont consolé ; et, depuis ce temps, je
« sens en moi quelque chose de divin, qui m'a
« ôté le sentiment de mes peines. J'ai vu en songe
« le grand Jupiter. Vous étiez auprès de lui ; vous
« aviez un sceptre à la main, et un bandeau royal
« sur le front. Il vous a montré à moi, et m'a dit :
« *Il te rendra plus heureux.* L'émotion où j'étois
« m'a réveillé. Je me suis trouvé les mains élevées
« au ciel, et faisant des efforts pour dire : *Grand*
« *Jupiter, si Lysimaque doit régner, fais qu'il règne*
« *avec justice.* Lysimaque, vous régnerez : croyez
« un homme qui doit être agréable aux dieux,
« puisqu'il souffre pour la vertu. »

Cependant Alexandre ayant appris que je respectois la misère de Callisthène, que j'allois le voir, et que j'osois le plaindre, il entra dans une nouvelle fureur. « Va, dit-il, combattre contre « les lions, malheureux qui te plais tant à vivre « avec les bêtes féroces. » On différa mon supplice, pour le faire servir de spectacle à plus de gens.

Le jour qui le précéda j'écrivis ces mots à Callisthène : « Je vais mourir. Toutes les idées que « vous m'aviez données de ma future grandeur se « sont évanouies de mon esprit. J'aurois souhaité « d'adoucir les maux d'un homme tel que vous. »

Prexape, à qui je m'étois confié, m'apporta cette réponse : « Lysimaque, si les dieux ont ré- « solu que vous régniez, Alexandre ne peut pas « vous ôter la vie; car les hommes ne résistent pas « à la volonté des dieux. »

Cette lettre m'encouragea; et, faisant réflexion que les hommes les plus heureux et les plus malheureux sont également environnés de la main divine, je résolus de me conduire, non pas par mes espérances, mais par mon courage, et de défendre jusqu'à la fin une vie sur laquelle il y avoit de si grandes promesses.

On me mena dans la carrière. Il y avoit autour de moi un peuple immense qui venoit être témoin de mon courage ou de ma frayeur. On me lâcha un lion. J'avois plié mon manteau autour de mon bras : je lui présentai ce bras, il voulut le dévorer ; je luis saisis la langue, la lui arrachai, et le jetai à mes pieds.

Alexandre aimoit naturellement les actions courageuses : il admira ma résolution ; et ce moment fut celui du retour de sa grande âme.

Il me fit appeler ; et, me tendant la main : « Ly-« simaque, me dit-il, je te rends mon amitié, « rends-moi la tienne. Ma colère n'a servi qu'à « te faire faire une action qui manque à la vie « d'Alexandre. »

Je reçus les grâces du roi ; j'adorai les décrets des dieux, et j'attendois leurs promesses sans les rechercher ni les fuir. Alexandre mourut, et toutes les nations furent sans maître. Les fils du roi étoient dans l'enfance ; son frère Aridée n'en étoit jamais sorti ; Olympias n'avoit que la hardiesse des âmes foibles, et tout ce qui étoit cruauté étoit pour elle du courage ; Roxane, Eurydice, Statyre, étoient perdues dans la douleur. Tout le monde, dans le palais, savoit gémir, et personne ne savoit régner. Les capitaines d'Alexandre levèrent donc les yeux sur son trône ; mais l'ambition de chacun fut contenue par l'ambition de tous. Nous partageâmes l'empire ; et chacun de nous crut avoir partagé le prix de ses fatigues.

Le sort me fit roi d'Asie : et à présent que je

puis tout, j'ai plus besoin que jamais des leçons de Callisthène. Sa joie m'annonce que j'ai fait quelque bonne action, et ses soupirs me disent que j'ai quelque mal à réparer. Je le trouve entre mon peuple et moi.

Je suis le roi d'un peuple qui m'aime. Les pères de famille espèrent la longueur de ma vie comme celle de leurs enfans; les enfans craignent de me perdre comme ils craignent de perdre leur père. Mes sujets sont heureux, et je le suis.

AVERTISSEMENT
SUR LA PIÈCE SUIVANTE.

D'Alembert, dans son Éloge de Montesquieu, dit :

« Il nous destinoit un article sur le *Goût*, qui a été trouvé im-
« parfait dans ses papiers. Nous le donnerons en cet état au public,
« et nous le traiterons avec le même respect que l'antiquité témoi-
« gna autrefois pour les dernières paroles de Sénèque. »

Et, tome VII de l'Encyclopédie, à l'article *Goût*, on lit :

« Ce fragment a été trouvé imparfait dans ses papiers. L'auteur
« n'a pas eu le temps d'y mettre la dernière main ; mais les pre-
« mières pensées des grands maîtres méritent d'être conservées à
« la postérité, comme les esquisses des grands peintres. »

Je pense qu'il me siéroit mal de me montrer moins scrupuleux que les rédacteurs de l'Encyclopédie, et qu'il est de mon devoir de rapporter fidèlement cette pièce, sans avoir égard aux corrections qu'on y a faites dans presque toutes les éditions des OEuvres de Montesquieu.

Ce morceau finit, dans l'Encyclopédie, par ces

mots : *La frayeur cesse auprès de celui qui a de l'avantage.*

Les quatre derniers chapitres ne se trouvent que dans les éditions modernes. Je les donne tels que je les ai trouvés, sans en garantir l'authenticité.

ESSAI
SUR LE GOUT

DANS LES CHOSES

DE LA NATURE ET DE L'ART.

Dans notre manière d'être actuelle, notre âme goûte trois sortes de plaisirs : il y en a qu'elle tire du fond de son existence même ; d'autres qui résultent de son union avec le corps; d'autres enfin qui sont fondés sur les plis et les préjugés que de certaines institutions, de certains usages, de certaines habitudes, lui ont fait prendre.

Ce sont ces différens plaisirs de notre âme qui forment les objets du goût, comme le beau, le bon, l'agréable, le naïf, le délicat, le tendre, le gracieux, le je ne sais quoi, le noble, le grand, le sublime, le majestueux, etc. Par exemple, lorsque nous trouvons du plaisir à voir une chose avec une utilité pour nous, nous disons qu'elle est bonne; lorsque nous trouvons du plaisir à la voir, sans que nous y démêlions une utilité présente, nous l'appelons belle.

Les anciens n'avoient pas bien démêlé ceci : ils regardoient comme des qualités positives toutes les qualités relatives de notre âme; ce qui fait que ces dialogues où Platon fait raisonner Socrate, ces dialogues si admirés des anciens, sont aujourd'hui insoutenables, parce qu'ils sont fondés sur une philosophie fausse : car tous ces raisonnemens tirés sur le bon, le beau, le parfait, le sage, le fou, le dur, le mou, le sec, l'humide, traités comme des choses positives, ne signifient plus rien.

Les sources du beau, du bon, de l'agréable, etc., sont donc dans nous-mêmes; et en chercher les raisons, c'est chercher les causes des plaisirs de notre âme.

Examinons donc notre âme, étudions-la dans ses actions et dans ses passions, cherchons-la dans ses plaisirs; c'est là où elle se manifeste davantage. La poésie, la peinture, la sculpture, l'architecture, la musique, la danse, les différentes sortes de jeux, enfin les ouvrages de la nature et de l'art peuvent lui donner du plaisir : voyons pourquoi, comment, et quand ils le lui donnent; rendons raison de nos sentimens : cela pourra contribuer à nous former le goût, qui n'est autre chose que l'avantage de découvrir avec finesse et avec promptitude la mesure du plaisir que chaque chose doit donner aux hommes.

DES PLAISIRS DE NOTRE AME.

L'âme indépendamment des plaisirs qui lui viennent des sens, en a qu'elle auroit indépendamment d'eux, et qui lui sont propres : tels sont ceux que lui donnent la curiosité, les idées de sa grandeur, de ses perfections, l'idée de son existence, opposée au sentiment de la nuit, le plaisir d'embrasser tout d'une idée générale, celui de voir un grand nombre de choses, etc., celui de comparer, de joindre et de séparer les idées. Ces plaisirs sont dans la nature de l'âme, indépendamment des sens, parce qu'ils appartiennent à tout être qui pense, et il est fort indifférent d'examiner ici si notre âme a ces plaisirs comme substance unie avec le corps, ou comme séparée du corps, parce qu'elle les a toujours, et qu'ils sont les objets du goût : ainsi nous ne distinguerons point ici les plaisirs qui viennent à l'âme de sa nature, d'avec ceux qui lui viennent de son union avec le corps; nous appellerons tout cela plaisirs naturels, que nous distinguerons des plaisirs acquis, que l'âme se fait par de certaines liaisons avec les plaisirs naturels; et de la même manière et par la même raison, nous distinguerons le goût naturel et le goût acquis.

Il est bon de connoître la source des plaisirs

dont le goût est la mesure : la connoissance des plaisirs naturels et acquis pourra nous servir à rectifier notre goût naturel et notre goût acquis. Il faut partir de l'état où est notre être, et connoître quels sont ses plaisirs, pour parvenir à mesurer ses plaisirs, et même quelquefois à sentir ses plaisirs.

Si notre âme n'avoit point été unie au corps, elle auroit connu ; mais il y a apparence qu'elle auroit aimé ce qu'elle auroit connu : à présent nous n'aimons presque que ce que nous ne connoissons pas.

Notre manière d'être est entièrement arbitraire ; nous pouvions avoir été faits comme nous sommes, ou autrement. Mais si nous avions été faits autrement, nous aurions senti autrement ; un organe de plus ou de moins dans notre machine auroit fait une autre éloquence, une autre poésie ; une contexture différente des mêmes organes auroit fait encore une autre poésie : par exemple, si la constitution de nos organes nous avoit rendus capables d'une plus longue attention, toutes les règles qui proportionnent la disposition du sujet à la mesure de notre attention ne seroient plus ; si nous avions été rendus capables de plus de pénétration, toutes les règles qui sont fondées sur la mesure de notre pénétration tomberoient de même ; enfin toutes les lois établies sur ce que notre machine est d'une certaine façon seroient différentes si notre machine n'étoit pas de cette façon.

Si notre vue avoit été plus foible et plus confuse, il auroit fallu moins de moulures et plus d'uniformité dans les membres de l'architecture : si notre vue avoit été plus distincte, et notre âme capable d'embrasser plus de choses à la fois, il auroit fallu dans l'architecture plus d'ornemens : si nos oreilles avoient été faites comme celles de certains animaux, il auroit fallu réformer bien de nos instrumens de musique. Je sais bien que les rapports que les choses ont entre elles auroient subsisté ; mais le rapport qu'elles ont avec nous ayant changé, les choses qui, dans l'état présent, font un certain effet sur nous, ne le feroient plus ; et comme la perfection des arts est de nous présenter les choses telles qu'elles nous fassent le plus de plaisir qu'il est possible, il faudroit qu'il y eût du changement dans les arts, puisqu'il y en auroit dans la manière la plus propre à nous donner du plaisir.

On croit d'abord qu'il suffiroit de connoître les diverses sources de nos plaisirs pour avoir le goût, et que, quand on a lu ce que la philosophie nous dit là-dessus, on a du goût, et que l'on peut hardiment juger des ouvrages. Mais le goût naturel n'est pas une connoissance de théorie ;

c'est une application prompte et exquise des règles mêmes que l'on ne connoît pas. Il n'est pas nécessaire de savoir que le plaisir que nous donne une certaine chose que nous trouvons belle vient de la surprise; il suffit qu'elle nous surprenne, et qu'elle nous surprenne autant qu'elle le doit, ni plus ni moins.

Ainsi ce que nous pourrions dire ici, et tous les préceptes que nous pourrions donner pour former le goût, ne peuvent regarder que le goût acquis, c'est-à-dire ne peuvent regarder directement que ce goût acquis, quoiqu'ils regardent encore indirectement le goût naturel; car le goût acquis affecte, change, augmente et diminue le goût naturel, comme le goût naturel affecte, change, augmente et diminue le goût acquis.

La définition la plus générale du goût, sans considérer s'il est bon ou mauvais, juste ou non, est ce qui nous attache à une chose par le sentiment; ce qui n'empêche pas qu'il ne puisse s'appliquer aux choses intellectuelles, dont la connoissance fait tant de plaisir à l'âme, qu'elle étoit la seule félicité que de certains philosophes pussent comprendre. L'âme connoît pas ses idées et par ses sentimens; elle reçoit des plaisirs par ces idées et par ces sentimens : car, quoique nous opposions l'idée au sentiment, cependant, lorsqu'elle voit une chose, elle la sent; et il n'y a point de choses si intellectuelles qu'elle ne voie ou qu'elle ne croie voir, et par conséquent qu'elle ne sente.

DE L'ESPRIT EN GÉNÉRAL.

L'esprit est le genre qui a sous lui plusieurs espèces : le génie, le bon sens, le discernement, la justesse, le talent, le goût.

L'esprit consiste à avoir les organes bien constitués, relativement aux choses où il s'applique. Si la chose est extrêmement particulière, il se nomme talent; s'il a plus de rapport à un certain plaisir délicat des gens du monde, il se nomme goût; si la chose particulière est unique chez un peuple, le talent se nomme esprit, comme l'art de la guerre et l'agriculture chez les Romains, la chasse chez les sauvages, etc.

DE LA CURIOSITÉ.

Notre âme est faite pour penser, c'est-à-dire pour apercevoir : or, un tel être doit avoir de la curiosité; car, comme toutes les choses sont dans une chaîne où chaque idée en précède une et en suit une autre, on ne peut aimer à voir une chose sans désirer d'en voir une autre; et, si nous n'avions pas ce désir pour celle-ci, nous n'aurions eu aucun plaisir à celle-là. Ainsi, quand on nous montre une partie d'un tableau, nous souhaitons de voir la partie que l'on nous cache, à proportion du plaisir que nous a fait celle que nous avons vue.

C'est donc le plaisir que nous donne un objet, qui nous porte vers un autre ; c'est pour cela que l'âme cherche toujours des choses nouvelles, et ne se repose jamais.

Ainsi on sera toujours sûr de plaire à l'âme lorsqu'on lui fera voir beaucoup de choses, ou plus qu'elle n'avoit espéré d'en voir.

Par là on peut expliquer la raison pourquoi nous avons du plaisir lorsque nous voyons un jardin bien régulier, et que nous en avons encore lorsque nous voyons un lieu brut et champêtre : c'est la même cause qui produit ces effets. Comme nous aimons à voir un grand nombre d'objets, nous voudrions étendre notre vue, être en plusieurs lieux, parcourir plus d'espace ; enfin notre âme fuit les bornes, et elle voudroit, pour ainsi dire, étendre la sphère de sa présence : ainsi c'est un grand plaisir pour elle de porter sa vue au loin. Mais comment le faire ? Dans les villes, notre vue est bornée par des maisons : dans les campagnes, elle l'est par mille obstacles ; à peine pouvons-nous voir trois ou quatre arbres. L'art vient à notre secours, et nous découvre la nature qui se cache elle-même. Nous aimons l'art, et nous l'aimons mieux que la nature, c'est-à-dire la nature dérobée à nos yeux : mais quand nous trouvons de belles situations, quand notre vue en liberté peut voir au loin des prés, des ruisseaux, des collines, et ces dispositions qui sont, pour ainsi dire, créées exprès, elle est bien autrement enchantée que lorsqu'elle voit les jardins de Le Nostre ; parce que la nature ne se copie pas, au lieu que l'art se ressemble toujours. C'est pour cela que dans la peinture nous aimons mieux un paysage que le plan du plus beau jardin du monde; c'est que la peinture ne prend la nature que là où elle est belle, là où la vue se peut porter au loin et dans toute son étendue, là où elle est variée, là où elle peut être vue avec plaisir.

Ce qui fait ordinairement une grande pensée, c'est lorsqu'on dit une chose qui en fait voir un grand nombre d'autres, et qu'on nous fait découvrir tout d'un coup ce que nous ne pouvions espérer qu'après une grande lecture.

Florus nous représente en peu de paroles toutes les fautes d'Annibal. « Lorsqu'il pouvoit, dit-il, « se servir de la victoire, il aima mieux en jouir : « *cùm victoriá posset uti, frui maluit.* »

Il nous donne une idée de toute la guerre de Macédoine, quand il dit : « Ce fut vaincre que d'y « entrer : *introisse victoria fuit.* »

Il nous donne tout le spectacle de la vie de Scipion, quand il dit de sa jeunesse : « C'est le Scipion « qui croît pour la destruction de l'Afrique : *hic* « *erit Scipio qui in exitium Africæ crescit.* » Vous croyez voir un enfant qui croît et s'élève comme un géant.

Enfin il nous fait voir le grand caractère d'Annibal, la situation de l'univers, et toute la grandeur du peuple romain, lorsqu'il dit : « Annibal « fugitif cherchoit au peuple romain un ennemi « par tout l'univers : *qui, profugus ex Africâ, hos-* « *tem populo romano toto orbe quærebat.* »

DES PLAISIRS DE L'ORDRE.

Il ne suffit pas de montrer à l'âme beaucoup de choses, il faut les lui montrer avec ordre ; car pour lors nous nous ressouvenons de ce que nous avons vu, et nous commençons à imaginer ce que nous verrons; notre âme se félicite de son étendue et de sa pénétration : mais dans un ouvrage où il n'y a point d'ordre, l'âme sent à chaque instant troubler celui qu'elle y veut mettre. La suite que l'auteur s'est faite, et celle que nous nous faisons, se confondent ; l'âme ne retient rien, ne prévoit rien ; elle est humiliée par la confusion de ses idées, par l'inanité qui lui reste ; elle est vainement fatiguée, et ne peut goûter aucun plaisir : c'est pour cela que, quand le dessein n'est pas d'exprimer ou de montrer la confusion, on met toujours de l'ordre dans la confusion même. Ainsi les peintres groupent leurs figures ; ainsi ceux qui peignent les batailles mettent-ils sur le devant de leurs tableaux les choses que l'œil doit distinguer, et la confusion dans le fond et le lointain.

DES PLAISIRS DE LA VARIÉTÉ.

Mais s'il faut de l'ordre dans les choses, il faut aussi de la variété : sans cela l'âme languit, car les choses semblables lui paroissent les mêmes ; et si une partie d'un tableau qu'on nous découvre ressembloit à une autre que nous aurions vue, cet objet seroit nouveau sans le paroître, et ne feroit aucun plaisir. Et, comme les beautés des ouvrages de l'art, semblables à celles de la nature, ne consistent que dans les plaisirs qu'elles nous font, il faut les rendre propres, le plus que l'on peut, à varier ces plaisirs ; il faut faire voir à l'âme des choses qu'elle n'a pas vues ; il faut que le sentiment qu'on lui donne soit différent de celui qu'elle vient d'avoir.

C'est ainsi que les histoires nous plaisent par la variété des récits, les romans par la variété des prodiges, les pièces de théâtre par la variété des passions ; et que ceux qui savent instruire modifient le plus qu'ils peuvent le ton uniforme de l'instruction.

Une longue uniformité rend tout insupportable; le même ordre des périodes, long-temps continué, accable dans une harangue; les mêmes nombres et les mêmes chutes mettent de l'ennui dans un long poëme. S'il est vrai que l'on ait fait cette fameuse allée de Moscou à Pétersbourg, le voyageur doit périr d'ennui, renfermé entre les deux rangs de cette allée; et celui qui aura voyagé long-temps dans les Alpes en descendra dégoûté des situations les plus heureuses et des points de vue les plus charmans.

L'âme aime la variété; mais elle ne l'aime, avons-nous dit, que parce qu'elle est faite pour connoître et pour voir : il faut donc qu'elle puisse voir, et que la variété le lui permette; c'est-à-dire, il faut qu'une chose soit assez simple pour être aperçue, et assez variée pour être aperçue avec plaisir.

Il y a des choses qui paroissent variées, et ne le sont point, d'autres qui paroissent uniformes, et sont très-variées.

L'architecture gothique paroît très-variée; mais la confusion des ornemens fatigue par leur petitesse; ce qui fait qu'il n'y en a aucun que nous puissions distinguer d'un autre, et leur nombre fait qu'il n'y en a aucun sur lequel l'œil puisse s'arrêter : de manière qu'elle déplaît par les endroits mêmes qu'on a choisis pour la rendre agréable.

Un bâtiment d'ordre gothique est une espèce d'énigme pour l'œil qui le voit; et l'âme est embarrassée comme quand on lui présente un poëme obscur.

L'architecture grecque au contraire paroît uniforme; mais, comme elle a les divisions qu'il faut, et autant qu'il en faut pour que l'âme voie précisément ce qu'elle peut voir sans se fatiguer, mais qu'elle en voie assez pour s'occuper, elle a cette variété qui fait regarder avec plaisir.

Il faut que les grandes choses aient de grandes parties : les grands hommes ont de grands bras, les grands arbres de grandes branches, et les grandes montagnes sont composées d'autres montagnes qui sont au-dessus et au-dessous; c'est la nature des choses qui fait cela.

L'architecture grecque, qui a peu de divisions, et de grandes divisions, imite les grandes choses; l'âme sent une certaine majesté qui y règne partout.

C'est ainsi que la peinture divise en groupes de trois ou quatre figures celles qu'elle représente dans un tableau : elle imite la nature; une nombreuse troupe se divise toujours en pelotons; et c'est encore ainsi que la peinture divise en grandes masses ses clairs et ses obscurs.

DES PLAISIRS DE LA SYMÉTRIE.

J'ai dit que l'âme aime la variété ; cependant, dans la plupart des choses, elle aime à voir une espèce de symétrie. Il semble que cela renferme quelque contradiction : voici comme j'explique cela.

Une des principales causes des plaisirs de notre âme, lorsqu'elle voit des objets, c'est la facilité qu'elle a à les apercevoir ; et la raison qui fait que la symétrie plaît à l'âme, c'est qu'elle lui épargne de la peine, qu'elle la soulage, et qu'elle coupe pour ainsi dire l'ouvrage par la moitié.

De là suit une règle générale : Partout où la symétrie est utile à l'âme, et peut aider ses fonctions, elle lui est agréable ; mais partout où elle est inutile, elle est fade, parce qu'elle ôte la variété. Or, les choses que nous voyons successivement doivent avoir de la variété ; car notre âme n'a aucune difficulté à les voir. Celles au contraire que nous apercevons d'un coup d'œil doivent avoir de la symétrie : ainsi, comme nous apercevons d'un coup d'œil la façade d'un bâtiment, un parterre, un temple, on y met de la symétrie, qui plaît à l'âme par la facilité qu'elle lui donne d'embrasser d'abord tout l'objet.

Comme il faut que l'objet que l'on doit voir

d'un coup d'œil soit simple, il faut qu'il soit unique, et que les parties se rapportent toutes à l'objet principal ; c'est pour cela encore qu'on aime la symétrie, elle fait un tout ensemble.

Il est dans la nature qu'un tout soit achevé, et l'âme qui voit ce tout veut qu'il n'y ait point de partie imparfaite. C'est encore pour cela qu'on aime la symétrie ; il faut une espèce de pondération ou de balancement : et un bâtiment avec une aile, ou une aile plus courte qu'une autre, est aussi peu fini qu'un corps avec un bras, ou avec un bras trop court.

DES CONTRASTES.

L'âme aime la symétrie, mais elle aime aussi les contrastes ; ceci demande bien des explications.

Par exemple, si la nature demande des peintres et des sculpteurs qu'ils mettent de la symétrie dans les parties de leurs figures, elle veut au contraire qu'ils mettent des contrastes dans les attitudes. Un pied rangé comme un autre, un membre qui va comme un autre, sont insupportables : la raison en est que cette symétrie fait que les attitudes sont presque toujours les mêmes, comme on le voit dans les figures gothiques, qui se ressemblent toutes par là. Ainsi il n'y a plus de variété dans les productions de l'art. De plus, la nature ne nous a pas situés ainsi ; et, comme elle nous a donné du mouvement, elle ne nous a pas ajustés dans nos actions et nos manières comme des pagodes : et, si les hommes gênés et ainsi contraints sont insupportables, que sera-ce des productions de l'art ?

Il faut donc mettre des contrastes dans les attitudes, surtout dans les ouvrages de sculpture, qui, naturellement froide, ne peut mettre de feu que par la force du contraste et de la situation.

Mais, comme nous avons dit que la variété que l'on a cherché à mettre dans le gothique lui a donné de l'uniformité, il est souvent arrivé que la variété que l'on a cherché à mettre par le moyen des contrastes est devenue une symétrie et une vicieuse uniformité.

Ceci ne se sent pas seulement dans de certains ouvrages de sculpture et de peinture, mais aussi dans le style de quelques écrivains, qui, dans chaque phrase, mettent toujours le commencement en contraste avec la fin par des antithèses continuelles, tels que saint Augustin et autres auteurs de la basse latinité, et quelques-uns de nos modernes, comme Saint-Évremont. Le tour de phrase toujours le même et toujours uniforme, déplaît extrêmement ; ce contraste perpétuel devient symétrie, et cette opposition toujours recherchée devient uniformité. L'esprit y trouve si peu de variété que, lorsque vous avez vu une partie de la phrase, vous devinez toujours l'autre; vous voyez des mots opposés, mais opposés de la même manière; vous voyez un tour dans la phrase, mais c'est toujours le même.

Bien des peintres sont tombés dans le défaut de mettre des contrastes partout et sans ménagement; de sorte que, lorsqu'on voit une figure, on devine d'abord la disposition de celles d'à côté : cette continuelle diversité devient quelque chose de semblable. D'ailleurs la nature, qui jette les choses dans le désordre, ne montre pas l'affectation d'un contraste continuel; sans compter qu'elle ne met pas tous les corps en mouvement, et dans un mouvement forcé. Elle est plus variée que cela; elle met les uns en repos, et elle donne aux autres différentes sortes de mouvement.

Si la partie de l'âme qui connoît, aime la variété, celle qui sent ne la cherche pas moins; car l'âme ne peut pas soutenir long-temps les mêmes situations, parce qu'elle est liée à un corps qui ne peut les souffrir. Pour que notre âme soit excitée, il faut que les esprits coulent dans les nerfs : or, il y a là deux choses; une lassitude dans les nerfs, une cessation de la part des esprits, qui ne coulent plus, ou qui se dissipent des lieux où ils ont coulé.

Ainsi tout nous fatigue à la longue, et surtout

les grands plaisirs : on les quitte toujours avec la même satisfaction qu'on les a pris ; car les fibres qui en ont été les organes ont besoin de repos ; il faut en employer d'autres plus propres à nous servir, et distribuer pour ainsi dire le travail.

Notre âme est lasse de sentir ; mais ne pas sentir, c'est tomber dans un anéantissement qui l'accable. On remédie à tout, en variant ses modifications ; elle sent, et elle ne se lasse pas.

DES PLAISIRS DE LA SURPRISE.

Cette disposition de l'âme qui la porte toujours vers différens objets fait qu'elle goûte tous les plaisirs qui viennent de la surprise ; sentiment qui plaît à l'âme par le spectacle et par la promptitude de l'action ; car elle aperçoit ou sent une chose qu'elle n'attend pas, ou d'une manière qu'elle n'attendoit pas.

Une chose peut nous surprendre comme merveilleuse, mais aussi comme nouvelle, et encore comme inattendue, et dans ces derniers cas, le sentiment principal se lie à un sentiment accessoire, fondé sur ce que la chose est nouvelle ou inattendue.

C'est par là que les jeux de hasard nous piquent ; ils nous font voir une suite continuelle d'événemens non attendus : c'est par là que les jeux de société nous plaisent; ils sont encore une suite d'événemens imprévus, qui ont pour cause l'adresse jointe au hasard.

C'est encore par là que les pièces de théâtre nous plaisent : elles se développent par degrés, cachent les événemens jusqu'à ce qu'ils arrivent, nous préparent toujours de nouveaux sujets de surprise, et souvent nous piquent en nous les montrant tels que nous aurions dû les prévoir.

Enfin les ouvrages d'esprit ne sont ordinairemens lus que parce qu'ils nous ménagent des surprises agréables, et suppléent à l'insipidité des conversations, presque toujours languissantes, et qui ne font point cet effet.

La surprise peut être produite par la chose, ou par la manière de l'apercevoir : car nous voyons une chose plus grande ou plus petite qu'elle n'est en effet, ou différente de ce qu'elle est; ou bien nous voyons la chose même, mais avec une idée accessoire qui nous surprend. Telle est dans une chose l'idée accessoire de la difficulté de l'avoir faite, ou de la personne qui l'a faite, ou du temps où elle a été faite, ou de la manière dont elle a été faite ou de quelque autre circonstance qui s'y joint.

Suétone nous décrit les crimes de Néron avec un sang-froid qui nous surprend, en nous faisant presque croire qu'il ne sent point l'horreur de ce qu'il décrit. Il change de ton tout-à-coup, et dit :

« L'univers ayant souffert ce monstre pendant
« quatorze ans, enfin il l'abandonna : *Tale mons-*
« *trum per quatuordecim annos perpessus terrarum*
« *orbis, tandem destituit.* » (Suet. vi, 40.) Ceci produit dans l'esprit différentes sortes de surprises ; nous sommes surpris du changement de style de l'auteur, de la découverte de sa différente manière de penser, de sa façon de rendre, en aussi peu de mots, une des grandes révolutions qui soit arrivée : ainsi l'âme trouve un très-grand nombre de sentimens différens qui concourent à l'ébranler et à lui composer un plaisir.

DES DIVERSES CAUSES QUI PEUVENT PRODUIRE UN SENTIMENT.

Il faut bien remarquer qu'un sentiment n'a pas ordinairement dans notre âme une cause unique. C'est, si j'ose me servir de ce terme, une certaine dose qui en produit la force et la variété. L'esprit consiste à savoir frapper plusieurs organes à la fois ; et si l'on examine les divers écrivains, on verra peut-être que les meilleurs, et ceux qui ont plu davantage, sont ceux qui ont excité dans l'âme plus de sensations en même temps.

Voyez, je vous prie, la multiplicité des causes. Nous aimons mieux voir un jardin bien arrangé qu'une confusion d'arbres, 1° parce que notre vue, qui seroit arrêtée, ne l'est pas; 2° chaque allée est une, et forme une grande chose, au lieu que dans la confusion chaque arbre est une chose, et une petite chose; 3° nous voyons un arrangement que nous n'avons pas coutume de voir; 4° nous savons bon gré de la peine que l'on a prise; 5° nous admirons le soin que l'on a de combattre sans cesse la nature, qui, par des productions qu'on ne lui demande pas, cherche à tout confondre; ce qui est si vrai, qu'un jardin négligé nous est insupportable. Quelquefois la difficulté de l'ouvrage nous plaît, quelquefois c'est la facilité; et, comme dans un jardin magnifique nous admirons la grandeur et la dépense du maître, nous voyons quelquefois avec plaisir qu'on a eu l'art de nous plaire avec peu de dépense et de travail. Le jeu nous plaît, parce qu'il satisfait notre avarice, c'est-à-dire l'espérance d'avoir plus : il flatte notre vanité par l'idée de la préférence que la fortune nous donne, et de l'attention que les autres ont sur notre bonheur; il satisfait notre curiosité en nous donnant un spectacle; enfin il nous donne les différens plaisirs de la surprise.

La danse nous plaît par la légèreté, par une certaine grâce, par la beauté et la variété des attitudes, par sa liaison avec la musique, la personne qui danse étant comme un instrument qui accompagne; mais surtout elle plaît par une disposition de notre cerveau, qui est telle qu'elle ramène en secret l'idée de tous les mouvemens à de certains mouvemens, la plupart des attitudes à de certaines attitudes.

DE LA SENSIBILITÉ.

Presque toujours les choses nous plaisent et déplaisent à différens égards : par exemple, les virtuosi d'Italie nous doivent faire peu de plaisir, 1° parce qu'il n'est pas étonnant qu'accommodés comme ils sont, ils chantent bien : ils sont comme un instrument dont l'ouvrier a retranché du bois pour lui faire produire des sons ; 2° parce que les passions qu'ils jouent sont trop suspectes de fausseté ; 3° parce qu'ils ne sont ni du sexe que nous aimons, ni de celui que nous estimons. D'un autre côté ils peuvent nous plaire, parce qu'ils conservent long-temps un air de jeunesse, et de plus, parce qu'ils ont une voix flexible, et qui leur est particulière. Ainsi chaque chose nous donne un sentiment qui est composé de beaucoup d'autres, lesquels s'affoiblissent et se choquent quelquefois.

Souvent notre âme se compose elle-même des raisons de plaisir, et elle y réussit surtout par les liaisons qu'elle met aux choses. Ainsi une chose qui nous a plu nous plaît encore, par la seule raison qu'elle nous a plu, parce que nous joignons l'ancienne idée à la nouvelle. Ainsi une actrice qui nous a plu sur le théâtre, nous plaît encore dans la chambre; sa voix, sa déclamation, le souvenir de l'avoir vu admirer, que dis-je? l'idée de la princesse, jointe à la sienne; tout cela fait une espèce de mélange qui forme et produit un plaisir.

Nous sommes tous pleins d'idées accessoires. Une femme qui aura une grande réputation et un léger défaut pourra le mettre en crédit, et le faire regarder comme une grâce. La plupart des femmes que nous aimons n'ont pour elles que la prévention sur leur naissance ou leurs biens, les honneurs ou l'estime de certaines gens.

AUTRE EFFET DES LIAISONS QUE L'AME MET AUX CHOSES [1].

Nous devons à la vie champêtre que l'homme menoit dans les premiers temps, cet air riant répandu dans toute la fable; nous lui devons ces descriptions heureuses, ces aventures naïves, ces divinités gracieuses, ce spectacle d'un état assez différent du nôtre pour le désirer, et qui n'en est pas assez éloigné pour choquer la vraisemblance, enfin ce mélange de passions et de tranquillité. Notre imagination rit à Diane, à Pan, à Apollon, aux nymphes, aux bois, aux prés, aux fontaines.

---

[1] Ce paragraphe ne se trouve que dans les éditions modernes.

Si les premiers hommes avoient vécu comme nous dans les villes, les poëtes n'auroient pu nous décrire que ce que nous voyons tous les jours avec inquiétude ou que nous sentons avec dégoût; tout respireroit l'avarice, l'ambition, et les passions qui tourmentent.

Les poëtes qui nous décrivent la vie champêtre nous parlent de l'âge d'or qu'ils regrettent, c'est-à-dire nous parlent d'un temps encore plus heureux et plus tranquille.

DE LA DELICATESSE.

Les gens délicats sont ceux qui à chaque idée ou à chaque goût joignent beaucoup d'idées ou beaucoup de goûts accessoires. Les gens grossiers n'ont qu'une sensation; leur âme ne sait composer ni décomposer; ils ne joignent ni nôtent rien à ce que la nature donne : au lieu que les gens délicats dans l'amour se composent la plupart des plaisirs de l'amour. Polixène et Apicius portoient à la table bien des sensations inconnues à nous autres mangeurs vulgaires; et ceux qui jugent avec goût des ouvrages d'esprit ont et se sont fait une infinité de sensations que les autres hommes n'ont pas.

DU JE NE SAIS QUOI.

Il y a quelquefois dans les personnes ou dans les choses un charme invisible, une grâce naturelle, qu'on n'a pu définir, et qu'on a été forcé d'appeler le *je ne sais quoi*. Il me semble que c'est un effet principalement fondé sur la surprise. Nous sommes touchés de ce qu'une personne nous plaît plus qu'elle ne nous a paru d'abord devoir nous plaire, et nous sommes agréablement surpris de ce qu'elle a su vaincre des défauts que nos yeux nous montrent, et que le cœur ne croit plus. Voila pourquoi les femmes laides ont très-souvent des grâces, et qu'il est rare que les belles en aient. Car une belle personne fait ordinairement le contraire de ce que nous avions attendu; elle parvient à nous paraître moins aimable; après nous avoir surpris en bien, elle nous surprend en mal; mais l'impression du bien est ancienne, celle du mal nouvelle : aussi les belles personnes font-elles rarement les grandes passions, presque toujours réservées à celles qui ont des grâces, c'est-à-dire des agrémens que nous n'attendions point, et que nous n'avions pas sujet d'attendre. Les grandes parures ont rarement de la grâce, et souvent l'habillement des bergères en a. Nous admirons la majesté des draperies de Paul Véronèse; mais nous sommes touchés de la simplicité de

Raphaël et de la pureté du Corrége. Paul Véronèse promet beaucoup, et paie ce qu'il promet. Raphaël et le Corrége promettent peu, et paient beaucoup; et cela nous plaît davantage.

Les grâces se trouvent plus ordinairement dans l'esprit que dans le visage; car un beau visage paroît d'abord, et ne cache presque rien; mais l'esprit ne se montre que peu à peu, que quand il veut, et autant qu'il veut; il peut se cacher pour paroître, et donner cette espèce de surprise qui fait les grâces.

Les grâces se trouvent moins dans les traits du visage que dans les manières; car les manières naissent à chaque instant, et peuvent à tous les momens créer des surprises : en un mot, une femme ne peut guère être belle que d'une façon; mais elle est jolie de cent mille.

La loi des deux sexes a établi parmi les nations policées et sauvages, que les hommes demanderoient, et que les femmes ne feroient qu'accorder : de là il arrive que les grâces sont plus particulièrement attachées aux femmes. Comme elles ont tout à défendre, elles ont tout à cacher; la moindre parole, le moindre geste, tout ce qui, sans choquer le premier devoir, se montre en elles, tout ce qui se met en liberté devient une grâce; et telle est la sagesse de la nature, que ce qui ne seroit rien sans la loi de la pudeur, devient d'un prix infini depuis cette heureuse loi qui fait le bonheur de l'univers.

Comme la gêne et l'affectation ne sauroient nous surprendre, les grâces ne se trouvent ni dans les manières gênées ni dans les manières affectées, mais dans une certaine liberté ou facilité qui est entre les deux extrémités; et l'âme est agréablement surprise de voir que l'on a évité les deux écueils. Il sembleroit que les manières naturelles devroient être les plus aisées: ce sont celles qui le sont le moins; car l'éducation qui nous gêne nous fait toujours perdre du naturel : or, nous sommes charmés de le voir revenir.

Rien ne nous plaît tant dans une parure que lorsqu'elle est dans cette négligence ou même dans ce désordre qui nous cache tous les soins que la propreté n'a pas exigés, et que la seule vanité auroit fait prendre ; et l'on n'a jamais de grâce dans l'esprit que lorsque ce que l'on dit paroît trouvé et non pas recherché.

Lorsque vous dites des choses qui vous ont coûté, vous pouvez bien faire voir que vous avez de l'esprit, et non pas des grâces dans l'esprit. Pour le faire voir, il faut que vous ne le voyiez pas vous-même, et que les autres, à qui d'ailleurs quelque chose de naïf et de simple en vous ne promettoit rien de cela, soient doucement surpris de s'en apercevoir.

Ainsi les grâces ne s'acquièrent point : pour en avoir, il faut être naif. Mais comment peut-on travailler à être naif ?

Une des plus belles fictions d'Homère, c'est celle de cette ceinture qui donnoit à Vénus l'art de plaire. Rien n'est plus propre à faire sentir cette magie et ce pouvoir des grâces, qui semblent être données à une personne par un pouvoir invisible, et qui sont distinguées de la beauté même. Or, cette ceinture ne pouvoit être donnée qu'à Vénus. Elle ne pouvoit convenir à la beauté majestueuse de Junon ; car la majesté demande une certaine gravité, c'est-à-dire une contrainte opposée à l'ingénuité des grâces. Elle ne pouvoit bien convenir à la beauté fière de Pallas ; car la fierté est opposée à la douceur des grâces, et d'ailleurs peut souvent être soupçonnée d'affectation.

PROGRESSION DE LA SURPRISE.

Ce qui fait les grandes beautés, c'est lorsqu'une chose est telle que la surprise est d'abord médiocre, qu'elle se soutient, augmente, et nous mène ensuite à l'admiration. Les ouvrages de Raphaël frappent peu au premier coup d'œil : il imite si bien la nature, que l'on n'en est d'abord pas plus étonné que si l'on voyoit l'objet même, lequel ne causeroit point de surprise. Mais une expression extraordinaire, un coloris plus fort, une attitude bizarre d'un peintre moins bon nous saisit du premier coup d'œil, parce qu'on n'a pas coutume de la voir ailleurs. On peut comparer Raphaël à Virgile, et les peintres de Venise, avec leurs attitudes forcées, à Lucain : Virgile, plus naturel, frappe d'abord moins pour frapper ensuite plus ; Lucain frappe d'abord plus pour frapper ensuite moins.

L'exacte proportion de la fameuse église de Saint-Pierre fait qu'elle ne paroît pas d'abord aussi grande qu'elle l'est ; car nous ne savons d'abord où nous prendre pour juger de sa grandeur. Si elle étoit moins large, nous serions frappés de sa longueur ; si elle étoit moins longue, nous le serions de sa largeur. Mais à mesure que l'on examine, l'œil la voit s'agrandir, l'étonnement augmente. On peut la comparer aux Pyrénées, où l'œil, qui croyoit d'abord les mesurer, découvre des montagnes derrière les montagnes, et se perd toujours davantage.

Il arrive souvent que notre âme sent du plaisir lorsqu'elle a un sentiment qu'elle ne peut pas démêler elle-même, et qu'elle voit une chose absolument différente de ce qu'elle sait être ; ce qui lui donne un sentiment de surprise dont elle ne peut pas sortir. En voici un exemple. Le dôme de Saint-Pierre est immense. On sait que Michel-Ange, voyant le Panthéon, qui étoit le plus grand temple de Rome, dit qu'il en vouloit faire un pareil, mais qu'il vouloit le mettre en l'air. Il fit donc sur ce modèle le dôme de Saint-Pierre ; mais il fit les piliers si massifs, que ce dôme, qui est comme une montagne que l'on a sur la tête, paroît léger à l'œil qui le considère. L'âme reste donc incertaine entre ce qu'elle voit et ce qu'elle sait, et elle reste surprise de voir une masse en même temps si énorme et si légère.

DES BEAUTÉS QUI RÉSULTENT D'UN CERTAIN EMBARRAS DE L'AME.

Souvent la surprise vient à l'âme de ce qu'elle ne peut pas concilier ce qu'elle voit avec ce qu'elle a vu. Il y a en Italie un grand lac qu'on appelle le Lac-Majeur : c'est une petite mer dont les bords ne montrent rien que de sauvage. A quinze milles dans le lac sont deux îles d'un quart de mille de tour, qu'on appelle les *Borromées*, qui sont, à mon avis, le séjour du monde le plus enchanté. L'âme est étonnée de ce contraste romanesque, de rappeler avec plaisir les merveilles des romans, où, après avoir passé par des rochers et des pays arides, on se trouve dans un lieu fait pour les fées.

Tous les contrastes nous frappent, parce que les choses en opposition se relèvent toutes les deux :

ainsi, lorsqu'un petit homme est auprès d'un grand, le petit fait paroître l'autre plus grand, et le grand fait paroître l'autre plus petit.

Ces sortes de surprises font le plaisir que l'on trouve dans toutes les beautés d'opposition, dans toutes les antithèses et figures pareilles. Quand Florus dit, « Sore et Algide (qui le croiroit?) « nous ont été formidables; Satrique et Cornicule « étoient des provinces; nous rougissons des Bo- « riliens et des Véruliens, mais nous en avons « triomphé; enfin Tibur, notre faubourg; Pré- « neste, où sont nos maisons de plaisance, étoient « le sujet des vœux que nous allions faire au Capi- « tole : » cet auteur, dis-je, nous montre en même temps la grandeur de Rome et la petitesse de ses commencemens; et l'étonnement porte sur ces deux choses.

On peut remarquer ici combien est grande la différence des antithèses d'idées d'avec les antithèses d'expression. L'antithèse d'expression n'est pas cachée; celle d'idées l'est : l'une a toujours le même habit, l'autre en change comme on veut; l'une est variée, l'autre non.

Le même Florus, en parlant des Samnites, dit que leurs villes furent tellement détruites, qu'il est difficile de trouver à présent le sujet de vingt-quatre triomphes : *ut non facile appareat materia quatuor et viginti triumphorum.* (Flor. 1, 16.) Et par les mêmes paroles, qui marquent la destruction de ce peuple, il fait voir la grandeur de son courage et de son opiniâtreté.

Lorsque nous voulons nous empêcher de rire, notre rire redouble à cause du contraste qui est entre la situation où nous sommes et celle où nous devrions être. De même lorsque nous voyons dans un visage un grand défaut, comme, par exemple, un très-grand nez, nous rions à cause que nous voyons que ce contraste avec les autres traits du visage ne doit pas être. Ainsi les contrastes sont cause des défauts aussi bien que des beautés. Lorsque nous voyons qu'ils sont sans raison, qu'ils relèvent ou éclairent un autre défaut, ils sont les grands instrumens de la laideur, laquelle, lorsqu'elle nous frappe subitement, peut exciter une certaine joie dans notre âme, et nous faire rire. Si notre âme la regarde comme un malheur dans la personne qui la possède, elle peut exciter la *pitié;* si elle la regarde avec l'idée de ce qui peut nous nuire, et avec une idée de comparaison avec ce qui a coutume de nous émouvoir et d'exciter nos désirs, elle la regarde avec un sentiment d'*aversion.*

De même dans nos pensées, lorsqu'elles contiennent une opposition qui est contre le bon sens, lorsque cette opposition est commune et aisée à trouver, elles ne plaisent point, et sont un défaut, parce qu'elles ne causent point de surprise; et si au contraire elles sont trop recherchées, elles ne plaisent pas non plus. Il faut que dans un ouvrage on les sente parce qu'elles y sont, et non pas parce qu'on a voulu les montrer; car pour lors la surprise ne tombe que sur la sottise de l'auteur.

Une des choses qui nous plaît le plus, c'est le naïf; mais c'est aussi le style le plus difficile à attraper: la raison en est qu'il est précisément entre le noble et le bas; et il est si près du bas, qu'il est très-difficile de le côtoyer toujours sans y tomber.

Les musiciens ont reconnu que la musique qui se chante le plus facilement est la plus difficile à composer: preuve certaine que nos plaisirs et l'art qui nous les donne sont entre certaines limites.

A voir les vers de Corneille si pompeux et ceux de Racine si naturels, on ne devineroit pas que Corneille travailloit facilement et Racine avec peine.

Le bas est le sublime du peuple, qui aime à voir une chose faite pour lui et qui est à sa portée.

Les idées qui se présentent aux gens qui sont bien élevés, et qui ont un grand esprit, sont ou naïves, ou nobles, ou sublimes.

Lorsqu'une chose nous est montrée avec des circonstances ou des accessoires qui l'agrandissent, cela nous paroît noble : cela se sent surtout dans les comparaisons où l'esprit doit toujours gagner et jamais perdre; car elles doivent toujours ajouter quelque chose, faire voir la chose plus grande, ou, s'il ne s'agit pas de grandeur, plus fine et plus délicate : mais il faut bien se donner de garde de montrer à l'âme un rapport dans le bas, car elle se le seroit caché si elle l'avoit découvert.

Comme il s'agit de montrer des choses fines, l'âme aime mieux voir comparer une manière à une manière, une action à une action, qu'une chose à une chose; comme un héros à un lion, une femme à un astre, et un homme léger à un cerf. Cela est aisé; mais lorsque la Fontaine commence ainsi une de ses fables,

> Entre les pattes d'un lion
> Un rat sortit de terre assez à l'étourdie :
> Le roi des animaux, en cette occasion,
> Montra ce qu'il etoit, et lui donna la vie.

il compare les modifications de l'âme du roi des animaux avec les modifications de l'âme d'un véritable roi.

Michel-Ange est le maître pour donner de la noblesse à tous ses sujets. Dans son fameux Bacchus, il ne fait point comme les peintres de Flandre qui nous montrent une figure tombante, et qui est, pour ainsi dire, en l'air. Cela seroit indigne de la majesté d'un dieu. Il le peint ferme sur ses jambes; mais il lui donne si bien la gaieté de l'ivresse, et le plaisir à voir couler la liqueur qu'il verse dans sa coupe, qu'il n'y a rien de si admirable.

Dans la Passion qui est dans la galerie de Florence, il a peint la Vierge debout, qui regarde son fils crucifié, sans douleur, sans pitié, sans regret, sans larmes. Il la suppose instruite de ce grand mystère, et par là lui fait soutenir avec grandeur le spectacle de cette mort.

Il n'y a point d'ouvrage de Michel-Ange où il n'ait mis quelque chose de noble : on trouve du grand dans ses ébauches mêmes, comme dans ces vers que Virgile n'a point finis.

Jules Romain, dans sa chambre des géans à Mantoue, où il a représenté Jupiter qui les foudroie, fait voir tous les dieux effrayés : mais Junon est auprès de Jupiter; elle lui montre, d'un air assuré, un géant sur lequel il faut qu'il lance la foudre : par là il lui donne un air de grandeur que n'ont pas les autres dieux : plus ils sont près de Jupiter, plus ils sont rassurés; et cela est bien naturel; car, dans une bataille, la frayeur cesse auprès de celui qui a de l'avantage [1].......

---

[1] Les paragraphes suivans ne se trouvent que dans les éditions modernes.

DES RÈGLES.

Tous les ouvrages de l'art ont des règles générales, qui sont des guides qu'il ne faut jamais perdre de vue. Mais comme les lois sont toujours justes dans leur être général, mais presque toujours injustes dans l'application ; de même les règles, toujours vraies dans la théorie, peuvent devenir fausses dans l'hypothèse. Les peintres et les sculpteurs ont établi les proportions qu'il faut donner au corps humain, et ont pris pour mesure commune la longueur de la face ; mais il faut qu'ils violent à chaque instant les proportions, à cause des différentes attitudes dans lesquelles il faut qu'ils mettent les corps : par exemple, un bras tendu est bien plus long que celui qui ne l'est pas. Personne n'a jamais plus connu l'art que Michel-Ange ; personne ne s'en est joué davantage. Il y a peu de ses ouvrages d'architecture où les proportions soient exactement gardées ; mais, avec une connoissance exacte de tout ce qui peut faire plaisir, il sembloit qu'il eût un art à part pour chaque ouvrage.

Quoique chaque effet dépende d'une cause générale, il s'y mêle tant d'autres causes particulières, que chaque effet a, en quelque façon, une cause à part. Ainsi l'art donne les règles, et le goût les exceptions; le goût nous découvre en quelles occasions l'art doit soumettre, et en quelles occasions il doit être soumis.

PLAISIR FONDÉ SUR LA RAISON.

J'ai dit souvent que ce qui nous fait plaisir doit être fondé sur la raison; et ce qui ne l'est pas à certains égards, mais parvient à nous plaire par d'autres, doit s'en écarter le moins qu'il est possible.

Et je ne sais comme il arrive que la sottise de l'ouvrier, bien marquée, fait que l'on ne peut plus se plaire à son ouvrage; car dans les ouvrages de goût il faut, pour qu'ils plaisent, avoir une certaine confiance à l'ouvrier, que l'on perd d'abord lorsque l'on voit, pour première chose, qu'il pèche contre le bon sens.

Ainsi lorsque j'étois à Pise, je n'eus aucun plaisir lorsque je vis le fleuve Arno peint dans le ciel avec son urne qui roule des eaux. Je n'eus aucun plaisir à Gênes de voir des saints dans le ciel, qui souffroient le martyre. Ces choses sont si grossières qu'on ne peut plus les regarder.

Lorsqu'on entend dans le second acte de *Thyeste*, de Sénèque, des vieillards d'Argos qui, comme des citoyens de Rome du temps de Sénèque, parlent des Parthes et des Quirites, et distinguent les sénateurs des plébéiens, méprisent les blés de la Libye, les Sarmates qui ferment la mer Caspienne, et les rois qui ont subjugué les Daces, une pareille ignorance fait rire dans un sujet sérieux. C'est comme si, sur le théâtre de Londres, on introduisoit Marius disant que, pourvu qu'il ait la faveur de la Chambre basse, il ne craint point l'inimitié de celle des Pairs, ou qu'il aime mieux la vertu que tout ce que les grandes familles de Rome font venir du Potose.

Lorsqu'une chose est, à certains égards, contre la raison, et que, nous plaisant par d'autres, l'usage ou l'intérêt même de nos plaisirs la fait regarder comme raisonnable, comme nos opéras, il faut faire en sorte qu'elle s'en écarte le moins possible. Je ne pouvois souffrir en Italie de voir Caton et César chanter des ariettes sur le théâtre ; les Italiens, qui ont tiré de l'histoire les sujets de leur opéra, ont montré moins de goût que nous, qui les avons tirés de la fable ou des romans. A force de merveilleux, l'inconvénient du chant diminue, parce que ce qui est si extraordinaire paroît mieux pouvoir s'exprimer par une manière plus éloignée du naturel ; d'ailleurs, il semble qu'il est établi que le chant peut avoir dans les enchantemens et dans le commerce des dieux une force que les paroles n'ont pas ; il est donc là plus raisonnable, et nous avons bien fait de l'y employer.

DE LA CONSIDÉRATION DE LA SITUATION MEILLEURE.

Dans la plupart des jeux folâtres, la source la plus commune de nos plaisirs vient de ce que, par de certains petits accidens, nous voyons quelqu'un dans un embarras où nous ne sommes pas, comme si quelqu'un tombe, s'il ne peut échapper, s'il ne peut suivre;..... de même, dans les comédies, nous avons du plaisir de voir un homme dans une erreur où nous ne sommes pas.

Lorsque nous voyons faire une chute à quelqu'un, nous nous persuadons qu'il a plus de peur qu'il n'en doit avoir, et cela nous divertit; de même, dans les comédies, nous prenons plaisir à voir un homme plus embarrassé qu'il ne devroit l'être. Comme lorsqu'un homme grave fait quelque chose de ridicule, ou se trouve dans une position que nous sentons n'être pas d'accord avec sa gravité, cela nous divertit; de même, dans nos comédies, quand un vieillard est trompé, nous avons du plaisir à voir que sa prudence et son expérience sont les dupes de son amour et de son avarice.

Mais lorsqu'un enfant tombe, au lieu d'en rire, nous en avons pitié, parce que ce n'est pas proprement sa faute, mais celle de sa foiblesse; de même lorsqu'un jeune homme, aveuglé par sa passion, a fait la folie d'épouser une personne qu'il aime, et en est puni par son père, nous sommes affligés de le voir devenir malheureux pour avoir suivi un penchant naturel, et avoir plié à la foiblesse de la condition humaine.

Enfin comme, lorsqu'une femme tombe, toutes les circonstances qui peuvent augmenter son embarras augmentent notre plaisir; de même, dans les comédies, nous nous divertissons de tout ce qui peut augmenter l'embarras de certains personnages.

Tous ces plaisirs sont fondés, ou sur notre malignité naturelle, ou sur l'aversion que nous donne pour de certains personnages l'intérêt que nous prenons pour d'autres.

Le grand art de la comédie consiste donc à bien ménager et cette affection et cette aversion, de façon que nous ne nous démentions pas d'un bout de la pièce à l'autre, et que nous n'ayons point du dégoût ou du regret d'avoir aimé ou haï. Car on ne peut guère souffrir qu'un caractère odieux devienne intéressant que lorsqu'il y a raison pour cela dans le caractère même, et qu'il s'agit de quelque grande action qui nous surprend, et qui peut servir au dénouement de la pièce.

PLAISIR CAUSÉ PAR LES JEUX, CHUTES, CONTRASTES.

Comme dans le jeu de piquet nous avons le plaisir de démêler ce que nous ne connoissons pas par ce que nous connoissons, et que la beauté de ce jeu consiste à paroître nous montrer tout et cependant nous cacher beaucoup, ce qui excite notre curiosité; ainsi, dans les pièces de théâtre, notre âme est piquée de curiosité, parce qu'on lui montre de certaines choses et qu'on lui en cache d'autres; elle tombe dans la surprise, parce qu'elle croyoit que les choses qu'on lui cache arriveroient d'une certaine façon, qu'elles arrivent d'une autre, et qu'elle a fait, pour ainsi dire, de fausses prédictions sur ce qu'elle a vu.

Comme le plaisir du jeu de l'hombre consiste dans une certaine suspension mêlée de curiosité des trois événemens qui peuvent arriver, la partie pouvant être gagnée, remise, ou perdue codille; ainsi, dans nos pièces de théâtre, nous sommes tellement suspendus et incertains, que nous ne savons ce qui arrivera; et tel est l'effet de notre imagination, que lorsque nous avons vu la pièce mille fois, si elle est belle, notre suspension et, si je l'ose dire, notre ignorance restent encore; car pour lors nous sommes si fort touchés de ce que nous entendons actuellement, que nous ne sentons plus que ce qu'on nous dit : et ce qui paroît devoir suivre de ce qu'on nous dit, ce que nous connoissons d'ailleurs, et seulement par mémoire, ne nous fait plus aucune impression.

DISCOURS.

DISCOURS

DE RÉCEPTION

A L'ACADÉMIE DES SCIENCES DE BORDEAUX,

PRONONCÉ LE 1ᵉʳ MAI 1716.

Les sages de l'antiquité recevoient leurs disciples sans examen et sans choix : ils croyoient que la sagesse devoit être commune à tous les hommes, comme la raison, et que pour être philosophe c'étoit assez d'avoir du goût pour la philosophie.

Je me trouve parmi vous, Messieurs, moi qui n'ai rien qui puisse m'en approcher que quelque attachement pour l'étude, et quelque goût pour les belles-lettres. S'il suffisoit pour obtenir cette faveur d'en connoître parfaitement le prix, et d'avoir pour vous de l'estime et de l'admiration, je pourrois me flatter d'en être digne, et je me comparerois à ce Troyen qui mérita la protection d'une déesse, seulement parce qu'il la trouva belle.

Oui, Messieurs, je regarde votre académie

comme l'ornement de nos provinces; je regarde son établissement comme ces naissances heureuses où les intelligences du ciel président toujours.

On avoit vu jusqu'ici les sciences non pas négligées, mais méprisées, le goût entièrement corrompu, les belles-lettres ensevelies dans l'obscurité, et les muses étrangères dans la patrie des Paulin et des Ausone.

Nous nous trompions de croire que nous fussions connus chez nos voisins par la vivacité de notre esprit; ce n'étoit sans doute que par la barbarie de notre langage.

Oui, Messieurs, il a été un temps où ceux qui s'attachoient à l'étude étoient regardés comme des gens singuliers, qui n'étoient point faits comme les autres hommes. Il a été un temps où il y avoit du ridicule et de l'affectation à se dégager des préjugés du peuple, et où chacun regardoit son aveuglement comme une maladie qui lui étoit chère, et dont il étoit dangereux de guérir.

Dans un temps si critique pour les savans on n'étoit point impunément plus éclairé que les autres : si quelqu'un entreprenoit de sortir de cette sphère étroite qui borne les connoissances des hommes, une infinité d'insectes, qui s'élevoient aussitôt, formoient un nuage pour l'obscurcir; ceux même qui l'estimoient en secret se révoltoient en public, et ne pouvoient lui pardonner l'affront qu'il leur faisoit de ne pas leur ressembler.

Il n'appartenoit qu'à vous de faire cesser ce règne ou plutôt cette tyrannie de l'ignorance : vous l'avez fait, Messieurs; cette terre où nous vivons n'est plus si aride; les lauriers y croissent heureusement; on en vient cueillir de toutes parts; les savans de tous les pays vous demandent des couronnes :

> Manibus date lilia plenis.
> **Virg.** *Æn.*, lib. vi.

C'est assez pour vous que cette académie vous doive et sa naisance et ses progrès; je la regarde moins comme une compagnie qui doit perfectionner les sciences que comme un grand trophée élevé à votre gloire : il me semble que j'entends dire à chacun de vous ces paroles du poète lyrique:

> Exegi monumentum ære perennius.
> **Horat.** *Od.*, lib. iii, 24.

Nous avons été animés à cette grande entreprise par cet illustre protecteur dont le puissant génie veille sur nous. Nous l'avons vu quitter les délices de la cour, et faire sentir sa présence jusqu'au fond de nos provinces. C'est ainsi que la fable nous représente ces dieux bienfaisans qui du séjour du ciel descendoient sur la terre pour polir des peuples sauvages, et faire fleurir parmi eux les sciences et les arts.

Oserai-je vous dire, Messieurs, ce que la modestie m'a fait taire jusqu'ici? Quand je vis votre académie naissante s'élever si heureusement, je sentis une joie secrète; et, soit qu'un instinct flateur semblât me présager ce qui m'arrive aujourd'hui, soit qu'un sentiment d'amour-propre me le fît espérer, je regardai toujours les lettres de votre établissement comme des titres de ma famille.

Lié avec plusieurs d'entre vous par les charmes de l'amitié, j'espérois qu'un jour je pourrois entrer avec eux dans un nouvel engagement, et leur être uni par le commerce des lettres, puisque je l'étois déjà par le lien le plus fort qui fût parmi les hommes. Et, si ce que dit un des plus enjoués de nos poètes n'est point un paradoxe, qu'il faut avoir du génie pour être honnête homme, ne pouvois-je pas croire que le cœur qu'ils avoient reçu leur seroit un garant de mon esprit?

J'éprouve aujourd'hui, Messieurs, que je ne m'étois point trop flatté; et, soit que vous m'ayez fait justice, soit que j'aie séduit mes juges, je suis également content de moi-même : le public va s'aveugler sur votre choix; il ne regardera plus sur ma tête que les mains savantes qui me couronnent.

DISCOURS

PRONONCÉ A LA RENTRÉE DE L'ACADÉMIE DE BORDEAUX,
LE 15 NOVEMBRE 1717.

Ceux qui ne sont pas instruits de nos obligations et de nos devoirs regardent nos exercices comme des amusemens que nous nous procurons, et se font une idée riante de nos peines mêmes et de nos travaux.

Ils croient que nous ne prenons de la philosophie que ce qu'elle a d'agréable ; que nous laissons les épines pour ne cueillir que les fleurs : que nous ne cultivons notre esprit que pour le mieux faire servir aux délices du cœur ; qu'exempts, à la vérité, de passions vives qui ébranlent trop l'âme, nous nous livrons à une autre qui nous en dédommage, et qui n'est pas moins délicieuse, quoiqu'elle ne soit point sensuelle.

Mais il s'en faut bien que nous soyons dans une situation si heureuse : les sciences les plus abstraites sont l'objet de l'académie ; elle embrasse cet infini qui se rencontre partout dans la physique et l'astronomie ; elle s'attache à l'intelligence des courbes, réservée jusqu'ici à la suprême intelligence, elle entre dans le dédale de l'anatomie et les mystères de la chimie; elle réforme les erreurs de la médecine, cette parque cruelle qui tranche tant de jours, cette science en même temps si étendue et si bornée; on y attaque enfin la vérité par l'endroit le plus fort, et on la cherche dans les ténèbres les plus épaisses où elle puisse se retirer.

Aussi, Messieurs, si l'on n'étoit animé d'un beau zèle pour l'honneur et la perfection des sciences, il n'y a personne parmi nous qui ne regardât le titre d'académicien comme un titre onéreux, et ces sciences mêmes auxquelles nous nous appliquons, comme un moyen plus propre à nous tourmenter qu'à nous instruire. Un travail souvent inutile; des systèmes presque aussitôt renversés qu'établis; le désespoir de trouver ses espérances trompées; une lassitude continuelle à courir après une vérité qui fuit; cette émulation qui exerce, et ne règne pas avec moins d'empire sur les âmes des philosophes, que la basse jalousie sur les âmes vulgaires; ces longues méditations où l'âme se replie sur elle-même, et s'enchaîne sur un objet; ces nuits passées dans les veilles, les jours qui leur succèdent dans les sueurs : vous reconnoissez là, Messieurs, la vie des gens de lettres.

Non, il ne faut pas croire que la place que nous occupons soit un lieu de tranquillité; nous n'acquérons par nos travaux que le droit de travailler davantage. Il n'y a que les dieux qui aient le privilége de se reposer sur le Parnasse : les mortels n'y sont jamais fixes et tranquilles, et s'ils ne montent pas, ils descendent toujours.

Quelques anciens nous disent qu'Hercule n'étoit point un conquérant, mais un sage qui avoit purgé la philosophie des préjugés, ces véritables monstres de l'esprit : ses travaux étonnèrent la postérité, qui les compara à ceux des héros les plus infatigables.

Il semble que la fable nous représentoit la vérité sous le symbole de ce Protée qui se cachoit sous mille figures et sous mille apparences trompeuses[1].

Il faut la chercher dans l'obscurité même dont elle se couvre, il faut la prendre, il faut l'embrasser, il faut la saisir[2].

Mais, Messieurs, qu'il y a de difficultés dans cette recherche ! car enfin ce n'est pas assez pour nous de donner une vérité, il faut qu'elle soit nouvelle : nous faisons peu de cas de ces fleurs que le temps a fanées; nous mépriserions parmi

---

[1] Omnia transformat sese in miracula rerum,
Ignemque, horribilemque feram, fluviumque liquentem.
VIRG. *Georg.*, lib. IV.

[2] Sed quantò ille magis formas se vertet in omnes,
Tantò, gnate, magis contende tenacia vincla.
VIRG. *Georg.*, lib. IV.

nous un Patrocle qui viendroit se couvrir des armes d'Achille; nous rougirions de redire toujours ce que tant d'autres auroient dit avant nous, comme ces vains échos que l'on entend dans les campagnes; nous aurions honte de porter à l'académie les observations des autres, semblables à ces fleuves qui portent à la mer tant d'eaux qui ne viennent pas de leurs sources. Cependant les découvertes sont devenues bien rares; il semble qu'il y ait une espèce d'épuisement et dans les observations et dans les observateurs. On diroit que la nature a fait comme ces vierges qui conservent long-temps ce qu'elles ont de plus précieux, et se laissent ravir en un moment ce même trésor qu'elles ont conservé avec tant de soin et défendu avec tant de constance. Après s'être cachée pendant tant d'années, elle se montra tout à coup dans le siècle passé; moment bien favorable pour les savans d'alors, qui virent ce que personne avant eux n'avoit vu. On fit dans ce siècle tant de découvertes, qu'on peut le regarder non-seulement comme le plus florissant, mais encore comme le premier âge de la philosophie, qui, dans les siècles précédens, n'étoit pas même dans son enfance : c'est alors qu'on mit au jour ces systèmes, qu'on développa ces principes, qu'on découvrit ces méthodes si fécondes et si générales. Nous ne travaillons plus que d'après ces grands philosophes; il semble que les découvertes d'à présent ne soient qu'un hommage que nous leur rendons, et un humble aveu que nous tenons tout d'eux : nous sommes presque réduits à pleurer, comme Alexandre, de ce que nos pères ont tout fait, et n'ont rien laissé à notre gloire.

C'est ainsi que ceux qui découvrirent un nouveau monde dans le siècle passé s'emparèrent des mines et des richesses qui y étoient conservées depuis si long-temps, et ne laissèrent à leurs successeurs que des forêts à découvrir, et des sauvages à reconnoître.

Cependant, Messieurs, ne perdons point courage : que savons-nous ce qui nous est réservé? peut-être y a-t-il encore mille secrets cachés : quand les géographes sont parvenus au terme de leurs connoissances, ils placent dans leurs cartes des mers immenses et des climats sauvages; mais peut-être que dans ces mers et dans ces climats il y a encore plus de richesses que nous n'en avons.

Qu'on se défasse surtout de ce préjugé, que la province n'est point en état de perfectionner les sciences, et que ce n'est que dans les capitales que les académies peuvent fleurir. Ce n'est pas du moins l'idée que nous en ont donnée les poètes, qui semblent n'avoir placé les muses dans les lieux écartés et le silence des bois que pour nous faire sentir que ces divinités tranquilles se plaisent rarement dans le bruit et le tumulte de la capitale d'un grand empire.

Ces grands hommes dont on veut nous empêcher de suivre les traces ont-ils d'autres yeux que nous [1] ? ont-ils d'autres terres à considérer [2] ? sont-ils dans des contrées plus heureuses [3] ? ont-ils une lumière particulière pour les éclairer [4] ? la mer auroit-elle moins d'abîmes pour eux [5] ? la nature enfin est-elle leur mère et notre marâtre pour se dérober plutôt à nos recherches qu'aux leurs ? Nous avons été souvent lassés par les difficultés [6] ; mais ce sont les difficultés mêmes qui doivent nous encourager. Nous devons être animés par l'exemple du protecteur qui préside ici : nous en aurons bientôt un plus grand à suivre ; notre jeune monarque favorise les muses, et elles auront soin de sa gloire.

[1] Centum luminibus cinctum caput.
Ovid. *Metam.*, lib. 1, c. 17.

[2] ..... Terras alio sub sole jacentes.
Virg. *Georg.*, lib. II.

[3] ..... Locos lætos, et amœna vireta
Fortunatorum nemorum, sedesque beatas.
Virg. *Æneid.*, lib. VI.

[4] ..... Solemque suum, sua sidera, norunt.

[5] Num mare pacatum, num ventus amicior esset ?

[6] Sæpe fugam Danai Trojâ cupiere relictâ
Moliri.
Æneid., lib. II.

DISCOURS

SUR LA CAUSE DE L'ÉCHO,

PRONONCÉ LE 1ᵉʳ MAI 1718.

Le jour de la naissance d'Auguste il naquit un laurier dans le palais, des branches duquel on couronnoit ceux qui avoient mérité l'honneur du triomphe.

Il est né, Messieurs, des lauriers avec cette académie, et elle s'en sert pour faire des couronnes aux savans qui ont triomphé des savans. Il n'est point de climat si reculé d'où l'on ne brigue ses suffrages : dépositaire de la réputation, dispensatrice de la gloire, elle trouve du plaisir à consoler les philosophes de leurs veilles, et à les venger, pour ainsi dire, de l'injustice de leur siècle et de la jalousie des petits esprits.

Les dieux de la fable dispensoient différemment leurs faveurs aux mortels : ils accordoient aux âmes vulgaires une longue vie, des plaisirs, des richesses ; les pluies et les rosées étoient les récompenses des enfans de la terre : mais aux âmes plus grandes et plus belles ils réservoient la gloire, comme le seul présent digne d'elles.

C'est pour cette gloire que tant de beaux génies ont travaillé, et c'est pour vaincre, et vaincre par l'esprit, cette partie de nous-mêmes la plus céleste et la plus divine.

Qu'un triomphe si personnel a de quoi flatter! On a vu de grands hommes, uniquement touchés des succès qu'ils devoient à leurs vertus, regarder comme étrangères toutes les faveurs de la fortune. On en a vu, tout couverts des lauriers de Mars, jaloux de ceux d'Apollon, disputer la gloire d'un poète et d'un orateur.

Tantus amor laudum, tantæ est victoria curæ.
       Virc. *Æneid.*, lib. iii.

Lorsque ce grand cardinal à qui une illustre académie doit son institution eut vu l'autorité royale affermie, les ennemis de la France consternés, et les sujets du roi rentrés dans l'obéissance, qui n'eût pensé que ce grand homme étoit content de lui-même ? Non : pendant qu'il étoit au plus haut point de sa fortune, il y avoit dans Paris, au fond d'un cabinet obscur, un rival secret de sa gloire ; il trouva dans Corneille un nouveau rebelle qu'il ne put soumettre. C'étoit assez qu'il eût à soutenir la supériorité d'un autre génie ; et il n'en fallut pas davantage pour lui faire perdre le goût d'un grand ministère qui devoit faire l'admiration des siècles à venir.

Quelle doit donc être la satisfaction de celui qui, vainqueur de tous ses rivaux, se trouve aujourd'hui couronné par vos mains!

Le sujet proposé étoit plus difficile à traiter qu'il ne paroît d'abord : c'est en vain qu'on prétendroit réussir dans l'explication de l'écho, c'est-à-dire du son réfléchi, si l'on n'a une parfaite connoissance du son direct; c'est encore en vain que l'on iroit chercher du secours chez les anciens, aussi malheureux sans doute dans leurs hypothèses que les poètes dans leurs fictions, qui attribuèrent l'effet de l'écho aux malheurs d'une nymphe causeuse, que Junon irritée changea en voix, pour avoir amusé sa jalousie, et, par la longueur de ses contes (artifice de tous les temps), l'avoir empêchée de surprendre Jupiter dans les bras de ses maîtresses.

Tous les philosophes conviennent généralement que la cause de l'écho doit être attribuée à la réflexion des sons, ou de cet air qui, frappé par le corps sonore, va ébranler l'organe de l'ouïe; mais s'ils conviennent en ce point, on peut dire qu'ils ne vont pas long-temps de compagnie, que les détails gâtent tout, et qu'ils s'accordent bien moins dans les choses qu'ils entendent que dans celles qu'ils n'entendent pas.

Et premièrement, si, cherchant la nature du son direct, on leur demande de quelle manière l'air est poussé par le corps sonore, les uns diront que c'est par un mouvement d'ondulation, et ne manqueront pas d'alléguer l'analogie de ces ondes avec celles qui sont produites dans l'eau par une pierre qu'on y jette : mais les autres, à qui cette comparaison paroît suspecte, commenceront dès ce moment à faire secte à part; et on les feroit plutôt renoncer au titre de philosophe que de leur faire passer l'existence de ces ondes dans un corps fluide, tel que l'air, qui ne fait point, comme l'eau, une surface plane et étendue sur un fond; sans compter que, dans ce système, on devroit, disent-ils, entendre plusieurs fois le même coup de cloche, puisque la même impression forme plusieurs cercles et plusieurs ondulations.

Ils aiment donc mieux admettre des rayons directs qui vont, sans se détourner, de la bouche de celui qui parle, à l'oreille de celui qui entend; il suffit que l'air soit pressé par le ressort du corps sonore, pour que cette action se communique.

Que si, considérant le son par rapport à la vitesse, on demande à tous ces philosophes pourquoi il va toujours également vite, soit qu'il soit grand, soit qu'il soit foible; et pourquoi un canon qui est à cent soixante et onze toises de nous, demeurant une seconde à se faire entendre, tout autre bruit, quelque foible qu'il soit, ne va pas moins vite; on trouvera le moyen de se faire respecter, et on les obligera, ou à avouer qu'ils en ignorent la raison, ou du moins on les réduira à entrer dans de grands raisonnemens, ce qui est précisément la même chose.

Que si l'on entre plus avant en matière, et qu'on vienne à les interroger sur la cause de l'écho, le vulgaire répondra d'abord que la réflexion suffit; et on verra d'un autre côté un seul homme qui répond qu'elle ne suffit pas. Peut-être goûtera-t-on ses raisons, surtout si on peut se défaire de ce préjugé, *un contre tous.*

Or, de ceux qui n'admettent que la réflexion seule, les uns diront que toutes sortes de réflexions produisent des échos, et en admettront autant que de sons réfléchis. Les murailles d'une chambre, disent-ils, feroient entendre un écho, si elles n'étoient trop proches de nous, et ne nous envoyoient le son réfléchi dans le même instant que notre oreille est frappée par le son direct. Selon eux, tout est rempli d'échos : *Jovis omnia plena.* Vous diriez que, comme Héraclite, ils admettent un concert et une harmonie dans l'univers, qu'une longue habitude nous dérobe; d'autant mieux que, la réflexion étant souvent dirigée vers des lieux différens de celui où se produit le son, parce qu'elle se fait toujours par un angle égal à celui d'incidence, il arrive souvent que l'écho ne rend point les sons à celui qui les envoie : cette nymphe ne répond pas toujours à celui qui lui parle; il y a des occasions où sa voix est méconnue de ceux mêmes qui l'entendent; ce qui pourroit peut-être servir à faire cesser bien du merveilleux, et à rendre raison de ces voix entendues en l'air, que Rome, cette ville des sept montagnes, mettoit si souvent au nombre des prodiges [1].

Mais les autres, qui ne croient pas la nature si libérale, veulent des lieux et des situations particulières; ce qui fait qu'ils varient infiniment et dans la disposition de ces lieux, et dans la manière dont se font les réflexions à cet égard.

Avec tout ceci on n'est pas fort avancé dans la connoissance de la cause de l'écho. Mais enfin un philosophe est venu, qui, ayant étudié la nature dans sa simplicité, a été plus loin que les autres : les découvertes admirables de nos jours sur la dioptrique et la catoptrique ont été comme le fil

---

[1] Visi etiam audire vocem ingentem ex summi cacuminis luco. (Tit. Liv. *Hist.*, lib. i, cap. 31.)

Spreta vox de cœlo emissa. (*Ibidem*, lib. v, cap. 32.)

Templo sospitæ Junonis nocte ingentem strepitum exortum. (*Ibidem*, lib. XXXI, cap. 12.)

Silentio proximæ noctis ex sylvâ Arsiâ ingentem editam vocem. (*Ibidem*, lib. II, cap. 7.)

    Cantusque feruntur
  Auditi, sanctis et verba minacia lucis.
      Ovid. *Metam.*, lib. xv, c. 17.

d'Ariadne, qui l'a conduit dans l'explication de ce phénomène des sons. Chose admirable! il y a une image des sons, comme il y a une image des objets aperçus : cette image est formée par la réunion des rayons sonores, comme dans l'optique l'image est formée par la réunion des rayons visuels. On jugera sans doute, par la lecture qui va se faire, que l'académie n'a pu se refuser à l'auteur de cette découverte, et qu'il mérite de jouir de ses suffrages, et de la libéralité du protecteur.

Cependant je ne puis passer ici une difficulté commune à tous les systèmes, et qui, dans la satisfaction où nous étions d'avoir contribué à donner quelque jour à un endroit des plus obscurs de la physique, n'a pas laissé que de nous humilier. On comprend aisément que l'air qui a déjà produit un son, rencontrant un rocher un peu éloigné, est réfléchi vers celui qui parle, et reproduit un nouveau son, ou un écho : mais d'où vient que l'écho répète précisément la même parole, et du même ton qu'elle a été prononcée? comment n'est-il pas tantôt plus aigu, tantôt plus grave? comment la surface raboteuse des rochers, ou autres corps réfléchissans, ne change-t-elle rien au mouvement que l'air a déjà reçu pour produire le son direct? Je sens la difficulté, et plus encore mon impuissance de la résoudre.

DISCOURS

SUR L'USAGE DES GLANDES RÉNALES,

PRONONCÉ LE 25 AOUT 1718.

On a dit ingénieusement que les recherches anatomiques sont une hymne merveilleuse à la louange du Créateur. C'est en vain que le libertin voudroit révoquer en doute une Divinité qu'il craint, il est lui-même la plus forte preuve de son existence ; il ne peut faire la moindre attention sur son individu qui ne soit un argument qui l'afflige. *Hæret lateri lethalis arundo.* (Virg. Æneid., lib. iv.)

La plupart des choses ne paroissent extraordinaires que parce qu'elles ne sont point connues ; le merveilleux tombe presque toujours à mesure qu'on s'en approche ; on a pitié de soi-même ; on a honte d'avoir admiré. Il n'en est pas de même du corps humain : le philosophe s'étonne, et trouve l'immense grandeur de Dieu dans l'action d'un muscle, comme dans le débrouillement du chaos.

Lorsqu'on étudie le corps humain, et qu'on se rend familières les lois immuables qui s'observent dans ce petit empire ; quand on considère ce nombre infini de parties qui travaillent toutes pour le bien commun, ces esprits animaux si impérieux et si obéissans, ces mouvemens si soumis et quelquefois si libres, cette volonté qui commande en reine et obéit en esclave ; ces périodes si réglées, cette machine si simple dans son action et si composée dans ses ressorts, cette réparation continuelle de force et de vie, ce merveilleux de la reproduction et de la génération, toujours de nouveaux secours à de nouveaux besoins : quelles grandes idées de sagesse et d'économie !

Dans ce nombre prodigieux de parties, de veines, d'artères, de vaisseaux lymphatiques, de cartilages, de tendons, de muscles, de glandes, on ne sauroit croire qu'il y ait rien d'inutile ; tout concourt pour le bien du sujet animé ; et s'il y a quelque partie dont nous ignorions l'usage, nous devons avec une noble inquiétude chercher à le découvrir.

C'est ce qui avoit porté l'académie à choisir pour sujet l'usage des glandes rénales ou capsules atrabilaires, et à encourager les savans à travailler sur une matière qui, malgré les recherches de tant d'auteurs, étoit encore toute neuve, et sembloit avoir été jusqu'ici plutôt l'objet de leur désespoir que de leurs connoissances.

Je ne ferai point ici une description exacte de ces glandes, à moins de dire ce que tant d'auteurs ont déjà dit : tout le monde sait qu'elles sont placées un peu au-dessus des reins, entre les émulgentes et les troncs de la veine cave et de la grande artère. Si l'on veut voir des gens bien peu d'accord, on n'a qu'à lire les auteurs qui ont traité de leur usage; elles ont produit une diversité d'opinions qui est un argument presque certain de leur fausseté : dans cette confusion chacun avoit sa langue, et l'ouvrage resta imparfait.

Les premiers qui en ont parlé les ont faites d'une condition bien subalterne; et sans leur vouloir permettre aucun rôle dans l'économie animale, ils ont cru qu'elles ne servoient qu'à appuyer différentes parties circonvoisines : les uns ont pensé qu'elles avoient été mises là pour soutenir le ventricule, qui auroit trop porté sur les émulgentes; d'autres, pour affermir le plexus nerveux qui les touche : préjugés échappés des anciens, qui ignoroient l'usage des glandes.

Car, si elles ne servoient qu'à cet usage, à quoi bon cette structure admirable dont elles sont formées? ne suffiroit-il pas qu'elles fussent comme une espèce de masse informe, *Rudis indigestaque moles?* (Ovid. *Metam.*, lib. 1, c. 1.) Seroit-ce comme dans l'architecture, où l'art enrichit les pilastres mêmes et les colonnes?

Gaspar Bartholin est le premier qui, leur ôtant une fonction si basse, les a rendues plus dignes de l'attention des savans. Il croit qu'une humeur, qu'il appelle *atrabile*, est conservée dans leurs cavités : pensée affligeante, qui met dans nous-mêmes un principe de mélancolie, et semble faire des chagrins et de la tristesse une maladie habituelle de l'homme. Il croit qu'il y a une communication de ces capsules aux reins, auxquels cette humeur atrabilaire sert pour le délaiement des urines. Mais, comme il ne montra pas cette communication, on ne l'en crut point sur sa parole : on jugea qu'il ne suffisoit pas d'en démontrer l'utilité, il falloit en prouver l'existence; et que ce n'étoit pas assez de l'annoncer, il falloit encore la faire voir. Il eut un fils illustre qui, travaillant pour la gloire de sa famille, voulut soutenir un système que son père avoit plutôt jeté qu'établi; et le regardant comme son héritage, il s'attacha à le réparer. Il crut que le sang, sortant des capsules, étoit conduit par la veine émulgente dans les reins. Mais comme il sort des reins par la même veine, il y a là deux mouvemens contraires qui s'entr'empêchent. Bartholin, pressé par la difficulté, soutenoit que le mouvement du sang venant des reins pouvoit être facilement surmonté par cette humeur noire et grossière qui coule des capsules. Ces hypothèses, et bien d'autres semblables, ne peuvent être tirées que des tristes débris de l'antiquité, et la saine physique ne les avoue plus.

Un certain Petruccio sembloit avoir aplani toute la difficulté : il dit avoir trouvé des valvules dans la veine des capsules, qui bouchent le passage de la glande dans la veine cave, et souvent du côté de la glande; de manière que la veine doit faire la fonction de l'artère, et l'artère, faisant celle de la veine, porte le sang par l'artère émulgente dans les reins. Il ne manquoit à cette belle découverte qu'un peu de vérité : l'Italien vit tout seul ces valvules singulières; mille corps aussitôt disséqués furent autant de témoins de son imposture : aussi ne jouit-il pas long-temps des applaudissemens, et il ne lui resta pas une seule plume. Après cette chute, la cause des Bartholin parut plus désespérée que jamais : ainsi, les laissant à l'écart, je vais chercher quelques autres hypothèses.

Les uns [1] prétendirent que ces capsules ne pouvoient avoir d'autre usage que de recevoir les humidités qui suintent des grands vaisseaux qui sont autour d'elles; d'autres, que l'humeur qu'on y trouve étoit la même que le suc lacté qui se distribue par les glandes du mésentère; d'autres, qu'il se formoit dans ces capsules un suc bilieux

---

[1] Spigolius.

qui, étant porté dans le cœur, et se mêlant avec l'acide qui s'y trouve, excite la fermentation, principe du mouvement du cœur.

Voilà ce qu'on avoit pensé sur les glandes rénales, lorsque l'académie publia son programme : le mot fut donné partout, la curiosité fut irritée. Les savans, sortis d'une espèce de léthargie, voulurent tenter encore ; et, prenant tantôt des routes nouvelles, tantôt suivant les anciennes, ils cherchèrent la vérité peut-être avec plus d'ardeur que d'espérance. Plusieurs d'entre eux n'ont eu d'autre mérite que celui d'avoir senti une noble émulation ; d'autres, plus féconds, n'ont pas été plus heureux : mais ces efforts impuissans sont plutôt une preuve de l'obscurité de la matière que de la stérilité de ceux qui l'ont traitée.

Je ne parlerai point de ceux dont les dissertations arrivées trop tard n'ont pu entrer en concours : l'académie, qui leur avoit imposé des lois, qui se les étoit imposées à elle-même, n'a pas cru devoir les violer. Quand ces ouvrages seroient meilleurs, ce ne seroit pas la première fois que la forme, toujours inflexible et sévère, auroit prévalu sur le mérite du fond.

Nous avons trouvé un auteur qui admet deux espèces de bile : l'une grossière, qui se sépare dans le foie ; l'autre plus subtile, qui se sépare dans les reins, avec l'aide du ferment qui coule des capsules par des conduits que nous ignorons, et que nous sommes même menacés d'ignorer toujours. Mais comme l'académie veut être éclaircie et non pas découragée, elle ne s'arrete point à ce système.

Un autre a cru que ces glandes servoient à filtrer cette lymphe épaissie ou cette graisse qui est autour des reins, pour être ensuite versée dans le sang.

Un autre nous décrit deux petits canaux qui portent les liqueurs de la cavité de la capsule dans la veine qui lui est propre : cette humeur, que bien des expériences font juger alkaline, sert, selon lui, à donner de la fluidité au sang qui revient des reins, après s'être séparé de la sérosité qui compose l'urine. Cet auteur n'a que de trop bons garans de ce qu'il avance : Sylvius, Manget et d'autres, avoient eu cette opinion avant lui. L'académie, qui ne sauroit souffrir les doubles emplois, qui veut toujours du nouveau, qui, comme un avare, par l'avidité d'acquérir toujours de nouvelles richesses, semble compter pour rien celles qui sont déjà acquises, n'a point couronné ce système.

Un autre, qui a assez heureusement donné la différence qu'il y a entre les glandes conglobées et les conglomérées, a mis celles-ci au rang des conglobées : il croit qu'elles ne sont qu'une continuité de vaisseaux, dans lesquels, comme dans des filieres, le sang se subtilise ; c'est un peloton formé par les rameaux de deux vaisseaux lymphatiques, l'un déférent, et l'autre référent : il juge que c'est le déférent qui porte la liqueur, et non pas l'artère, parce qu'il l'a vu beaucoup plus gros; cette liqueur est reprise par le référent, qui la porte au canal thorachique, et la rend à la circulation générale. Dans ces glandes, et dans toutes les conglobées, il n'y a point de canal excrétoire ; car il ne s'agit pas ici de séparer des liqueurs, mais seulement de les subtiliser.

Ce système, par une apparence de vrai qui séduit d'abord, a attiré l'attention de la compagnie ; mais il n'a pu la soutenir. Quelques membres ont proposé des objections si fortes, qu'ils ont détruit l'ouvrage, et n'y ont pas laissé pierre sur pierre : j'en rapporterai ici quelques-unes ; et quant aux autres, je laisserai à ceux qui me font l'honneur de m'entendre le plaisir de les trouver eux-mêmes.

Il y a dans les capsules une cavité ; mais, bien loin de servir à subtiliser la liqueur, elle est au contraire très-propre à l'épaissir et à en retarder le mouvement. Il y a dans ces cavités un sang noirâtre et épais; ce n'est donc point de la lymphe ni une liqueur subtilisée. Il y a d'ailleurs de très-grands embarras à faire passer la liqueur du déférent dans la cavité, et de la cavité dans le référent. De dire que cette cavité est une espèce de cœur qui sert à faire fermenter la liqueur, et la fouetter dans le vaisseau référent; cela est avancé sans preuve, et on n'a jamais remarqué de battement dans ces parties plus que dans les reins.

On voit par tout ceci que l'académie n'aura pas la satisfaction de donner son prix cette année, et que ce jour n'est point pour elle aussi solennel qu'elle l'avoit espéré : par les expériences et les dissections qu'elle a fait faire sous ses yeux, elle a connu la difficulté dans toute son étendue, et elle a appris à ne point s'étonner de voir que son objet n'ait pas été rempli. Le hasard fera peut-être quelque jour ce que tous ses soins n'ont pu faire [1]. Ceux qui font profession de chercher la vérité ne sont pas moins sujets que les autres aux caprices de la fortune : peut-être ce qui a coûté aujourd'hui tant de sueurs inutiles ne tiendra pas contre les premières réflexions d'un auteur plus heureux. Archimède trouva, dans les délices d'un

---

[1] Les anatomistes ne connoissent pas mieux aujourd'hui que du temps de Montesquieu les usages des glandes rénales ; il faut probablement des recherches plus fréquentes sur les fœtus de divers âges pour en développer la structure. On ne peut remarquer sans admiration que si Montesquieu s'étoit adonné à l'étude de l'anatomie, il auroit fait faire à cette science des progrès aussi sensibles peut-être que ceux qui ont signalé ses pas dans les sciences morales. (*Note de M. Portal, médecin.*)

bain, le fameux problème que ses longues méditations avoient mille fois manqué. La vérité semble quelquefois courir au-devant de celui qui la cherche ; souvent il n'y a point d'intervalle entre le désir, l'espoir et la jouissance. Les poètes nous disent que Pallas sortit sans douleur de la tête de Jupiter, pour nous faire sentir sans doute que les productions de l'esprit ne sont pas toutes laborieuses.

PROJET

D'UNE

HISTOIRE PHYSIQUE DE LA TERRE

ANCIENNE ET MODERNE.

1719.

On travaille à Bordeaux à donner au public l'*Histoire de la terre ancienne et moderne*, et de tous les changemens qui lui sont arrivés, tant généraux que particuliers, soit par les tremblemens de terre, inondations, ou autres causes, avec une description exacte des différens progrès de la terre et de la mer, de la formation et de la perte des îles, des rivières, des montagnes, des vallées, lacs, golfes, détroits, caps, et de tous leurs changemens, des ouvrages faits de main d'homme qui ont donné une nouvelle face à la terre, des principaux canaux qui ont servi à joindre les mers et les grands fleuves, des mutations arrivées dans la nature du terrain et la constitution de l'air, des mines nouvelles ou perdues, de la destruction des forêts, des déserts formés par les pestes, les guerres et les autres fléaux, avec la cause physique de tous ces effets, et des remarques critiques sur ceux qui se trouveront faux ou suspects.

On prie les savans dans les pays desquels de pareils événemens seront arrivés, et qui auront échappé aux auteurs, d'en donner connoissance : on prie aussi ceux qui en auront examiné qui sont déjà connus, de faire part de leurs observations, soit qu'elles démentent ces faits, soit qu'elles les confirment. Il faut adresser les mémoires à M. de Montesquieu, président au parlement de Guienne, à Bordeaux, rue Margaux, qui en paiera le port; et si les auteurs se font connoître, on leur rendra de bonne foi toute la justice qui leur est due.

On les supplie, par l'amour que tous les hommes doivent avoir pour la vérité, de ne rien envoyer légèrement, et de ne donner pour certain que ce qu'ils auront mûrement examiné. On avertit même qu'on prendra toutes sortes de mesures pour ne se point laisser surprendre, et que, dans les faits singuliers et extraordinaires, on ne s'en rapportera pas au témoignage d'un seul, et qu'on les fera examiner de nouveau [1].

[1] Voyez le *Journal des Savans*, année 1719, page 159, et le *Mercure* de janvier 1719.

DISCOURS

SUR

LA CAUSE DE LA PESANTEUR DES CORPS,

PRONONCÉ LE 1ᵉʳ MAI 1720.

Ç'A été de tout temps le destin des gens de lettres de crier contre l'injustice de leur siècle. Il faut entendre un courtisan d'Auguste sur le peu de cas que l'on avoit toujours fait de ceux qui par leurs talens avoient mérité la faveur publique. Il faut entendre les plaintes d'un courtisan de Néron ; il ose dire que la corruption est passée jusqu'à ses dieux : le goût est si dépravé, ajoute-t-il, qu'une masse d'or paroît plus belle que tout ce qu'Apelle et Phidias, ces petits insensés de Grecs, ont jamais fait.

Vous n'avez point, messieurs, de pareils reproches à faire à votre siècle : à peine eûtes-vous formé le dessein de votre établissement, que vous trouvâtes un protecteur illustre capable de le soutenir. Il ne négligea rien de ce qui pouvoit animer votre zèle ; et si vous étiez moins reconnoissans, il vous feroit oublier ses premiers bienfaits par la profusion avec laquelle il vous gratifie aujourd'hui. Il ne peut souffrir que le sort de cette académie soit plus long-temps incertain ; il va consacrer un lieu à ses exercices [1].

Ces bienfaits, messieurs, sont pour vous un nouvel engagement; c'est le motif d'une émulation nouvelle : on doit toujours aller à la fin à proportion des moyens. Ce seroit peu pour nous d'apprendre aujourd'hui au public que nous avons reçu des grâces, si nous ne pouvions lui apprendre en même temps que nous voulons les mériter.

Cette année a été une des plus critiques que l'académie ait encore eues à soutenir ; car, outre la perte de cet académicien qui n'a point laissé dans nos cœurs de différence entre le souvenir et les regrets, elle a vu l'absence presque universelle de ses membres, et ses assemblées plus nombreuses dans la capitale du royaume que dans le lieu de sa résidence.

Cette absence nous porte aujourd'hui à une place que nous ne pouvons remplir comme nous le devrions. Quand nos occupations nous auroient laissé tout le temps nécessaire, le public y auroit toujours perdu; il auroit reconnu cette différence que nous sentons plus que lui-même : il y a des

---

[1] ...... Moresque viris et mœnia ponet.
(Virg. Æneid., lib. I, v. 264.)

gens dont il est souvent dangereux de faire les fonctions; on se trouve trop engagé lorsqu'il faut tenir tout ce que leur réputation a promis.

Vous ferez part au public dans cette séance de quelques-uns de vos ouvrages, et du jugement que vous avez rendu sur une des matières les plus obscures de la physique. Vous avez donné un prix long-temps disputé : nos auteurs sembloient vous le demander avec justice. Votre incertitude vous a fait plaisir : vous auriez été bien fâchés d'avoir à porter un jugement plus sûr ; et, bien différens des autres juges toujours alarmés dans les affaires problématiques, vous trouviez de la satisfaction dans le péril même de vous tromper.

Nous allons en peu de mots donner une idée des dissertations qui nous ont été envoyées, même de celles qui ne sont point entrées en concours ; et si elles ne peuvent pas plaire par elles-mêmes, peut-être plairont-elles par leur diversité.

Un de ces auteurs, péripatéticien sans le savoir, a cru trouver la cause de la pesanteur dans l'absence même de l'étendue. Les corps, selon lui, sont déterminés à s'approcher du centre commun, à cause de la continuité qui ne souffre point d'intervalle. Mais qui ne voit que ce principe intérieur de pesanteur qu'on admet ici ne sauroit suivre de l'étendue considérée comme telle, et qu'il faut nécessairement avoir recours à une cause étrangère ?

Un chimiste ou un rose-croix, croyant trouver dans son mercure tous les principes des qualités des corps, les odeurs, les saveurs, et autres, y a vu jusqu'à la pesanteur. Ce que je dis ici compose toute sa dissertation, à l'obscurité près.

Dans le troisième ouvrage, l'auteur, qui affecte l'ordre d'un géomètre, ne l'est point. Après avoir posé pour principe la réaction des tourbillons, il abandonne aussitôt cette idée pour suivre absolument le système de Descartes. Ce n'est que ce même système rendu moins probable qu'il ne l'étoit déjà. Il passe les grandes objections que M. Huyghens a proposées, et s'amuse à des choses inutiles et étrangères à son sujet. On voit bien que c'est un homme qui a manqué le chemin, qui erre, et porte ses pas vers le premier objet qui se présente.

La quatrième dissertation est entrée en concours. L'auteur pose pour principe que tout mouvement centrifuge qui ne peut éloigner son mobile du centre par l'opposition d'un obstacle se rabat sur lui-même, et se change en mouvement centripète. Il se fait ensuite la célèbre objection : « D'où vient que les corps pesans tendent vers le « centre de la terre, et non pas vers les points de « l'axe correspondans? » et il y répond en grand physicien. On sait que la force centrifuge est toujours égale au carré de la vitesse divisé par le diamètre de la circulation ; et comme le diamètre du cercle de la matière qui circule vers le tropique est plus petit que celui de la matière qui circule vers l'équateur, il s'ensuit que sa force centrifuge est plus grande : mais cette force, ne pouvant avoir tout son effet du côté où elle est directement déterminée, porte son mouvement du côté où elle ne trouve pas tant de résistance, et oblige les corps de céder vers le centre. Quant au fond du système, il est difficile de concevoir que la force centrifuge, se réfléchissant en force centripète, puisse produire la pesanteur : il semble au contraire que, les corps étant poussés et repoussés par une égale force, l'action devient nulle; principe qui peut seulement servir à expliquer la cause de l'équilibre universel des tourbillons.

Il faut l'avouer cependant, on trouve dans cet ouvrage la main d'un grand maître : on peut le comparer aux ébauches de ces peintres fameux, qui, tout imparfaites qu'elles sont, ne laissent pas d'attirer les yeux et le respect de ceux qui connoissent l'art.

La dissertation suivante est simple, nette et ingénieuse. L'auteur remarque que les rayons de la matière éthérée tendent toujours à se mouvoir en ligne droite; et comme cette matière ne peut passer les bornes du tourbillon où elle est enfermée, elle ne cesse de faire effort pour se répandre dans les espaces intérieurs occupés par une matière étrangère, comme la terre et les planètes. Si une planète venoit à être anéantie, la matière qui l'environne se répandroit dans ce nouvel espace ; elle fait donc effort pour se dilater de la circonférence au centre, et, par conséquent, doit en ce sens pousser les corps durs qu'elle rencontre.

Le grand défaut de cet ouvrage est que les choses y sont traitées très-superficiellement. On n'y trouve point cette force de génie qui saisit tout un sujet, ni, si j'ose me servir de cette expression, cette perspicacité géométrique qui le pénètre : on y voit au contraire quelque chose de lâche, et, si j'ose le dire, d'efféminé ; ce sont de jolis traits, mais ce n'est pas cette grave majesté de la nature.

Nous arrivons à la dissertation qui a remporté le prix. Elle a obtenu les suffrages, non pas par la nouveauté du système, mais par le nouveau degré de probabilité qu'elle y ajoute ; par la solidité des raisonnemens, par les objections, par les réponses de l'auteur à MM. Saurin et Huyghens, enfin par tout l'ensemble qui fait un système complet. L'auteur[1], maître de sa matière, en a connu le fort

---

[1] M. Bouillet, médecin à Béziers.

et le foible, et a été en état de profiter des lumières des grands génies de notre siècle. La lecture qu'on en va faire nous dispense d'en dire davantage.

DISCOURS

SUR

LA CAUSE DE LA TRANSPARENCE DES CORPS,

PRONONCÉ LE 25 AOUT 1720.

L'ACADÉMIE proposa l'année dernière un second prix sur la transparence. Cette matière, liée avec le système de la lumière, a paru sans doute trop étendue, et a rebuté les auteurs.

Privés des secours étrangers, il faut que le public y perde le moins possible, mais il y perdra toujours ; et, dans la nécessité où nous sommes de traiter ce sujet, convaincus de notre peu de suffisance, nous aimons encore mieux nous excuser sur le peu de temps que nos occupations nous ont laissé.

Il semble d'abord qu'Aristote savoit bien ce que c'étoit que la transparence, puisqu'il définissoit la lumière l'*acte du transparent en tant que transparent* ; mais, pour bien dire, il ne connoissoit ni la transparence ni la lumière. Accoutumé à tout expliquer par la cause finale, au lieu de raisonner par la cause formelle, il regardoit la transparence comme une idée claire, quoiqu'elle ne puisse paroître telle qu'à ceux qui savent déjà ce que c'est que la lumière.

La plupart des modernes croient que la transparence est l'effet de la rectitude des pores, lesquels peuvent, selon eux, facilement transmettre l'action de la lumière.

Un de nos confrères a cru devoir douter des pores droits, en disant que si l'on coupe un cube de verre, il transmet la lumière de tous côtés. Pour moi, j'avoue que cette hypothèse des pores droits me paroît plus ingénieuse que vraie : je ne trouve pas que cette régularité s'accorde avec l'arrangement fortuit qui produit toutes les formes. Il me semble que cette idée des pores droits ne rend pas raison de la question dont il s'agit; car ce n'est pas de ce que quelques corps sont transparens que je suis embarrassé, mais de ce qu'ils ne sont pas tous transparens.

Il est impossible qu'il y ait sur la terre une matière si condensée qu'elle ne donne passage aux globules. Supposez des pores aussi tortus que vous voudrez; il faut qu'ils laissent passer la lumière, puisque la matière éthérée pénètre tous les corps.

Les corps sont donc tous transparens d'une manière absolue ; mais ils ne le sont pas tous d'une manière relative. Ils sont tous transparens, parce qu'ils laissent tous passer des rayons de lumière ; mais il n'en passe pas toujours en assez grand nombre pour former sur la rétine l'image des objets.

On voit par les expériences de Newton que tous les corps colorés absorbent une partie des rayons, et renvoient l'autre : ils sont donc opaques en tant qu'ils renvoient les rayons, et transparens en tant qu'ils les absorbent.

Nous voyons, dans le *Journal des Savans*, qu'un homme qui resta six mois enfermé dans une prison obscure voyoit sur la fin tous les objets très-distinctement, ses yeux étant accoutumés à recevoir un très-petit nombre de rayons : l'organe de la vue commença à être ébranlé par une lumière si foible, qu'elle étoit insensible à d'autres yeux qui n'avoient pas été ainsi préparés. Il y a apparence qu'il y a des animaux pour lesquels les murailles les plus épaisses sont transparentes.

De tout ceci je crois pouvoir admettre ce principe, que les corps qui opposent le moins de petites surfaces solides aux rayons de lumière qui les traversent, sont les plus transparens ; qu'à proportion qu'ils en opposent davantage, ils le paroissent moins ; et qu'ils commencent de paroître opaques dès qu'ils ne laissent pas passer assez de rayons pour ébranler l'organe de la vision ; ce qui est encore relatif à la conformation des yeux, et à la disposition présente où ils se trouvent.

Lorsque nous pourrons un peu méditer sur cette matière, nous pourrons tirer un meilleur parti de ces idées, et expliquer ce que nous ne faisons ici que montrer.

OBSERVATIONS

SUR L'HISTOIRE NATURELLE,

LUES LE 20 NOVEMBRE 1721.

I. AYANT observé dans le microscope un insecte dont nous ne savons pas le nom (peut-être même qu'il n'en a point, et qu'il est confondu avec une infinité d'autres qu'on ne connoît pas), nous remarquâmes que ce petit animal, qui est d'un très-beau rouge, paroît presque grisâtre lorsqu'on le regarde au travers de la lentille, ne conservant qu'une petite nuance de rouge; ce qui nous paroît confirmer le nouveau système des couleurs de Newton, qui croit qu'un objet ne paroît rouge que parce qu'il renvoie aux yeux les rayons capables de produire la sensation du rouge, et absorbe ou renvoie foiblement tout ce qui peut exciter celle des autres couleurs; et comme la principale vertu du microscope est de réunir les rayons, qui, étant séparés, n'auroient point assez de force pour exciter une sensation, il est arrivé dans cette observation que les rayons du gris se sont fait sentir par leur réunion, au lieu qu'auparavant ils étoient en pure perte pour nous : ainsi ce petit objet ne nous a plus paru rouge, parce que de nouveaux rayons sont venus frapper nos yeux par le secours du microscope.

II. Nous avons examiné d'autres insectes qui se trouvent dans les feuilles d'ormeau dans lesquelles ils sont renfermés. Cette enveloppe a à peu près la figure d'une pomme. Ces insectes paroissent bleus aux yeux et au microscope; on les croit de couleur de corne travaillée : ils ont six jambes, deux cornes et une trompe à peu près semblable à celle d'un éléphant. Nous croyons qu'ils prennent leur nourriture par cette trompe, parce que nous n'avons remarqué aucune autre partie qui puisse leur servir à cet usage.

La plupart des insectes, au moins tous ceux que nous avons vus, ont six jambes et deux cornes : ces cornes leur servent à se faire un chemin dans la terre, dans laquelle on les trouve.

III. Le 29 mai 1718, nous fîmes quelques observations sur le *gui*. Nous pensions que cette plante venoit de quelque semence qui, jetée par le vent, ou portée par les oiseaux sur les arbres, s'attachoit à ces gommes qui se trouvent ordinairement sur ceux qui ont vieilli, surtout sur les fruitiers; mais nous changeâmes bien de sentiment par la suite. Nous fûmes d'abord étonnés de voir sur une même branche d'arbre (c'étoit un poirier) sortir plus de cent branches de gui, les unes plus grandes que les autres, de troncs différens, placés à différentes distances; de manière que si elles étoient venues de graines, il auroit fallu autant de graines qu'il y a de branches.

Ayant ensuite coupé une des branches de cet arbre, nous découvrîmes une chose à laquelle nous ne nous attendions pas : nous vîmes des vaisseaux considérables, verts comme le gui, qui, partant de la partie ligneuse du bois, alloient se rendre dans les endroits d'où sortoit chacune de ces branches; de manière qu'il étoit impossible de n'être pas convaincus que ces lignes vertes avoient été formées par un suc vicié de l'arbre, lequel, coulant le long des fibres, alloit faire un dépôt vers la superficie. Ceci s'aperçoit encore mieux lorsque l'arbre est en sève, que dans l'hiver; et il y a des arbres où cela paroît plus manifestement que dans d'autres. Nous vîmes, le mois passé, dans une branche de cormier chargée de gui, de grandes et longues cavités : elles étoient profondes de plus de trois quarts de pouce, allant en s'élargissant du centre de la branche, d'où elles partoient comme d'un point, à la circonférence, où elles étoient larges de plus de quatre lignes. Ces vaisseaux triangulaires suivoient le long de la branche dans la profondeur que nous venons de marquer : ils étoient remplis d'un suc vert épaissi, dans lequel le couteau entroit facilement, quoique le bois fût d'une dureté infinie :

ils alloient, avec beaucoup d'autres plus petits, se rendre dans le lieu d'où sortoient les principales branches du gui. La grandeur de ces branches étoit toujours proportionnée à celle de ces conduits, qu'on peut considérer comme une petite rivière dans laquelle les fibrilles ligneuses, comme de petits ruisseaux, vont porter ce suc dépravé. Quelquefois ces canaux sont étendus entre l'écorce et le corps ligneux ; ce qui est conforme aux lois de la circulation des sucs dans les plantes. On sait qu'ils descendent toujours entre l'écorce et le bois, comme il est démontré par plusieurs expériences. Presque toujours au bout d'une branche garnie de rameaux de gui il y a des branches de l'arbre avec les feuilles ; ce qui fait voir qu'il y a encore des fibres qui contiennent un suc bien conditionné. Nous avons quelquefois remarqué que la branche étoit presque sèche dans l'endroit où étoit le gui, et qu'elle étoit très-verte dans le bout où étoient des branches de l'arbre ; nouvelle preuve que le suc de l'une étoit vicié, et non pas celui de l'autre. Ainsi nous regardons ce gui qui paroît aux yeux si vert et si sain, comme une production et une branche malade formée par des sucs de mauvaise qualité, et non pas comme une plante venue de graines, comme le soutiennent nos modernes. Et nous remarquerons, en passant, que de toutes les branches que nous en avons vues, nous n'en avons pas trouvé une seule sur les gommes et autres matières résineuses des arbres, sur lesquelles l'on dit que les graines s'attachent; on les trouve presque toujours sur les arbres vieux et languissans, dans lesquels les sucs perdent toujours.

Les liqueurs se corrompent dans les végétaux, ou par le défaut des fibres ligneuses dans lesquelles elles circulent, ou bien les fibres ligneuses se corrompent par la mauvaise qualité des liqueurs. Ces liqueurs, une fois corrompues, deviennent facilement visqueuses; il suffit pour cela qu'elles perdent cette volatilité que la chaleur du soleil, qui les fait monter, doit leur avoir donnée. On dira peut-être que ce suc qui entre dans la formation du gui devroit avoir produit des branches plus approchantes des naturelles que celles du gui ne le sont; mais si l'on suppose un vice dans le suc, si on fait attention aux phénomènes miraculeux des entes, on n'aura pas de peine à concevoir la différence des deux espèces de branches.

Mais, ajoutera-t-on, le gui a des graines que la nature ne doit pas avoir produites en vain. Nous nous proposons de faire plusieurs expériences sur ces graines; et nous croyons qu'il est facile de découvrir si elles peuvent devenir fécondes, ou non. Mais, quoi qu'il en soit, il ne nous paroît point extraordinaire de trouver sur un arbre dans lequel on voit des sucs différens, des branches différentes ; et, les branches une fois supposées, il n'est pas plus difficile d'imaginer des graines dans les unes que dans les autres.

Ceci n'est qu'un essai des observations que nous méditons de faire sur ce sujet : nous regarderons avec le microscope s'il y a de la différence entre la contexture des fibres du gui et celle des fibres de l'arbre sur lequel il vient; nous examinerons encore si elle change selon la différence des sujets dont on la tire. Nous croyons même que nos recherches pourront nous servir à découvrir l'ordre de la circulation du suc dans les plantes; nous espérons que ce suc, si aisé à distinguer par sa couleur, nous en pourra montrer la route.

IV. Ayant fait ouvrir une grenouille, nous liâmes une veine considérable, parallèle à une autre qui va du sternum au pubis, le long de la *linea alba;* et cette dernière tient le milieu entre ce vaisseau que nous liâmes, et un autre qui lui est opposé. On fit une incision à un doigt de la ligature : nous n'avons pas remarqué que le sang ait retrogadé, comme M. Leidde dit l'avoir observé. Mais nous suspendons notre jugement jusqu'à ce que nous ayons pu réitérer notre observation.

Nous n'aperçûmes point de mouvement péristaltique dans les boyaux : nous vîmes seulement une fois un mouvement extraordinaire et comme convulsif qui les enfla, comme l'on enfle une vessie avec un souffle impétueux ; ce qui doit être attribué aux esprits animaux, qui. dans le déchirement de l'animal, furent portés irrégulièrement dans cette partie.

Ayant ouvert une autre grenouille, nous ne remarquâmes pas non plus de mouvement péristaltique : mais nous regardâmes avec plaisir la trachée-artère et sa structure ; nous admirâmes ses valvules, dont la première est faite en forme de sphincter ; et l'autre, à peu près semblable, qui est au-dessous, est formée de deux cartilages qui s'approchent les uns des autres, et ferme encore plus exactement que la première, de manière que l'eau et les alimens ne sauroient passer dans les poumons. Il y a apparence que les grenouilles doivent la voix rauque qu'elles ont à cette valvule, par les trémoussemens qu'elle donne à l'air qui y passe.

Nous ne trouvâmes au cœur qu'un ventricule ; remarque qui nous servira à expliquer une observation dont nous parlerons dans la suite de cet écrit.

V. Au mois de mai 1718, nous observâmes la *mousse* qui croît sur les chênes ; nous en remarquâmes de plusieurs espèces. La première ressemble à un arbre parfait, ayant une tige, des branches et un tronc. Il nous arriva dans cette observation ce qui nous étoit arrivé dans une des précédentes : nous fûmes d'abord portés à croire, avec les modernes, que cette mousse étoit une véritable plante produite par des semences volantes. Mais, par l'examen que nous fîmes, nous changeâmes encore de sentiment : nous trouvâmes qu'elle étoit composée de deux sortes de fibres qui forment deux substances différentes ; une blanche, et l'autre rouge. Pour les bien distinguer, il faut mouiller le tronc et en couper une tranche : on y voit premièrement une couronne extérieure, rouge, tirant sur le vert, et ensuite une autre couronne blanche, beaucoup plus épaisse ; et au milieu un cercle rouge.

Ayant regardé au microscope la partie intérieure de l'écorce sur laquelle vient cette mousse, nous la trouvâmes aussi composée de cette substance blanche et de cette substance rouge, quoique avec les yeux on n'y aperçoive guère que la partie rouge : cela nous fit penser que cette mousse pouvoit n'être qu'une continuité de l'écorce ; et comme la partie ligneuse de la branche d'un arbre n'est qu'une continuité de la partie ligneuse du tronc, ainsi nous nous imaginâmes que cette mousse n'étoit aussi qu'une continuité, et, pour ainsi dire, qu'une branche de l'écorce.

Pour nous en convaincre, ayant fait tremper cette mousse attachée à son écorce, afin que les fibres en fussent moins roides et moins cassantes, nous fendîmes le tronc de la mousse et de l'écorce en même temps, et nous ajustâmes une de ces parties à notre microscope, afin que nous pussions suivre les fibres des unes et des autres : nous vîmes précisément le même tissu. Nous conduisîmes la substance blanche de la mousse jusqu'au fond de l'écorce; nous reconduisîmes de même les fibres de l'écorce jusqu'au bout des branches de la mousse : point de différence dans la contexture de ces deux corps; mélange égal dans tous les deux de la partie blanche et de la partie rouge, qui reçoivent et sont reçues l'une dans l'autre. Il n'est donc pas nécessaire d'avoir recours à des graines pour faire naître cette mousse, comme font nos modernes, qui mettent des graines partout, comme nous le dirons tout à l'heure. Comme cette mousse n'est pas de la nature des autres, il ne faut pas s'étonner si elle vient sur les jeunes arbres comme sur les vieux : nous en avons vu à de jeunes chênes qui n'avoient pas plus de neuf ou dix ans, et qui croissent très-heureusement; au contraire, elle est plus rare sur les arbres vieux et malades.

Outre cette mousse, nous en avons remarqué sur les chênes de trois sortes, qui naissent toutes sur l'écorce extérieure, comme sur une espèce de fumier ; car l'écorce extérieure, sujette aux injures de l'air, se détruit et pourrit tous les jours, tandis que l'intérieure se renouvelle. Sur cette couche naît, 1° une mousse verte, dont j'omets ici la description, parce que tout le monde la connoît ; 2° une autre mousse qui ressemble à des feuilles du même arbre qui y seroient appliquées ; je n'en dirai rien ici de particulier ; 3° enfin une mousse jaune, tirant sur le rouge, qui vient dans un endroit plus maigre que les autres, car on la trouve aussi sur le fer et sur les ardoises. Ayant fait tremper un morceau d'ardoise dans l'eau afin que la mousse s'en séparât plus facilement, nous avons remarqué qu'elle ne tient pas partout à l'ardoise, mais qu'elle y est attachée en plusieurs endroits par des pieds qui ressemblent parfaitement à des pieds de potiron, que nous y avons vus très-distinctement à plusieurs reprises.

Ces sortes de mousses viennent-elles de graines, ou non ? je n'en sais rien : mais je ne suis pas plus étonné de leur production, que de celle de ces forêts immenses et de ce nombre innombrable de plantes que l'on voit dans une miette de pain ou un morceau de livre moisi, dans le microscope, lesquelles je ne soupçonne pas être venues de graines.

Nous osons dire, quoiqu'on ait extrêmement

éclairci dans ce siècle cette partie de la physique qui concerne la végétation des plantes, qu'elle est encore couverte de difficulés. Il est vrai que, quand nos modernes nous disent que toutes les plantes qui ont été et qui naîtront à jamais, étoient contenues dans les premières graines, ils ont là une idée belle, grande, simple, et bien digne de la majesté de la nature. Il est vrai encore qu'on est porté à croire cette opinion par la facilité qu'elle donne à expliquer l'organisation et la végétation des plantes : elle est fondée sur une raison de commodité; et, chez bien des gens, cette raison supplée à toutes les autres.

Les partisans de ce sentiment avoient espéré que les microscopes leur feroient voir dans les graines la forme de la plante qui en devoit naître; mais jusqu'ici leurs recherches ont été vaines. Quoique nous ne soyons pas prévenus de cette opinion, nous avons cependant tenté, comme les autres, de découvrir cette ressemblance, mais avec aussi peu de succès.

Pour pouvoir dire avec raison que tous les arbres qui devoient être produits à l'infini étoient contenus dans la première graine de chaque espèce que Dieu créa, il nous semble qu'il faudroit auparavant prouver que tous les arbres naissent de graines.

Si l'on met dans la terre un bâton vert, il poussera des racines et des branches, et deviendra un arbre parfait ; il portera des graines qui produiront des arbres à leur tour : ainsi, s'il est vrai qu'un arbre ne soit que le développement d'une graine qui le produit, il faudra dire qu'une graine étoit comme cachée dans ce bâton de saule ; ce que je ne saurois m'imaginer.

On distingue la végétation des plantes de celle des pierres et des métaux : on dit que les plantes croissent par intus-susception, et les pierres par juxta-position ; que les parties qui composent la forme des premières croissent par une addition de matière qui se fait dans leurs fibres, qui, étant naturellement lâches et affaissées, se dressent à mesure que les sucs de la terre entrent dans leurs interstices.

C'est, dit-on, la raison pour laquelle chaque espèce d'arbre parvient à une certaine grandeur, et non pas au-delà, parce que les fibres n'ont qu'une certaine extension, et ne sont pas capables d'en recevoir une plus grande. Nous avouons que nous ne concevons guère ceci. Quand on met un bâton vert dans la terre, il pousse des branches qui ne sont aussi qu'une extension des mêmes fibres ; ainsi à l'infini, et on vient de la faire très-bornée. D'ailleurs cette extension de fibres à l'infini nous paroît une véritable chimère : il n'est point ici question de la divisibilité de la matière ;

il ne s'agit que d'un certain ordre et d'un certain arrangement de fibres, qui, affaissées au commencement, deviennent à la fin plus roides, et qu'on croit devoir parvenir enfin à un certain degré, après lequel il faudra qu'elles se cassent : il n'y a rien de si borné que cela.

Nous osons donc le dire, et nous le disons sans rougir, quoique nous parlions devant des philosophes : nous croyons qu'il n'y a rien de si fortuit que la production des plantes ; que leur végétation ne diffère que très-peu de celle des pierres et des métaux ; en un mot, que la plante la mieux organisée n'est qu'un effet simple et facile du mouvement général de la matière.

Nous sommes persuadés qu'il n'y a point tant de mystère que l'on s'imagine dans la forme des graines, qu'elles ne sont pas plus propres et plus nécessaires à la production des arbres qu'aucune autre de leurs parties, et qu'elles le sont quelquefois moins ; que s'il y a quelques parties de plantes impropres à leur production, c'est que leur contexture est telle, qu'elle se corrompt facilement, se pourrissant ou se séchant aussitôt dans la terre, de manière qu'elles ne sont plus propres à recevoir les sucs dans leurs fibres ; ce qui, à notre avis, est le seul usage des graines.

Ce que nous avons dit semble nous mettre en obligation d'expliquer tous les phénomènes de la végétation des plantes, de la manière que nous les concevons : mais ce seroit le sujet d'une longue dissertation; nous nous contenterons d'en donner une légère idée en raisonnant sur un cas particulier, qui est lorsqu'un morceau de saule pousse des branches, et, par cette opération de la nature, qui est toujours une, nous jugerons de toutes les autres : car, soit qu'une plante vienne de graines, de boutures, de provins; soit qu'elle jette des racines, des branches, des feuilles, des fleurs, des fruits, c'est toujours la même action de la nature; la variété est dans la fin, et la simplicité dans les moyens. Nous pensons que tout le mystère de la production des branches dans un bâton de saule consiste dans la lenteur avec laquelle les sucs de la terre montent dans ses fibres : lorsqu'ils sont parvenus au bout, ils s'arrêtent sur la superficie et commencent à se coaguler; mais ils ne sauroient boucher le pore du conduit par lequel ils ont monté, parce qu'avant qu'ils se soient coagulés, il s'en présente d'autres pour passer, lesquels sont plus en mouvement, et en passant redressent de tous côtés les parties demi-coagulées qui auroient pu faire une obstruction, et les poussent sur les parois circulaires du conduit; ce qui l'alonge d'autant, et ainsi de suite : et comme cette même opération se fait en même temps dans les conduits voisins qui entourent celui-ci, on conçoit aisément qu'il doit y avoir un prolongement de toutes les fibres, et qu'ils doivent sortir en dehors par un progrès insensible. Nous le dirons encore, tout le mystère consiste dans la lenteur avec laquelle la nature agit : à mesure que le suc qui est parvenu à l'extrémité se coagule, un autre se présente pour passer.

Ceux qui feront bien attention à la manière dont reviennent les ailes des oiseaux lorsqu'elles ont été rognées; qui réfléchiront sur la célèbre expérience de M. Perrault, d'un lézard à qui on avoit coupé la queue, qui revint aussitôt après; à ce calus qui vient dans les os cassés, qui n'est qu'un suc répandu par les deux bouts, qui les rejoint et devient os lui-même, ne regarderont peut-être pas ceci comme une chose imaginaire.

Les sucs de la terre, que l'action des rayons du soleil fait fermenter, montent insensiblement jusqu'au bout de la plante. J'imagine que, dans les fermentations réitérées, il se fait comme un flux et reflux de ces sucs dans ces conduits longitudinaux, et comme un bouillonnement intercadent : le suc porté jusqu'à l'extrémité de la plante, trouvant l'air extérieur, est repoussé en bas; mais il la laisse, comme nous avons dit, toujours imprégnée de quelques-unes de ces parties qui s'y coagulent, qui cependant ne font point d'obstruction, parce qu'avant qu'ils se soient coagulés, une nouvelle ébullition vient déboucher tous les pores. Et comme il y a ici deux actions, l'une, celle de la fermentation, qui pousse au dehors; l'autre, celle de l'air extérieur, qui résiste; il arrive qu'entre ces deux forces, les liqueurs pressées trouvent plus de facilité à s'échapper par les côtés; ce qui forme les conduits transversaux que l'on a observés dans les plantes, qui vont du centre à la circonférence, ou de la moelle jusqu'à l'écorce, lesquels ne font que la route que le suc a prise en s'échappant.

On sait que ces conduits portent le suc entre le bois et l'écorce : l'écorce n'est autre chose qu'un tissu plus exposé à l'air que le corps ligneux, et par conséquent d'une nature différente; c'est pourquoi il s'en sépare. Or, les sucs arrivés par les conduits latéraux entre l'écorce et le corps ligneux y doivent perdre beaucoup de leur mouvement et de leur ténuité : 1° parce qu'ils sont infiniment plus au large qu'ils n'étoient; 2° parce que trouvant d'autres sucs qui ont déjà beaucoup perdu de leur mouvement, ils se mêlent avec eux : mais comme ils sont pressés par l'ébullition des sucs qui se trouvent dans les fibres longitudinales et transversales du corps ligneux, ne pouvant pas monter, ils sont obligés de descendre; et ceci est conforme à bien des expériences qui prouvent que la sève, c'est-à-dire le suc le plus grossier, descend entre l'écorce et le bois, après être montée par les fibres ligneuses. On voit par tout ceci que l'accroissement des plantes et la circulation de leurs sucs sont deux effets liés et nécessaires d'une même cause, je veux dire la fermentation.

Si l'on pousse plus loin ces idées, on verra qu'il ne faut uniquement pour la production d'une plante qu'un sujet propre à recevoir les sucs de la terre, et à les filtrer lorsqu'ils se présentent; et toutes les fois que le suc convenable passera par des canaux assez étroits et assez bien disposés, soit dans la terre, soit dans quelque autre corps, il se fera un corps ligneux, c'est-à-dire un suc coagulé, et qui s'est coagulé de manière qu'il s'y est formé en même temps des conduits pour de nouveaux sucs qui se sont présentés.

Ceux qui soutiennent que les plantes ne sauroient être produites par un concours fortuit, dépendant du mouvement général de la matière, parce qu'on en verroit naître de nouvelles, disent là une chose bien puérile; car ils font dépendre l'opinion qu'ils combattent, d'une chose qu'ils ne savent pas, et qu'ils ne peuvent pas même savoir. Et en effet, pour pouvoir avec raison dire ce qu'ils avancent, il faudroit non-seulement qu'ils connussent plus exactement qu'un fleuriste ne connoît les fleurs de son parterre, toutes les plantes qui sont aujourd'hui sur la terre, répandues dans toutes les forêts, mais aussi celles qui y ont été depuis le commencement du monde.

Nous nous proposons de faire quelques expériences qui nous mettront peut-être en état d'éclaircir cette matière; mais il nous faut plusieurs années pour les exécuter. Cependant c'est la seule voie qu'il y ait pour réussir dans un sujet comme celui-ci; ce n'est point dans les méditations d'un cabinet qu'il faut chercher ses preuves, mais dans le sein de la nature même.

Nous finissons cet article par cette réflexion, que ceux qui suivent l'opinion que nous embrassons peuvent se vanter d'être cartésiens rigides, au lieu que ceux qui admettent une providence particulière de Dieu dans la production des plantes, différente du mouvement général de la matière, sont des cartésiens mitigés qui ont abandonné la règle de leur maître.

Ce grand système de Descartes, qu'on ne peut lire sans étonnement; ce système, qui vaut lui seul tout ce que les auteurs profanes ont jamais écrit; ce système, qui soulage si fort la providence, qui la fait agir avec tant de simplicité et tant de grandeur; ce système immortel, qui sera admiré dans tous les âges et toutes les révolutions de la philosophie, est un ouvrage à la perfection duquel tous ceux qui raisonnent doivent s'intéresser avec une espèce de jalousie. Mais passons à un autre sujet.

VI. Depuis la célèbre dispute de Méry et de Duverney, que l'académie des sciences de Paris n'osa juger, tout le monde connoît le trou ovale et le conduit *botal;* tout le monde sait que, le fœtus ne respirant point dans le ventre de la mère, le sang ne peut passer de l'artère dans la veine du poumon : ainsi il n'auroit pu être porté du ventricule droit dans le ventricule gauche du cœur, si la nature n'y avoit suppléé par ces deux conduits particuliers, qui se bouchent après la naissance, parce que le sang abandonne cette route pour en prendre une nouvelle.

Mais ces conduits ne s'effacent jamais dans la tortue, les canards, et autres animaux semblables, parce, dit-on, qu'alors qu'ils sont sous l'eau, où ils ne respirent point, il faut nécessairement que le sang prenne une route différente de celle des poumons.

Nous fîmes mettre un canard sous l'eau, pour voir combien de temps il pourroit vivre hors de l'air, et si la circulation qui se fait par ces conduits pouvoit suppléer à la circulation ordinaire; nous remarquâmes une effusion perpétuelle de petites bulles qui sortoient de ses narines : cet animal perdant insensiblement tout l'air qu'il avoit dans ses poumons, sept minutes après nous le vîmes tomber en défaillance et mourir. Une oie que nous y mîmes le lendemain ne vécut que huit minutes. On voit que le trou ovale et le conduit *botal* ne servent point à donner à ces animaux la facilité d'aller sous l'eau, puisqu'ils ne l'ont point, et qu'ils ne font pas ce que le moindre plongeur peut faire; ils ne plongent même qu'à cause de la constitution naturelle de leurs plumes, que l'eau ne touche point immédiatement; et comme ils y trouvent des choses propres à leur nourriture, ils s'y accoutument autant de temps qu'on peut y être sans respirer, et y restent plus long-temps que les autres animaux, dont le gosier se remplit aussitôt qu'ils y sont enfoncés. Cela nous fit faire une réflexion, qui est qu'il y avoit de l'apparence que le sang des animaux aquatiques étoit plus froid que celui des autres : d'où on pouvoit conclure qu'il avoit moins de mouvement, et que par conséquent les parties en étoient plus grossières, à cause de quoi la nature pourroit avoir conservé ces chemins pour y faire passer les parties du sang qui, n'ayant pas encore été préparées dans le ventricule gauche, n'auroient pas eu assez de mouvement pour monter dans la veine du poumon, ou assez de ténuité pour pénétrer dans la substance de ce viscère. C'est très-légèrement que nous donnons nos conjectures sur cette matière, parce que nous y sommes extrêmement neufs : si les expériences que nous avons faites là-dessus avoient réussi, nous avancerions comme une vérité ce que nous ne proposons ici que comme un doute ; mais nous n'avons que des observations manquées par le défaut des instrumens. Nous attendons de petits thermomètres de cinq ou six pouces, avec lesquels nous les pourrons faire avec plus de succès : ceux qui font des observations, ne pouvant se faire valoir de ce côté-là que par le mince mérite de l'exactitude, doivent au moins y apporter le plus de soin qu'il est possible.

Nous fîmes prendre des grenouilles de terre, que nous jugeâmes, par le lieu où on les avoit trouvées, n'avoir jamais été sous l'eau, et avoir toujours respiré : on les mit au fond de l'eau près de deux fois vingt-quatre heures ; et lorsqu'on les tira, elles n'en parurent point incommodées. Ceci ne laissa pas de nous surprendre : car, outre que nous avions lu le contraire chez des auteurs qui assurent que ces animaux sont obligés de sortir de temps en temps de dessous l'eau pour respirer, nous trouvions cette observation si différente de la précédente, que nous ne savions que croire de l'usage du trou ovale et du conduit *botal*. Enfin nous nous ressouvînmes que nous avions observé, plusieurs mois auparavant, que le cœur des grenouilles n'a qu'un ventricule, de manière que le sang va par le cœur, de la veine cave dans l'aorte, sans passer par les poumons; ce qui fait que la respiration est inutile à ces animaux, quoiqu'ils meurent dans la machine pneumatique, dont la raison est qu'ils ont toujours besoin d'un peu d'air qui, par son ressort, entretienne la fluidité du sang : mais il en faut si peu, que celui qu'ils prennent dans l'eau ou par les alimens leur suffit.

VII. On sait que le froment, le seigle, et l'orge même, ne viennent pas dans tous les pays; mais la nature y supplée par d'autres plantes : il y en a quelques-unes qui sont un poison mortel, si on ne les prépare, comme la cassave, dont le jus est si dangereux. On fait, en quelques endroits de Norwége ou d'Allemagne, du pain avec une espèce de terre, dont le peuple se nourrit, qui se conserve quarante ans sans se gâter : quand un paysan a pu parvenir à se faire du pain pour toute sa vie, sa fortune est faite; il vit tranquille, et n'espère plus rien de la Providence. On n'auroit jamais fait, si l'on vouloit décrire tous les moyens divers que la nature emploie, et toutes les précautions qu'elle a prises pour subvenir à la vie des hommes. Comme nous habitons un climat heureux, et que nous sommes du nombre de ceux qu'elle a le plus favorisés, nous jouissons de ses plus grandes faveurs sans nous soucier des moindres : nous négligeons et laissons périr dans les bois des plantes qui seroient une des grandes commodités de la vie chez bien des peuples. On s'imagine qu'il n'y a que le blé qui soit destiné à la nourriture des hommes, et on ne considère les autres plantes que par rapport à leurs qualités médicinales ; les docteurs les trouvent émollientes, diurétiques, dessiccatives ou astringentes ; ils les traitent toutes comme la manne qui nourrissoit les Israélites, dont ils ont fait un purgatif; on leur donne une infinité de qualités qu'elles n'ont pas, et personne ne pense à la vertu de nourrir qu'elles ont.

Le froment, l'orge, le seigle, ont, comme les autres plantes, des années qui leur sont très-favorables : il y en a où la disette de ces grains n'est pas le seul malheur qui afflige les peuples ; leur mauvaise qualité est encore plus cruelle. Nous croyons que, dans ces années si tristes pour les pauvres, et mille fois plus encore pour les riches, chez un peuple chrétien, on a mille moyens de suppléer à la rareté du blé; qu'on a sous ses pieds dans tous les bois mille ressources contre la faim; et qu'on admireroit la Providence, au lieu de l'accuser, si l'on connoissoit tous ses bienfaits.

Dans cette idée, nous avons conçu le dessein d'examiner les végétaux, les écorces, et une infinité de choses qu'on ne soupçonneroit pas par rapport à leur qualité nutritive. La vie des animaux qui ont le plus de rapports à l'homme seroit bien employée pour faire de pareilles expériences. Nous en avons commencé quelques-unes qui nous ont réussi très-heureusement. La brièveté du temps ne nous permet pas de les rapporter ici ; d'ailleurs nous voulons les joindre à un grand nombre d'autres que nous nous proposons de faire sur ce sujet. Notre dessein est aussi d'examiner en quoi consiste la qualité nutritive des plantes : il n'est pas toujours vrai que celles qui viennent dans une terre grasse soient plus propres à nourrir que celles qui viennent dans un terrain maigre. Il y a dans le Quercy un pays qui ne produit que quelques brins d'une herbe très-courte, qui sort au travers des pierres dont il est couvert; cette herbe est si nourrissante, qu'une brebis y vit, pourvu que chaque jour elle en puisse amasser autant qu'il en pourroit entrer dans un dé à coudre; au contraire, dans le Chili, les viandes y nourrissent si peu, qu'il faut absolument manger de trois en trois heures, comme si ce pays étoit tombé dans la malédiction dont Dieu menace son peuple dans les livres saints : *J'ôterai au pain la force de nourrir.*

Je me vois obligé de dire ici que le sieur Duval nous a beaucoup aidés dans ces observations, et que nous devons beaucoup à son exactitude. On jugera sans doute qu'elles ne sont pas considérables ; mais on est assez heureux pour ne les estimer précisément que ce qu'elles valent.

C'est le fruit de l'oisiveté de la campagne. Ceci devoit mourir dans le même lieu qui l'a fait naître : mais ceux qui vivent dans une société ont des devoirs à remplir; nous devons compte à la nôtre de nos moindres amusemens. Il ne faut point chercher la réputation par ces sortes d'ouvrages, ils ne l'obtiennent ni ne la méritent; on profite des observations, mais on ne connoît pas l'observateur : aussi de tous ceux qui sont utiles aux hommes, ce sont peut-être les seuls envers lesquels on peut être ingrat sans injustice.

Il ne faut pas avoir beaucoup d'esprit pour avoir vu le Panthéon, le Colisée, des pyramides ; il n'en faut pas davantage pour voir un ciron dans le microscope, ou une étoile par le moyen des grandes lunettes; et c'est en cela que la physique est si admirable : grands génies, esprits étroits, gens médiocres, tout y joue son personnage : celui qui ne saura pas faire un système comme Newton, fera une observation avec laquelle il mettra à la torture ce grand philosophe; cependant Newton sera toujours Newton, c'est-à-dire le successeur de Descartes, et l'autre un homme commun, un vil artiste, qui a vu une fois, et n'a peut-être jamais pensé.

DISCOURS

PRONONCÉ A LA RENTRÉE DU PARLEMENT DE BORDEAUX.

1725.

Que celui d'entre nous qui aura rendu les lois esclaves de l'iniquité de ses jugemens périsse sur l'heure ! Qu'il trouve en tout lieu la présence d'un Dieu vengeur, et les puissances célestes irritées ! Qu'un feu sorte de dessous terre et dévore sa maison ! Que sa postérité soit à jamais humiliée ! Qu'il cherche son pain et ne le trouve pas ! Qu'il soit un exemple affreux de la justice du ciel, comme il en a été un de l'injustice de la terre !

C'est à peu près ainsi, messieurs, que parloit un grand empereur; et ces paroles si tristes, si terribles, sont pour vous pleines de consolation. Vous pouvez tous dire en ce moment à ce peuple assemblé, avec la confiance d'un juge d'Israël : *Si j'ai commis quelque injustice, si j'ai opprimé quelqu'un de vous, si j'ai reçu des présens de quelqu'un d'entre vous, qu'il élève la voix, qu'il parle contre moi aux yeux du Seigneur* : LOQUIMINI DE ME CORAM DOMINO, ET CONTEMNAM ILLUD HODIE. (*Lib. Reg.* I, XII, 3.)

Je ne parlerai donc point de ces grandes corruptions qui, dans tous les temps, ont été le présage du changement ou de la chute des états ; de ces injustices de dessein formé ; de ces méchancetés de système ; de ces vies toutes marquées de crimes, où des jours d'iniquités ont toujours suivi des jours d'iniquités ; de ces magistratures exercées au milieu des reproches, des pleurs, des murmures, et des craintes de tous les citoyens : contre des juges pareils, contre des hommes si funestes, il faudroit un tonnerre ; la honte et les reproches ne sont rien.

Ainsi supposant dans un magistrat sa vertu essentielle, qui est la justice, qualité sans laquelle il n'est qu'un monstre dans la société, et avec laquelle il peut être un très-mauvais citoyen, je ne parlerai que des accessoires qui peuvent faire que cette justice abondera plus ou moins. Il faut qu'elle soit éclairée ; il faut qu'elle soit prompte, qu'elle ne soit point austère, et enfin qu'elle soit universelle.

Dans l'origine de notre monarchie, nos pères, pauvres, et plutôt pasteurs que laboureurs, soldats plutôt que citoyens, avoient peu d'intérêts à régler ; quelques lois sur le partage du butin, sur la pâture ou le larcin des bestiaux, régloient tout dans la république : tout le monde étoit bon pour être magistrat chez un peuple qui dans ses mœurs suivoit la simplicité de la nature, et à qui son ignorance et sa grossièreté fournissoient des moyens aussi faciles qu'injustes de terminer les différends, comme le sort, les épreuves par l'eau, par le feu, les combats singuliers, etc.

Mais depuis que nous avons quitté nos mœurs sauvages; depuis que, vainqueurs des Gaulois et des Romains, nous avons pris leur police; que le code militaire a cédé au code civil; depuis surtout que les lois des fiefs n'ont plus été les seules lois de la noblesse, le seul code de l'état, et que par ce dernier changement, le commerce et le labourage ont été encouragés; que les richesses des particuliers et leur avarice se sont accrues; qu'on a eu à démêler de grands intérêts, et des intérêts presque toujours cachés; que la bonne foi ne s'est réservé que quelques affaires de peu d'importance, tandis que l'artifice et la fraude se sont retirés dans les contrats; nos codes se sont augmentés; il a fallu joindre les lois étrangères aux nationales; le respect pour la religion y a mêlé les canoniques; et les magistratures n'ont plus été le partage que des citoyens les plus éclairés.

Les juges se sont toujours trouvés au milieu des piéges et des surprises, et la vérité a laissé dans leur esprit les mêmes méfiances que l'erreur.

L'obscurité du fond a fait naître la forme. Les fourbes, qui ont espéré de pouvoir cacher leur malice, s'en sont fait une espèce d'art : des professions entières se sont établies, les unes pour obscurcir, les autres pour allonger les affaires; et le juge a eu moins de peine à se défendre de la mauvaise foi du plaideur, que de l'artifice de celui à qui il confioit ses intérêts.

Pour lors il n'a plus suffi que le magistrat examinât la pureté de ses intentions; ce n'a plus été assez qu'il pût dire à Dieu, *Proba me, Deus, et scito cor meum* (Psal. cxxxviii, 23) : il a fallu qu'il examinât son esprit, ses connoissances et ses talens; il a fallu qu'il se rendît compte de ses études, qu'il portât toute sa vie le poids d'une application sans relâche, et qu'il vît si cette application pouvoit donner à son esprit la mesure de connoissances et le degré de lumière que son état exigeoit.

On lit dans les relations de certains voyageurs qu'il y a des mines où les travailleurs ne voient jamais le jour : ils sont une image bien naturelle de ces gens dont l'esprit, appesanti sous les organes, n'est capable de recevoir aucun degré de clairvoyance. Une pareille incapacité exige d'un homme juste qu'il se retire de la magistrature; une moindre incapacité exige d'un homme juste qu'il la surmonte par des sueurs et par des veilles.

Il faut encore que la justice soit prompte. Souvent l'injustice n'est pas dans le jugement, elle est dans les délais; souvent l'examen a fait plus de tort qu'une décision contraire. Dans la constitution présente, c'est un état que d'être plaideur; on porte ce titre jusqu'à son dernier âge : il va à la postérité; il passe, de neveux en neveux, jusqu'à la fin d'une malheureuse famille.

La pauvreté semble toujours attachée à ce titre si triste. La justice la plus exacte ne sauve jamais que d'une partie des malheurs; et tel est l'état des choses, que les formalités introduites pour conserver l'ordre public sont aujourd'hui le fléau des particuliers. L'industrie du palais est devenue une source de fortune, comme le commerce et le labourage; la maltôte a trouvé à s'y repaître, et à disputer à la chicane la ruine d'un malheureux plaideur.

Autrefois les gens de bien menoient devant les tribunaux les hommes injustes : aujourd'hui ce sont les hommes injustes qui y traduisent les gens de bien. Le dépositaire a osé nier le dépôt, parce qu'il a espéré que la bonne foi craintive se lasseroit bientôt de le demander en justice; et le ravisseur a fait connoître à celui qu'il opprimoit qu'il n'étoit point de sa prudence de continuer à lui demander raison de ses violences.

On a vu (ô siècle malheureux!) des hommes iniques menacer de la justice ceux à qui ils enlevoient leurs biens, et apporter pour raison de leurs vexations la longueur du temps, et la ruine inévitable de ceux qui voudroient les faire cesser. Mais quand l'état de ceux qui plaident ne seroit point ruineux, il suffiroit qu'il fût incertain pour nous engager à le faire finir. Leur condition est toujours malheureuse, parce qu'il leur manque quelque sûreté du côté de leurs biens, de leur fortune et de leur vie.

Cette même considération doit inspirer à un magistrat juste une grande affabilité, puisqu'il a toujours affaire à des gens malheureux. Il faut que le peuple soit toujours présent à ses inquiétudes; semblable à ces bornes que les voyageurs trouvent dans les grands chemins, sur lesquelles ils reposent leur fardeau. Cependant on a vu des juges qui, refusant à leurs parties tous les égards, pour conserver, disoient-ils, la neutralité, tomboient dans une rudesse qui les en faisoit plus sûrement sortir.

Mais qui est-ce qui a jamais pu dire, si l'on en excepte les stoïciens, que cette affection générale pour le genre humain, qui est la vertu de l'homme considéré en lui-même, soit une vertu étrangère au caractère de juge? Si c'est la puissance qui doit endurcir les cœurs, voyez comme l'autorité paternelle endurcit le cœur des pères, et réglez votre magistrature sur la première de toutes les magistratures.

Mais, indépendamment de l'humanité, la bienséance et l'affabilité, chez un peuple poli, deviennent une partie de la justice; et un juge qui en manque pour ses cliens commence dès lors à ne plus rendre à chacun ce qui lui appartient. Ainsi, dans nos mœurs, il faut qu'un juge se conduise envers les parties de manière qu'il leur paroisse bien plutôt réservé que grave, et qu'il leur fasse voir la probité de Caton sans leur en montrer la rudesse et l'austérité.

J'avoue qu'il y a des occasions où il n'est point d'âme bienfaisante qui ne se sente indignée. L'usage qui a introduit les sollicitations, semble avoir été fait pour éprouver la patience des juges qui ont du courage et de la probité. Telle est la corruption du cœur des hommes, qu'il semble que la conduite générale soit de la supposer toujours dans le cœur des autres.

O vous qui employez pour nous séduire tout ce que vous pouvez vous imaginer de plus inévitable; qui pour nous mieux gagner cherchez toutes nos foiblesses; qui mettez en œuvre la flatterie, les bassesses, le crédit des grands, le charme de nos amis, l'ascendant d'une épouse chérie, quelquefois même un empire que vous croyez plus fort; qui, choisissant toutes nos passions, faites attaquer notre cœur par l'endroit le moins défendu; puissiez-vous à jamais manquer tous vos desseins, et n'obtenir que de la confusion dans vos entreprises! Nous n'aurons point à vous faire les reproches que Dieu fait aux pécheurs dans les livres saints, *Vous m'avez fait servir à vos iniquités;* nous résisterons à vos sollicitations les plus hardies, et nous vous ferons sentir la corruption de votre cœur et la droiture du nôtre.

Il faut que la justice soit universelle. Un juge ne doit pas être comme l'ancien Caton, qui fut le plus juste sur son tribunal, et non dans sa famille. La justice doit être en nous une conduite générale. Soyons justes dans tous les lieux, justes à tous égards, envers toutes personnes, en toutes occasions.

Ceux qui ne sont justes que dans les cas où leur profession l'exige, qui prétendent être équitables dans les affaires des autres lorsqu'ils ne sont pas incorruptibles dans ce qui les touche eux-mêmes, qui n'ont point mis l'équité dans les plus petits événemens de leur vie, courent risque de perdre bientôt cette justice même qu'ils rendent sur le tribunal. Des juges de cette espèce ressemblent à ces monstrueuses divinités que la fable avoit inventées, qui mettoient bien quelque ordre dans l'univers, mais qui, chargées de crimes et d'imperfections, troubloient elles-mêmes leurs lois, et faisoient rentrer le monde dans tous les déréglemens qu'elles en avoient bannis.

Que le rôle de l'homme privé ne fasse donc

point de tort à celui de l'homme public : car dans quel trouble d'esprit un juge ne jette-t-il point les parties, lorsqu'elles lui voient les mêmes passions que celles qu'il faut qu'il corrige, et qu'elles trouvent sa conduite répréhensible comme celle qui a fait naître leurs plaintes! « S'il aimoit la justice, « diroient-elles, la refuseroit-il aux personnes « qui lui sont unies par des liens si doux, si forts, « si sacrés, à qui il doit tenir par tant de motifs « d'estime, d'amour, de reconnoissance, et qui « peut-être ont mis tout leur bonheur entre ses « mains? »

Les jugemens que nous rendons sur le tribunal peuvent rarement décider de notre probité ; c'est dans les affaires qui nous intéressent particulièrement que notre cœur se développe et se fait connoître ; c'est là-dessus que le peuple nous juge ; c'est là-dessus qu'il nous craint ou qu'il espère de nous. Si notre conduite est condamnée, si elle est soupçonnée, nous devenons soumis à une espèce de récusation publique ; et le droit de juger que nous exerçons est mis, par ceux qui sont obligés de le souffrir, au rang de leurs calamités.

Il est temps, Messieurs, de vous parler de ce jeune prince, héritier de la justice de ses ancêtres comme de leur couronne. L'histoire ne connoît point de roi qui, dans l'âge mûr et dans la force de son gouvernement, ait eu des jours si précieux à l'Europe, que ceux de l'enfance de ce monarque. Le ciel avoit attaché au cours de sa vie innocente de si grandes destinées, qu'il sembloit être le pupille et le roi de toutes les nations. Les hommes des climats les plus reculés regardoient ses jours comme leurs propres jours. Dans les jalousies des intérêts divers, tous les peuples vivoient dans une crainte commune. Nous, ses fidèles sujets, nous Français, à qui on donne l'éloge d'aimer uniquement notre roi, à peine avions nous en ce point l'avantage sur les nations alliées, sur les nations rivales, sur les nations ennemies. Un tel présent du ciel, si grand par ce qui s'est passé, si grand dans le temps présent, nous est encore pour l'avenir une illustre promesse. Né pour la félicité du genre humain, n'y auroit-il que ses sujets qu'il ne rendroit pas heureux? Il ne sera point comme le soleil, qui donne la vie à tout ce qui est loin de lui, et qui brûle tout ce qui l'approche.

Nous venons de voir une grande princesse [1] sortir du deuil dont elle étoit environnée. Elle a paru, et les peuples divers, dans ces sortes d'événemens, uniquement attentifs à leurs intérêts, n'ont regardé que les vertus et les agrémens que le ciel a répandus sur elle. Le jeune monarque s'est incliné sur son cœur; la vertu nous est ga-

---

[1] Ce discours fut prononcé dans le temps du mariage du roi.

rante pour l'avenir de ce tendre amour que les charmes et les grâces ont fait naître.

Soyez, grand roi, le plus heureux des rois. Nous, qui vous aimons, bénissons le ciel de ce qu'il a commencé le bonheur de la monarchie par celui de la famille royale. Quelque grande que soit la félicité dont vous jouissez, vous n'avez rien que ce que vos peuples ont mille fois désiré pour vous : nous implorions tous les jours le ciel; il nous a tout accordé : mais nous l'implorons encore. Puisse votre jeunesse être citée à tous les rois qui viendront après vous! Puissiez-vous, dans un âge plus mûr, n'y trouver rien à reprendre, et, dans les grands engagemens où vous entrez, toujours bien sentir ce que doit à l'univers le premier des mortels! Puissiez-vous toujours cultiver, dans la paix, des vertus qui ne sont pas moins royales que les vertus militaires, et n'oubliez jamais que le ciel, en vous faisant naître, a déjà fait toute votre grandeur, et que, comme l'immense océan, vous n'avez rien à acquérir?

Que le prince en qui vous avez mis votre principale confiance, qui ne trouve votre gloire que là où il voit votre justice, ce prince inflexible comme les lois mêmes, qui décerne toujours ce qu'il a résolu une fois, ce prince qui aime les règles et ne connoît pas les exceptions; qui se suit toujours lui-même, qui voit la fin comme le commencement des projets, et qui sait réduire les courtisans aux demandes justes, distinguer leurs services de leurs assiduités, et leur apprendre qu'ils ne sont pas plus à vous que vos autres sujets, puisse être long-temps auprès de votre trône, et y partager avec vous les peines de la monarchie!

Avocats, la cour connoît votre intégrité, et elle a du plaisir de pouvoir vous le dire. Les plaintes contre votre honneur n'ont point encore monté jusqu'à elle. Sachez pourtant qu'il ne suffit pas que votre ministère soit désintéressé pour être pur. Vous avez du zèle pour vos parties, et nous le louons; mais ce zèle devient criminel, lorsqu'il vous fait oublier ce que vous devez à vos adversaires. Je sais bien que la loi d'une juste défense vous oblige souvent de révéler des choses que la honte avoit ensevelies; mais c'est un mal que nous ne tolérons que lorsqu'il est absolument nécessaire. Apprenez de nous cette maxime, et souvenez-vous-en toujours : *Ne dites jamais la vérité aux dépens de votre vertu.*

Quel triste talent que celui de savoir déchirer les hommes! Les saillies de certains esprits sont peut-être les plus grandes épines de notre ministère; et, bien loin que ce qui fait rire le peuple puisse mériter nos applaudissemens, nous pleurons toujours sur les infortunés qu'on déshonore.

Quoi! la honte suivra tous ceux qui approchent

de ce sacré tribunal! Hélas! craint-on que les grâces de la justice ne soient trop pures? Que peut-on faire de pis pour les parties? On les fait gémir sur leurs succès mêmes, et on leur rend, pour me servir des termes de l'Écriture, *les fruits de la justice amers comme de l'absinthe.*

Eh! de bonne foi, que voulez-vous que nous répondions, quand on viendra nous dire : « Nous
« sommes venus devant vous, et on nous y a cou-
« verts de confusion et d'ignominie; vous avez vu
« nos plaies, et vous n'avez pas voulu y mettre
« d'huile; vous vouliez réparer les outrages qu'on
« nous a faits loin de vous, et on nous en a fait
« sous vos yeux de plus réels; et vous n'avez rien
« dit : vous que, sur le tribunal où vous étiez,
« nous regardions comme les dieux de la terre,
« *vous avez été muets comme des statues de bois*
« *et de pierre.* Vous dites que vous nous conservez
« nos biens : eh! notre bonneur nous est mille
« fois plus cher que nos biens. Vous dites que
« vous mettez en sûreté notre vie : ah! notre hon-
« neur nous est bien d'un autre prix que notre
« vie. Si vous n'avez pas la force d'arrêter les
« saillies d'un orateur emporté, indiquez-nous
« du moins quelque tribunal plus juste que le
« vôtre. Que savons-nous si vous n'avez pas par-
« tagé le barbare plaisir que l'on vient de donner
« à nos parties, si vous n'avez pas joui de notre

« désespoir, et si ce que nous vous reprochons
« comme une foiblesse, nous ne devons pas plu-
« tôt vous le reprocher comme un crime? »

Avocats, nous n'aurions jamais la force de soutenir de si cruels reproches, et il ne seroit jamais dit que vous auriez été plus prompts à manquer aux premiers devoirs, que nous à vous les faire connoître.

Procureurs, vous devez trembler tous les jours de votre vie sur votre ministère. Que dis-je? vous devez nous faire trembler nous-mêmes. Vous pouvez à tous momens nous fermer les yeux sur la vérité, nous les ouvrir sur des lueurs et des apparences. Vous pouvez nous lier les mains, éluder les dispositions les plus justes et en abuser; présenter sans cesse à vos parties la justice, et ne leur faire embrasser que son ombre; leur faire espérer la fin, et la reculer toujours; les faire marcher dans un dédale d'erreurs. Pour lors, d'autant plus dangereux que vous seriez plus habiles, vous feriez verser sur nous-mêmes une partie de la haine. Ce qu'il y auroit de plus triste dans votre profession, vous le répandriez sur la nôtre; et nous deviendrions bientôt les plus grands criminels, après les premiers coupables. Mais que n'ennoblissez-vous votre profession par la vertu qui les orne toutes? Que nous serions charmés de vous voir travailler à devenir plus justes que nous ne le sommes! Avec quel plaisir vous pardonnerions-nous cette émulation! et combien nos dignités nous paroîtroient-elles viles auprès d'une vertu qui vous seroit chère!

Lorsque plusieurs de vous ont mérité l'estime de la cour, nous nous sommes réjouis des suffrages que nous leur avons donnés : il nous sembloit que nous allions marcher dans des sentiers plus sûrs; nous nous imaginions nous-mêmes avoir acquis un nouveau degré de justice.

Nous n'aurons point, disions-nous, à nous défendre de leurs artifices; ils vont concourir avec nous à *l'œuvre du jour*, et peut-être verrons-nous le temps où le peuple sera délivré de tout fardeau. Procureurs, vos devoirs touchent de si près les nôtres, que nous, qui sommes préposés pour vous reprendre, nous vous conjurons de les observer. Nous ne vous parlons point en juges; nous oublions que nous sommes vos magistrats : nous vous prions de nous laisser notre probité, de ne nous point ôter le respect des peuples, et de ne nous point empêcher d'en être les pères.

DISCOURS

SUR LES MOTIFS QUI DOIVENT NOUS ENCOURAGER AUX SCIENCES,

PRONONCÉ LE 15 NOVEMBRE 1725.

La différence qu'il y a entre les grandes nations et les peuples sauvages, c'est que celles-là se sont appliquées aux arts et aux sciences, et que ceux-ci les ont absolument négligés. C'est peut-être aux connoissances qu'ils donnent que la plupart des nations doivent leur existence. Si nous avions les mœurs des sauvages de l'Amérique, deux ou trois nations de l'Europe auroient bientôt mangé toutes les autres; et peut-être que quelque peuple conquérant de notre monde se vanteroit, comme les Iroquois, d'avoir mangé soixante-dix nations.

Mais sans parler des peuples sauvages, si un Descartes étoit venu au Mexique ou au Pérou cent ans avant Cortez et Pizarre, et qu'il eût appris à ces peuples que les hommes, composés comme ils sont, ne peuvent pas être immortels; que les ressorts de leur machine s'usent, comme ceux de toutes les machines; que les effets de la nature ne sont qu'une suite des lois et des communications du mouvement; Cortez, avec une poignée de gens, n'auroit jamais détruit l'empire du Mexique, ni Pizarre celui du Pérou.

Qui diroit que cette destruction, la plus grande dont l'histoire ait jamais parlé, n'ait été qu'un simple effet de l'ignorance d'un principe de philosophie? Cela est pourtant vrai, et je vais le prouver. Les Mexicains n'avoient point d'armes à feu; mais ils avoient des arcs et des flèches, c'est-à-dire ils avoient les armes des Grecs et des Romains : ils n'avoient point de fer; mais ils avoient des pierres à fusil qui coupoient comme du fer, et qu'ils mettoient au bout de leurs armes : ils avoient même une chose excellente pour l'art militaire, c'est qu'ils faisoient leurs rangs très-serrés; et sitôt qu'un soldat étoit tué, il étoit aussitôt remplacé par un autre : ils avoient une noblesse généreuse et intrépide, élevée sur les principes de celle d'Europe, qui envie le destin de ceux qui meurent pour la gloire. D'ailleurs la vaste étendue de l'empire donnoit aux Mexicains mille moyens de détruire les étrangers, supposé qu'ils ne pussent pas les vaincre. Les Péruviens avoient les mêmes avantages; et même partout où ils se défendirent, partout où ils combattirent, ils le firent avec succès. Les Espagnols pensèrent même être exterminés par de petits peuples qui eurent la résolution de se défendre. D'où vient donc qu'ils furent si facilement détruits? c'est que tout ce qui leur paroissoit nouveau, un homme barbu, un cheval, une arme à feu, étoit pour eux l'effet d'une puissance invisible, à laquelle ils se jugeoient incapables de résister. Le courage ne manqua jamais aux Américains, mais seulement l'espérance du succès. Ainsi un mauvais principe de philosophie, l'ignorance d'une cause physique, engourdit dans un moment toutes les forces de deux grands empires.

Parmi nous l'invention de la poudre à canon donna un si médiocre avantage à la nation qui s'en servit la première, qu'il n'est pas encore décidé laquelle eut cet avantage. L'invention des lunettes d'approche ne servit qu'une fois aux Hollandais. Nous avons appris à ne considérer dans tous ces effets qu'un pur mécanisme, et par là il n'y a point d'artifice que nous ne soyons en état d'éluder par un artifice.

Les sciences sont donc très-utiles, en ce qu'elles guérissent les peuples des préjugés destructifs; mais, comme nous pouvons espérer qu'une nation qui les a une fois cultivées les cultivera toujours assez pour ne pas tomber dans le degré de grossièreté et d'ignorance qui peut causer sa ruine, nous allons parler des autres motifs qui doivent nous engager à nous y appliquer.

Le premier, c'est la satisfaction intérieure que

l'on ressent lorsque l'on voit augmenter l'excellence de son être, et que l'on rend plus intelligent un être intelligent. Le second, c'est une certaine curiosité que tous les hommes ont, et qui n'a jamais été si raisonnable que dans ce siècle-ci. Nous entendons dire tous les jours que les bornes des connoissances des hommes viennent d'être infiniment reculées, que les savans sont étonnés de se trouver si savans, et que la grandeur des succès les a fait quelquefois douter de la vérité des succès : ne prendrons-nous aucune part à ces bonne nouvelles? Nous savons que l'esprit humain est allé très-loin : ne verrons-nous pas jusqu'où il a été, le chemin qu'il a fait, le chemin qui lui reste à faire, les connoissances qu'il se flatte [1]......, celles qu'il ambitionne, celles qu'il désespère d'acquérir?

Un troisième motif qui doit nous encourager aux sciences, c'est l'espérance bien fondée d'y réussir. Ce qui rend les découvertes de ce siècle si admirables, ce ne sont pas des vérités simples qu'on a trouvées, mais des méthodes pour les trouver; ce n'est pas une pierre pour l'édifice, mais les instrumens et les machines pour le bâtir tout entier.

Un homme se vante d'avoir de l'or; un autre

---

[1] Le mot manque à l'original.

se vante d'en savoir faire : certainement le véritable riche seroit celui qui sauroit faire de l'or.

Un quatrième motif, c'est notre propre bonheur. L'amour de l'étude est presque en nous la seule passion éternelle ; toutes les autres nous quittent, à mesure que cette misérable machine qui nous les donne s'approche de sa ruine. L'ardente et impétueuse jeunesse, qui vole de plaisirs en plaisirs, peut quelquefois nous les donner purs, parce qu'avant que nous ayons eu le temps de sentir les épines de l'un, elle nous fait jouir de l'autre. Dans l'âge qui la suit, les sens peuvent nous offrir des voluptés, mais presque jamais des plaisirs. C'est pour lors que nous sentons que notre âme est la principale partie de nous-mêmes ; et, comme si la chaîne qui l'attache aux sens étoit rompue, chez elle seule sont les plaisirs, mais tous indépendans.

Que si dans ce temps nous ne donnons point à notre âme des occupations qui lui conviennent, cette âme, faite pour être occupée, et qui ne l'est point, tombe dans un ennui terrible qui nous mène à l'anéantissement ; et si, révoltés contre la nature, nous nous obstinons à chercher des plaisirs qui ne sont point faits pour nous, ils semblent nous fuir à mesure que nous en approchons. Une jeunesse folâtre triomphe de son bonheur, et nous insulte sans cesse ; comme elle sent tous ses avantages, elle nous les fait sentir; dans les assemblées les plus vives toute la joie est pour elle, et pour nous les regrets. L'étude nous guérit de ces inconvéniens, et les plaisirs qu'elle nous donne ne nous avertissent point que nous vieillissons.

Il faut se faire un bonheur qui nous suive dans tous les âges : la vie est si courte, que l'on doit compter pour rien une félicité qui ne dure pas autant que nous. La vieillesse oisive est la seule qui soit à charge : en elle-même elle ne l'est point; car si elle nous dégrade dans un certain monde, elle nous accrédite dans un autre. Ce n'est point le vieillard qui est insupportable, c'est l'homme; c'est l'homme qui s'est mis dans la nécessité de périr d'ennui, ou d'aller de sociétés en sociétés rechercher tous les plaisirs.

Un autre motif qui doit nous encourager à nous appliquer à l'étude, c'est l'utilité que peut en tirer la société dont nous faisons partie; nous pourrons joindre à tant de commodités que nous avons, bien des commodités que nous n'avons pas encore. Le commerce, la navigation, l'astronomie, la géographie, la médecine, la physique, ont reçu mille avantages des travaux de ceux qui nous ont précédés : n'est-ce pas un beau dessein que de travailler à laisser après nous les hommes plus heureux que nous ne l'avons été?

Nous ne nous plaindrons point, comme un courtisan de Néron, de l'injustice de tous les siècles envers ceux qui ont fait fleurir les sciences et les arts. *Miron, qui fere hominum animas ferarumque ære deprehenderat, non invenit hæredem.* Notre siècle est bien peut-être aussi ingrat qu'un autre; mais la postérité nous rendra justice, et paiera les dettes de la génération présente.

On pardonne au négociant riche par le retour de ses vaisseaux, de rire de l'inutilité de celui qui l'a conduit comme par la main dans des mers immenses. On consent qu'un guerrier orgueilleux, chargé d'honneurs et de titres, méprise les Archimèdes de nos jours, qui ont mis son courage en œuvre. Les hommes qui, de dessein formé, sont utiles à la société, les gens qui l'aiment, veulent bien être traités comme s'ils lui étoient à charge.

Après avoir parlé des sciences, nous dirons un mot des belles-lettres. Les livres de pur esprit, comme ceux de poésie et d'éloquence, ont au moins des utilités générales; et ces sortes d'avantages sont souvent plus grands que des avantages particuliers.

Nous apprenons dans les livres de pur esprit l'art d'écrire, l'art de rendre nos idées, de les exprimer noblement, vivement, avec force, avec grâce, avec ordre, et avec cette variété qui délasse l'esprit.

Il n'y a personne qui n'ait vu en sa vie des gens

qui, appliqués à leur art, auroient pu le pousser très-loin, mais qui, faute d'éducation, incapables également de rendre une idée et de la suivre, perdoient tout l'avantage de leurs travaux et de leurs talens.

Les sciences se touchent les unes les autres; les plus abstraites aboutissent à celles qui le sont moins, et le corps des sciences tient tout entier aux belles-lettres. Or, les sciences gagnent beaucoup à être traitées d'une manière ingénieuse et délicate; c'est par là qu'on en ôte la sécheresse, qu'on prévient la lassitude, et qu'on les met à la portée de tous les esprits. Si le P. Malebranche avoit été un écrivain moins enchanteur, sa philosophie seroit restée dans le fond d'un collége comme dans une espèce de monde souterrain. Il y a des cartésiens qui n'ont jamais lu que les *Mondes* de M. de Fontenelle; cet ouvrage est plus utile qu'un ouvrage plus fort, parce que c'est le plus sérieux que la plupart des gens soient en état de lire.

Il ne faut pas juger de l'utilité d'un ouvrage par le style que l'auteur a choisi : souvent on a dit gravement des choses puériles : souvent on a dit en badinant des vérités très-sérieuses.

Mais, indépendamment de ces considérations, les livres qui récréent l'esprit des honnêtes gens ne sont pas inutiles. De pareilles lectures sont les amusemens les plus innocens des gens du monde, puisqu'ils suppléent presque toujours aux jeux, aux débauches, aux conversations médisantes, aux projets et aux démarches de l'ambition.

DISCOURS

CONTENANT

L'ÉLOGE DU DUC DE LA FORCE,

PRONONCÉ LE 25 AOUT 1726.

Ce jour si solennel pour l'académie, ce jour où elle distribue ses prix, ne fait que lui renouveler le triste souvenir de celui qui les a fondés [1].

Mais quoique j'aie l'honneur d'occuper aujourd'hui la première place de cette compagnie, j'ose dire que je ne suis pas affligé de ses pertes seules : j'ai perdu une douce société, et je ne sais si mon esprit n'en souffrira pas autant que mon cœur.

J'ai perdu celui qui me donnoit de l'émulation, que je voyois toujours devant moi dans le chemin des sciences, qui faisoit naître mes doutes, qui savoit les dissiper. Pardonnez, messieurs, si cet amour-propre qui accompagne toujours la douleur, ne m'a permis de parler que de moi. Il ne sera pas dit que mes regrets seront cachés ; et en

---

[1] Le duc de la Force étoit mort à Paris en 1725 ; il étoit protecteur de l'académie de Bordeaux.

attendant qu'une plume plus éloquente que la mienne ait pu faire son éloge, il faut que j'en jette ici quelques traits.

> Purpureos spargam flores, animamque sepulti
> His saltem accumulem donis.
> Æneid., lib. vi, v. 884.

Je ne parlerai pas de la naissance ni des dignités de M. le duc de la Force, je m'attacherai seulement à peindre son caractère. La mort enlève les titres, les biens et les dignités, et il ne reste guère d'un illustre mort que cette image fidèle qui est gravée dans le cœur de ceux qui l'ont aimé.

Une des grandes qualités de M. le duc de la Force étoit une certaine bonté naturelle : cette vertu de l'humanité qui fait tant d'honneur à l'homme, il l'avoit par excellence. Il s'attachoit volontiers, et il ne quittoit jamais.

Il avoit une grande politesse : ce n'étoit pas un oubli de sa dignité, mais l'art de faire souffrir aisément les avantages qu'elle lui donnoit.

Cependant il savoit souvent employer bien à propos cette représentation extérieure qui fait les grands, qu'ils peuvent bien négliger quelquefois, mais dont ils ne sauroient sans bassesse s'affranchir pour toujours.

Il aimoit les gens de mérite : il les chercha ordinairement parmi les gens d'esprit, mais il se trompa quelquefois. Dans sa jeunesse, son goût fut uniquement pour les belles-lettres : et il ne se borna pas à admirer les ouvrages des autres, il attrapoit surtout le style marotique. Il y a de lui quelques petits ouvrages de cette espèce qu'il fit dans cette province, et dans un temps où le peu de goût qu'on avoit pour les lettres empêchoit de soupçonner un grand seigneur de s'y appliquer.

Bientôt il découvrit en lui un goût plus dominant pour les sciences et pour les arts ; ce goût devint une véritable passion, et cette passion ne l'a jamais quitté.

Outre les sciences qui sont uniquement du ressort de la mémoire, il s'attacha à celles pour lesquelles le génie seul est un instrument propre, à celles où un esprit doit pénétrer, où il doit agir, où il doit créer.

La facilité du génie de M. le duc de la Force étoit admirable : ce qu'il disoit valoit toujours mieux que ce qu'il avoit appris. Les savans qui l'entendoient ambitionnoient de savoir ce qu'il ne savoit que comme eux. Il montroit les choses, et il en cachoit tout l'art : on sentoit bien qu'il avoit appris sans peine.

La nature, qui semble avoir borné chaque homme à chaque emploi, produit rarement des esprits universels : pour M. le duc de la Force, il étoit tout ce qu'il vouloit être ; et, dans cette variété qu'il offroit toujours, vous ne saviez si ce que vous trouviez en lui étoit un génie plus étendu, ou une plus grande multiplicité de talens.

M. le duc de la Force portoit surtout un esprit d'ordre et de méthode. Ses vues étoient toujours simples et générales : c'est ce qui lui fit saisir un plan nouveau, dont les grands esprits, par une certaine fatalité, furent plus éblouis que les autres ; ce qui sembla être fait exprès pour les humilier.

Un air de philosophie dans une administration nouvelle séduisit les gens qui avoient le génie philosophe, et ne révolta que ceux qui n'avoient pas assez d'esprit pour être trompés.

M. le duc de la Force, plein de zèle pour le bien public, fut la dupe de la grandeur et de l'étendue de son esprit. Il étoit dans le ministère ; et charmé d'un plan qui épargnoit tous les détails, il y crut de bonne foi.

On sait que pour lors l'erreur fut de croire que la grande fortune des particuliers faisoit la fortune publique ; on s'imagina que le capital de la nation alloit être grossi.

Je comparerai ici M. le duc de la Force à ceux qui, dans la mêlée, et dans une nuit obscure, font de belles actions dont personne de doit parler. Dans ce temps de trouble et de confusion, il fit une infinité d'actions généreuses, dont le public ne lui a tenu aucun compte. Il ne distribua pas, mais il répandit ses biens. Sa générosité crut avec son opulence : il savoit que le seul avantage d'un grand seigneur riche est celui de pouvoir être plus généreux que les autres.

Cette vertu de générosité étoit proprement à lui ; il l'exerçoit sans effort : il aimoit à faire du bien, et il le faisoit de bonne grâce. C'étoient toujours des présens couverts de fleurs : il sembloit qu'il avoit des charmes particuliers, qu'il les réservoit pour les temps où il devoit obliger quelqu'un.

M. le duc de la Force arriva au temps critique de sa vie ; car il a payé le tribut de tous les hommes illustres, il a été malheureux. Il abandonna à sa patrie jusqu'à sa justification même : il apprit de la philosophie qu'il n'y a pas moins de force à savoir soutenir les injures que les malheurs ; et, laissant au public ses jugemens toujours aveugles, il se borna à la consolation de voir ses disgrâces respectées par quelques fidèles amis. Ainsi la patrie, qui a un droit réel sur nos biens et sur nos vies, exige quelquefois que nous lui sacrifiions notre gloire : ainsi presque tous les grands hommes, chez les Grecs et chez les Romains, souffroient sans se plaindre que leur ville flétrît leurs services.

M. le duc de la Force a passé les dernières années de sa vie dans une espèce de retraite. Il n'étoit point de ceux qui ont besoin de l'embarras des affaires pour remplir le vide de leur âme : la philosophie lui offroit de grandes occupations, une magnifique économie, un jugement universel. Il vivoit dans les douceurs d'une société paisible, entouré d'amis qui l'honoroient, toujours charmés de le voir, et toujours ravis de l'entendre. Et, si les morts ont encore quelque sensibilité pour les choses d'ici-bas, puisse-t-il apprendre que sa mémoire nous est toujours chère ! puisse-t-il nous voir occupés à transmettre à la postérité le souvenir de ses rares qualités !

Comme on voit croître les lauriers sur le tombeau d'un grand poète, il semble que l'académie renaisse des cendres mêmes de son protecteur. Trois ans entiers s'étoient écoulés sans que nous eussions pu donner une seule couronne, et, ne voyant pas que les savans fussent moins appliqués, nous commencions à croire qu'ils avoient perdu la confiance qu'ils avoient en nos jugemens. Nous avons cette année annoncé trois prix, et deux ont été donnés.

De toutes les dissertations que nous avons reçues *sur la cause et la vertu des bains*, aucune n'a mérité les suffrages de l'académie. Quant à celles qui ont été faites *sur la cause du tonnerre*, deux ont mérité, deux ont partagé son attention. L'auteur qui a vaincu a un rival qui sans lui auroit mérité de vaincre, et dont l'ouvrage n'a pu être honoré que de nos éloges.

DISCOURS

DE RÉCEPTION

A L'ACADÉMIE FRANÇAISE,

PRONONCÉ LE 24 JANVIER 1728.

Messieurs,

En m'accordant la place de M. de Sacy, vous avez moins appris au public ce que je suis que ce que je dois être.

Vous n'avez pas voulu me comparer à lui, mais me le donner pour modèle.

Fait pour la société, il étoit aimable, il y étoit utile : il mettoit la douceur dans les manières, et la sévérité dans les mœurs.

Il joignoit à un beau génie une âme plus belle encore : les qualités de l'esprit n'étoient chez lui que dans le second ordre ; elles ornoient le mérite, mais ne le faisoient pas.

Il écrivoit pour instruire ; et, en instruisant, il se faisoit toujours aimer. Tout respire dans ses ouvrages la candeur et la probité ; le bon naturel s'y fait sentir : le grand homme ne s'y montre jamais qu'avec l'honnête homme.

Il suivoit la vertu par un penchant naturel, et il s'y attachoit encore par ses réflexions. Il jugeoit qu'ayant écrit sur la morale, il devoit être plus difficile qu'un autre sur ses devoirs ; qu'il n'y avoit point pour lui de dispenses, puisqu'il avoit donné les règles ; qu'il seroit ridicule qu'il n'eût pas la force de faire des choses dont il avoit cru tous les hommes capables ; qu'il abandonnât ses propres maximes, et que dans chaque action il eût en meme temps à rougir de ce qu'il auroit fait et de ce qu'il auroit dit.

Avec quelle noblesse n'exerçoit-il pas sa profession! tous ceux qui avoient besoin de lui devenoient ses amis. Il ne trouvoit presque pour récompense, à la fin de chaque jour, que quelques actions de plus. Toujours moins riche, et toujours plus désintéressé, il n'a presque laissé à ses enfans que l'honneur d'avoir un si illustre père.

Vous aimez, Messieurs, les hommes vertueux ; vous ne faites grâce au plus beau génie d'aucune qualité du cœur ; et vous regardez les talens sans la vertu comme des présens funestes, uniquement propres à donner de la force ou un plus grand jour à nos vices.

Et par là vous êtes bien dignes de ces grands protecteurs qui vous ont confié leur gloire, qui ont voulu aller à la postérité, mais qui ont voulu y aller avec vous.

Bien des orateurs et les poètes les ont célébrés : mais il n'y a que vous qui ayez été établis pour leur rendre, pour ainsi dire, un culte réglé.

Pleins de zèle et d'admiration pour ces grands hommes, vous les rappelez sans cesse à notre mémoire. Effet surprenant de l'art! vos chants sont continuels, et ils nous paroissent toujours nouveaux.

Vous nous étonnez toujours quand vous célébrez ce grand ministre [1] qui tira du chaos les règles de la monarchie; qui apprit à la France le secret de ses forces, à l'Espagne celui de sa foiblesse; ôta à l'Allemagne ses chaînes, lui en donna de nouvelles; brisa tour à tour toutes les puissances, et destina, pour ainsi dire, Louis-le-Grand aux grandes choses qu'il fit depuis.

Vous ne vous ressemblez jamais dans les éloges que vous faites de ce chancelier [2] qui n'abusa ni de la confiance des rois, ni de la confiance des peuples, et qui, dans l'exercice de la magistrature, fut sans passion, comme les lois qui absolvent et punissent sans aimer ni haïr.

Mais l'on aime surtout à vous voir travailler à

---

[1] Richelieu.
[2] Séguier.

l'envi au portrait de Louis-le-Grand, ce portrait toujours commencé et jamais fini, tous les jours plus avancé et tous les jours plus difficile.

Nous concevons à peine le règne merveilleux que vous chantez. Quand vous nous faites voir les sciences partout encouragées, les arts protégés, les belles-lettres cultivées, nous croyons vous entendre parler d'un règne paisible et tranquille. Quand vous chantez les guerres et les victoires, il semble que vous nous racontiez l'histoire de quelque peuple sorti du nord pour changer la face de la terre. Ici nous voyons le roi, là le héros. C'est ainsi qu'un fleuve majestueux va se changer en un torrent qui renverse tout ce qui s'oppose à son passage : c'est ainsi que le ciel paroît au laboureur pur et serein, tandis que dans la contrée voisine il se couvre de feu, d'éclairs et de tonnerres.

Vous m'avez, Messieurs, associé à vos travaux ; vous m'avez élevé jusqu'à vous, et je vous rends grâces de ce qu'il m'est permis de vous connoître mieux et de vous admirer de plus près.

Je vous rends grâces de ce que vous m'avez donné un droit particulier d'écrire la vie et les actions de notre jeune monarque. Puisse-t-il aimer à entendre les éloges que l'on donne aux princes pacifiques ! Que le pouvoir immense que Dieu a mis entre ses mains soit le gage du bonheur de tous! que toute la terre repose sous son trône! qu'il soit le roi d'une nation, et le protecteur de toutes les autres! que tous les peuples l'aiment, que ses sujets l'adorent, et qu'il n'y ait pas un seul homme dans l'univers qui s'afflige de son bonheur et craigne ses prospérités! Périssent enfin ces jalousies fatales qui rendent les hommes ennemis des hommes! que le sang humain, ce sang qui souille toujours la terre, soit épargné! et que, pour parvenir à ce grand objet, ce ministre[1] nécessaire au monde, ce ministre tel que le peuple français auroit pu le demander au ciel, ne cesse de donner ces conseils qui vont au cœur du prince, toujours prêt à faire le bien qu'on lui propose, ou à réparer le mal qu'il n'a point fait et que le temps a produit!

Louis nous a fait voir que, comme les peuples sont soumis aux lois, les princes le sont à leur parole sacrée; que les grands rois, qui ne sauroient être liés par une autre puissance, le sont invinciblement par les chaînes qu'ils se sont faites, comme le Dieu qu'ils représentent, qui est toujours indépendant, et toujours fidèle dans ses promesses.

Que de vertus nous présage une foi si religieusement gardée! ce sera le destin de la France,

---

[1] Le cardinal de Fleury.

qu'après avoir été agitée sous les Valois, affermie sous Henri, agrandie sous son successeur, victorieuse ou indomptable sous Louis-le-Grand, elle sera entièrement heureuse sous le règne de celui qui ne sera point forcé à vaincre, et qui mettra toute sa gloire à gouverner.

ÉBAUCHE
DE L'ÉLOGE HISTORIQUE
DU MARÉCHAL DE BERWICK.

Il naquit le 21 d'août 1670; il étoit fils de Jacques, duc d'York, depuis roi d'Angleterre, et de la demoiselle Arabella Churchill; et telle fut l'étoile de cette maison de Churchill, qu'il en sortit deux hommes dont l'un, dans le même temps, fut destiné à ébranler, et l'autre à soutenir les deux plus grandes monarchies de l'Europe.

Dès l'âge de sept ans il fut envoyé en France pour y faire ses études et ses exercices. Le duc d'York étant parvenu à la couronne le 6 février 1685, il l'envoya l'année suivante en Hongrie, il se trouva au siége de Bude.

Il alla passer l'hiver en Angleterre, et le roi le créa duc de Berwick. Il retourna au printemps en Hongrie, où l'empereur lui donna une commission de colonel pour commander le régiment de cuirassiers de Taaff. Il fit la campagne de 1687, où le duc de Lorraine remporta la victoire de Mohatz, et à son retour à Vienne, l'empereur le fit sergent général de bataille.

Ainsi c'est sous le grand duc de Lorraine que le duc de Berwick commença à se former ; et, depuis, sa vie fut en quelque façon toute militaire.

Il revint en Angleterre, et le roi lui donna le gouvernement de Portsmouth et de la province de Southampton. Il avoit déjà un régiment d'infanterie : on lui donna encore le régiment des gardes à cheval du comte d'Oxford. Ainsi à l'âge de dix-sept ans il se trouva dans cette situation si flatteuse pour un homme qui a l'âme élevée, de voir le chemin de la gloire tout ouvert, et la possibilité de faire de grandes choses.

En 1688 la révolution d'Angleterre arriva : et, dans ce cercle de malheurs qui environnèrent le roi tout à coup, le duc de Berwick fut chargé des affaires qui demandoient la plus grande confiance. Le roi ayant jeté les yeux sur lui pour rassembler l'armée, ce fut une des trahisons des ministres de lui en envoyer les ordres trop tard, afin qu'un autre pût emmener l'armée au prince d'Orange. Le hasard lui fit rencontrer quatre régimens qu'on avoit voulu mener au prince d'Orange, et qu'il ramena à son poste. Il n'y eut point de mouvemens qu'il ne se donnât pour sauver Portsmouth, bloqué par mer et par terre, sans autres provisions que ce que les ennemis lui fournissoient chaque jour, et que le roi lui ordonna de rendre. Le roi ayant pris le parti de se sauver en France, il fut du nombre des cinq personnes à qui il se confia, et qui le suivirent; et dès que le roi fut débarqué, il l'envoya à Versailles pour demander un asile. Il avoit à peine dix-huit ans.

Presque toute l'Irlande ayant resté fidèle au roi Jacques, ce prince y passa au mois de mars 1689; et l'on vit une malheureuse guerre où la valeur ne manqua jamais, et la conduite toujours. On peut dire de cette guerre d'Irlande, qu'on la regarda à Londres comme l'œuvre du jour et comme l'affaire capitale de l'Angleterre; et, en France, comme une guerre d'affection particulière et de bienséance. Les Anglais, qui ne vouloient point avoir de guerre civile chez eux, assommèrent l'Irlande. Il paroît même que les officiers français qu'on y envoya pensèrent comme ceux qui les y envoyoient : ils n'eurent que trois choses dans la tête, d'arriver, de se battre, et de s'en retourner. Le temps a fait voir que les Anglais avoient mieux pensé que nous.

Le duc de Berwick se distingua dans quelques occasions particulières, et fut fait lieutenant-général.

Milord Tyrconel, ayant passé en France en 1690, laissa le commandement général du royaume au duc de Berwick. Il n'avoit que vingt ans, et sa conduite fit voir qu'il étoit l'homme de son siècle à qui le ciel avoit accordé de meilleure heure la prudence. La perte de la bataille de la Boyne avoit abattu les forces irlandaises ; le roi Guillaume avoit levé le siége de Limerick, et étoit retourné en Angleterre : mais on n'en étoit guère mieux. Milord Churchill [1] débarqua tout à coup en Irlande avec huit mille hommes. Il falloit en même temps rendre ses progrès moins rapides, rétablir l'armée, dissiper les factions, réunir les esprits des Irlandais : le duc de Berwick fit tout cela.

En 1691, le duc de Tyrconel étant revenu en Irlande, le duc de Berwick repassa en France, et suivit Louis XIV, comme volontaire, au siége de Mons. Il fit dans la même qualité la campagne de 1692, sous le maréchal de Luxembourg, et se trouva à la bataille de Steinkerque. Il fut fait lieutenant-général en France l'année suivante, et il acquit beaucoup d'honneur à la bataille de Nerwinde, où il fut pris.

Les choses qui se dirent dans le monde à l'occasion de sa prise n'ont pu avoir été imaginées que par des gens qui avoient la plus haute opinion de sa fermeté et de son courage. Il continua de servir en Flandre sous M. de Luxembourg, et ensuite sous M. le maréchal de Villeroi.

En 1696, il fut envoyé secrètement en Angle-

---

[1] Depuis duc de Marlborough.

terre pour conférer avec des seigneurs anglais qui avoient résolu de rétablir le roi. Il avoit une assez mauvaise commission, qui étoit de déterminer ces seigneurs à agir contre le bon sens. Il ne réussit pas : il hâta son retour, parce qu'il apprit qu'il y avoit une conjuration formée contre la personne du roi Guillaume, et il ne vouloit point être mêlé dans cette entreprise. Je me souviens de lui avoir ouï dire qu'un homme l'avoit reconnu sur un certain air de famille, et surtout par la longueur de ses doigts; que par bonheur cet homme étoit jacobite, et lui avoit dit : *Dieu vous bénisse dans toutes vos entreprises!* ce qui l'avoit remis de son embarras.

Le duc de Berwick perdit sa première femme au mois de juin 1698. Il l'avoit épousée en 1695. Elle étoit fille du comte de Clanricard. Il en eut un fils qui naquit le 21 d'octobre 1696.

En 1699, il fit un voyage en Italie, et à son retour il épousa mademoiselle de Bulkeley, fille de madame de Bulkeley, dame d'honneur de la reine d'Angleterre, et de M. Bulkeley, frère de milord Bulkeley.

Après la mort de Charles II, roi d'Espagne, le roi Jacques envoya à Rome le duc de Berwick pour complimenter le pape sur son élection, et lui offrir sa personne pour commander l'armée que la France le pressoit de lever pour maintenir la neutralité en Italie; et la cour de Saint-Germain offroit d'envoyer des troupes irlandaises. Le pape jugea la besogne un peu trop forte pour lui, et le duc de Berwick s'en revint.

En 1701, il perdit le roi son père; et, en 1702, il servit en Flandre sous le duc de Bourgogne et le maréchal de Boufflers. En 1703, au retour de la campagne, il se fit naturaliser français, du consentement de la cour de Saint-Germain.

En 1704, le roi l'envoya en Espagne avec dix-huit bataillons et dix-neuf escadrons qu'il devoit commander; et, à son arrivée, le roi d'Espagne le déclara capitaine général de ses armées, et le fit couvrir.

La cour d'Espagne étoit infestée par l'intrigue. Le gouvernement alloit très-mal, parce que tout le monde vouloit gouverner. Tout dégénéroit en tracasseries; et un des principaux articles de sa mission étoit de les éclaircir. Tous les partis vouloient le gagner : il n'entra dans aucun; et, s'attachant uniquement au succès des affaires, il ne regarda les intérêts particuliers que comme des intérêts particuliers; il ne pensa ni à madame des Ursins, ni à Orry, ni à l'abbé d'Estrées, ni au goût de la reine, ni au penchant du roi; il ne pensa qu'à la monarchie.

Le duc de Berwick eut ordre de travailler au renvoi de madame des Ursins. Le roi lui écrivit: « Dites au roi mon petit-fils, qu'il me doit cette

« complaisance. Servez-vous de toutes les raisons
« que vous pourrez imaginer pour le persuader ;
« mais ne lui dites pas que je l'abandonnerai, car
« il ne le croiroit jamais. » Le roi d'Espagne consentit au renvoi.

Cette année 1704 le duc de Berwick sauva l'Espagne, il empêcha l'armée portugaise d'aller à Madrid. Son armée étoit plus foible des deux tiers ; les ordres de la cour venoient coup sur coup de se retirer et de ne rien hasarder. Le duc de Berwick, qui vit l'Espagne perdue, s'il obéissoit, hasarda sans cesse et disputa tout. L'armée portugaise se retira ; M. le duc de Berwick en fit de même. A la fin de la campagne, le duc de Berwick reçut ordre de retourner en France. C'étoit une intrigue de cour ; et il éprouva ce que tant d'autres avoient éprouvé avant lui, que de plaire à la cour est le plus grand service que l'on puisse rendre à la cour, sans quoi toutes les œuvres, pour me servir du langage des théologiens, ne sont que des œuvres mortes.

En 1705, le duc de Berwick fut envoyé commander en Languedoc : cette même année il fit le siége de Nice, et la prit.

En 1706, il fut fait maréchal de France, et fut envoyé en Espagne pour commander l'armée contre le Portugal. Le roi d'Espagne avoit levé le siége de Barcelone, et avoit été obligé de repasser par la France et de rentrer en Espagne par la Navarre.

J'ai dit qu'avant de quitter l'Espagne, la première fois qu'il y servit, il l'avoit sauvée; il la sauva encore cette fois-ci. Je passe rapidement sur les choses que l'histoire est chargée de raconter; je dirai seulement que tout étoit perdu au commencement de la campagne, et que tout étoit sauvé à la fin. On peut voir, dans les lettres de madame de Maintenon à la princesse des Ursins, ce que l'on pensoit pour lors dans les deux cours. On formoit des souhaits, et on n'avoit pas même d'espérances. M. le maréchal de Berwick vouloit que la reine se retirât à son armée : des conseils timides l'en avoient empêchée. On vouloit qu'elle se retirât à Pampelune. M. le maréchal de Berwick fit voir que, si l'on prenoit ce parti, tout étoit perdu, parce que les Castillans se croiroient abandonnés. La reine se retira donc à Burgos avec les conseils, et le roi arriva à la petite armée. Les Portugais vont à Madrid; et le maréchal par sa sagesse, sans livrer une seule bataille, fit vider la Castille aux ennemis, et rencogna leur armée dans le royaume de Valence et l'Aragon. Il les y conduisit marche par marche, comme un pasteur conduit des troupeaux. On peut dire que cette campagne fut plus glorieuse pour lui qu'aucune de celles qu'il a faites, parce que les avantages n'ayant point dépendu d'une bataille, sa capacité y parut tous les jours. Il fit plus de dix mille prisonniers ; et par cette campagne il prépara la seconde, plus célèbre encore par la bataille d'Almanza, la conquête du royaume de Valence, de l'Aragon et la prise de Lérida.

Ce fut en cette année 1707 que le roi d'Espagne donna au maréchal de Berwick les villes de Liria et Xerica, avec la grandesse de la première classe; ce qui lui procura un établissement plus grand encore pour son fils du premier lit, par le mariage avec dona Catharina de Portugal, héritière de la maison de Veraguas. M. le maréchal lui céda tout ce qu'il avoit en Espagne.

Dans le même temps Louis XIV lui donna le gouvernement du Limousin, de son propre et pur mouvement, sans qu'il le lui eût demandé.

Il faut que je parle de M. le duc d'Orléans; et je le ferai avec d'autant plus de plaisir, que ce que je dirai ne peut servir qu'à combler de gloire l'un et l'autre.

M. le duc d'Orléans vint pour commander l'armée. Sa mauvaise destinée lui fit croire qu'il auroit le temps de passer par Madrid. M. le maréchal de Berwick lui envoya courrier sur courrier pour lui dire qu'il seroit bientôt forcé à livrer la bataille; M. le duc d'Orléans se mit en chemin, vola, et n'arriva pas. Il y eut assez de courtisans qui voulurent persuader à ce prince que le maréchal de Berwick avoit été ravi de donner la bataille sans lui, et de lui en ravir la gloire : mais M. le duc d'Orléans connoissoit qu'il avoit une justice à rendre, et c'est une chose qu'il savoit très-bien faire ; il ne se plaignit que de son malheur.

M. le duc d'Orléans, désespéré, désolé de retourner sans avoir rien fait, propose le siége de Lérida. M. le maréchal de Berwick, qui n'en étoit point du tout d'avis, exposa à M. le duc d'Orléans ses raisons avec force ; il proposa même de consulter la cour. Le siége de Lérida fut résolu. Dès ce moment M. le duc de Berwick ne vit plus d'obstacles : il savoit que, si la prudence est la première de toutes les vertus avant que d'entreprendre, elle n'est que la seconde après que l'on a entrepris. Peut-être que s'il eût lui-même résolu ce siége, il auroit moins craint de le lever. M. le duc d'Orléans finit la campagne avec gloire. Et ce qui auroit infailliblement brouillé deux hommes communs ne fit qu'unir ces deux-ci ; et je me souviens d'avoir entendu dire au maréchal que l'origine de la faveur qu'il avoit eue auprès de M. le duc d'Orléans étoit la campagne de 1707.

En 1708, M. le maréchal de Berwick, d'abord destiné à commander l'armée du Dauphiné, fut envoyé sur le Rhin pour commander sous l'électeur de Bavière. Il avoit fait tomber un projet de

M. de Chamillard, dont l'incapacité consistoit surtout à ne point connoître son incapacité. Le prince Eugène ayant quitté l'Allemagne pour aller en Flandre, M. le maréchal de Berwick l'y suivit. Après la perte de la bataille d'Oudenarde, les ennemis firent le siége de Lille; et pour lors M. le maréchal de Berwick joignit son armée à celle de M. de Vendôme. Il fallut des miracles sans nombre pour nous faire perdre Lille. M. le duc de Vendôme étoit irrité contre M. le maréchal de Berwick, qui avoit fait difficulté de servir sous lui. Depuis ce temps aucun avis de M. le maréchal de Berwick ne fut accepté par M. le duc de Vendôme, et son âme, si grande d'ailleurs, ne conserva plus qu'un ressentiment vif de l'espèce d'affront qu'il croyoit avoir reçu. M. le duc de Bourgogne et le roi, toujours partagés entre des propositions contradictoires, ne savoient prendre d'autre parti que de déférer au sentiment de M. de Vendôme. Il fallut que le roi envoyât à l'armée, pour concilier les généraux, un ministre qui n'avoit point d'yeux: il fallut que cette maladie de la nature humaine, de ne pouvoir souffrir le bien lorsqu'il est fait par des gens que l'on n'aime pas, infestât pendant toute cette campagne le cœur et l'esprit de M. le duc de Vendôme: il fallut qu'un lieutenant-général eût assez de faveur à la cour pour pouvoir faire à l'armée deux sottises l'une après l'autre, qui seront mémorables dans tous les temps, sa défaite et sa capitulation : il fallut que le siége de Bruxelles eût été rejeté d'abord, et qu'il eût été entrepris depuis ; que l'on résolût de garder en même temps l'Escaut et le canal, c'est-à-dire de ne garder rien. Enfin le procès entre ces deux grands hommes existe ; les lettres écrites par le roi, par M. le duc de Bourgogne, par M. le duc de Vendôme, par M. le duc de Berwick, par M. de Chamillard, existent aussi : on verra qui des deux manqua de sang-froid, et j'oserois peut-être même dire de raison. A Dieu ne plaise que je veuille mettre en question les qualités éminentes de M. le duc de Vendôme ! si M. le maréchal de Berwick revenoit au monde, il en seroit fâché. Mais je dirai dans cette occasion ce qu'Homère dit de Glaucus : Jupiter ôta la prudence à Glaucus, et il changea un bouclier d'or contre un bouclier d'airain. Ce bouclier d'or, M. de Vendôme avant cette campagne l'avoit toujours conservé, et il le retrouva depuis.

En 1709, M. le maréchal de Berwick fut envoyé pour couvrir les frontières de la Provence et du Dauphiné : et quoique M. de Chamillard, qui affamoit tout, eût été déplacé, il n'y avoit ni argent, ni provisions de guerre et de bouche ; il fit si bien, qu'il en trouva. Je me souviens de lui avoir ouï dire que dans sa détresse il enleva une voiture d'argent qui alloit de Lyon au trésor royal ;

et il disoit à M. d'Angervilliers, qui étoit son intendant dans ce temps, que dans la règle ils auroient mérité tous deux qu'on leur fît leur procès. M. Desmarais cria : il répondit qu'il falloit faire subsister une armée qui avoit le royaume à sauver.

M. le maréchal de Berwick imagina un plan de défense tel, qu'il étoit impossible de pénétrer en France de quelque côté que ce fût, parce qu'il faisoit la corde, et que le duc de Savoie étoit obligé de faire l'arc. Je me souviens qu'étant en Piémont, les officiers qui avoient servi dans ce temps-là donnoient cette raison comme les ayant toujours empêchés de pénétrer en France ; ils faisoient l'éloge du maréchal de Berwick, et je ne le savois pas.

M. le maréchal de Berwick, par ce plan de défense, se trouva en état de n'avoir besoin que d'une petite armée, et d'envoyer au roi vingt bataillons : c'étoit un grand présent dans ce temps-là.

Il y auroit bien de la sottise à moi de juger de sa capacité pour la guerre, c'est-à-dire pour une chose que je ne puis entendre. Cependant, s'il m'étoit permis de me hasarder, je dirois que, comme chaque grand homme, outre sa capacité générale, a encore un talent particulier dans lequel il excelle, et qui fait sa vertu distinctive ; je dirois que le talent particulier de M. le maréchal de Berwick étoit de faire une guerre défensive, de relever des choses désespérées, et de bien connoître toutes les ressources que l'on peut avoir dans les malheurs. Il falloit bien qu'il sentît ses forces à cet égard : je lui ai souvent entendu dire que la chose qu'il avoit toute sa vie le plus souhaitée, c'étoit d'avoir une bonne place à défendre.

La paix fut signée à Utrecht en 1713. Le roi mourut le premier de septembre 1715 : M. le duc d'Orléans fut régent du royaume. M. le maréchal de Berwick fut envoyé commander en Guienne. Me permettra-t-on de dire que ce fut un grand bonheur pour moi, puisque c'est là où je l'ai connu?

Les tracasseries du cardinal Alberoni firent naître la guerre que M. le maréchal de Berwick fit sur les frontières d'Espagne. Le ministère ayant changé par la mort de M. le duc d'Orléans, on lui ôta le commandement de Guienne. Il partagea son temps entre la cour, Paris, et sa maison de Fitz-James. Cela me donnera lieu de parler de l'homme privé, et de donner, le plus courtement que je pourrai, son caractère.

Il n'a guère obtenu de grâces sur lesquelles il n'ait été prévenu. Quand il s'agissoit de ses intérêts, il falloit tout lui dire.... Son air froid, un peu sec, et même quelquefois un peu sévère, faisoit que quelquefois il auroit semblé un peu déplacé dans notre nation, si les grandes âmes et le mérite personnel avoient un pays.

Il ne savoit jamais dire de ces choses qu'on appelle jolies choses. Il étoit surtout exempt de ces fautes sans nombre que commettent continuellement ceux qui s'aiment trop eux-mêmes.... Il prenoit presque toujours son parti de lui-même : s'il n'avoit pas trop bonne opinion de lui, il n'avoit pas non plus de méfiance ; il se regardoit, il se connoissoit, avec le même bon sens qu'il voyoit toutes les autres choses.... Jamais personne n'a su mieux éviter les excès, ou, si j'ose me servir de ce terme, les piéges des vertus : par exemple, il aimoit les ecclésiastiques ; il s'accommodoit assez de la modestie de leur état ; il ne pouvoit souffrir d'en être gouverné, surtout s'ils passoient dans la moindre chose la ligne de leurs devoirs : il exigeoit plus d'eux qu'ils n'auroient exigé de lui.... Il étoit impossible de le voir et de ne pas aimer la vertu, tant on voyoit de tranquillité et de félicité dans son âme, surtout quand on la comparoit aux passions qui agitoient ses semblables.... J'ai vu de loin, dans les livres de Plutarque, ce qu'étoient les grands hommes ; j'ai vu en lui de plus près ce qu'ils sont. Je ne connois que sa vie privée : je n'ai point vu le héros, mais l'homme dont le héros est parti.... Il aimoit ses amis : sa manière étoit de rendre des services sans vous rien dire ; c'étoit une main invisible qui vous servoit... Il avoit un grand fonds de religion. Jamais homme n'a mieux suivi ces lois de l'Évangile qui coûtent le plus aux gens du monde : enfin jamais homme n'a tant pratiqué la religion, et n'en a si peu parlé.... Il ne disoit jamais de mal de personne : aussi ne louoit-il jamais les gens qu'il ne croyoit pas dignes d'être loués.... Il haissoit ces disputes qui, sous prétexte de la gloire de Dieu, ne sont que des disputes personnelles. Les malheurs du roi, son père, lui avoient appris qu'on s'expose à faire de grandes fautes lorsqu'on a trop de crédulité pour les gens même dont le caractère est le plus respectable.... Lorsqu'il fut nommé commandant en Guienne, la réputation de son sérieux nous effraya : mais à peine y fut-il arrivé, qu'il y fut aimé de tout le monde; et il n'y a pas de lieu où ses grandes qualités aient été plus admirées....

Personne n'a donné un plus grand exemple du mépris que l'on doit faire de l'argent.... Il avoit une modestie dans toutes ses dépenses qui auroit dû le rendre très à son aise, car il ne dépensoit en aucune chose frivole : cependant il étoit toujours arriéré, parce que, malgré sa frugalité naturelle, il dépensoit beaucoup. Dans ses commandemens, toutes les familles anglaises ou irlandaises pauvres, qui avoient quelque relation avec quelqu'un de sa maison, avoient une espèce de droit de s'introduire chez lui; et il est singulier que cet homme, qui savoit mettre un si grand ordre dans son armée, qui avoit tant de justesse dans ses projets, perdit tout cela quand il s'agissoit de ses intérêts particuliers.

Il n'étoit point du nombre de ceux qui tantôt se plaignent des auteurs d'une disgrâce, tantôt cherchent à les flatter; il alloit à celui dont il avoit sujet de se plaindre, lui disoit les sentimens de son cœur, après quoi il ne disoit rien....

Jamais rien n'a mieux représenté cet état où l'on sait que se trouva la France à la mort de M. de Turenne. Je me souviens du moment où cette nouvelle arriva : la consternation fut générale. Tous deux ils avoient laissé des desseins interrompus; tous les deux une armée en péril : tous les deux finirent d'une mort qui intéresse plus que les morts communes : tous les deux avoient ce mérite modeste pour lequel on aime à s'attendrir, et que l'on aime à regretter....

Il laissa une femme tendre, qui a passé le reste de sa vie dans les regrets, et des enfans qui par leur vertu font mieux que moi l'éloge de leur père.

M. le maréchal de Berwick a écrit ses mémoires; et, à cet égard, ce que j'ai dit dans l'*Esprit des Lois* (liv. XXI, chapitre 11) sur la relation d'Hannon, je puis le redire ici : « C'est un beau morceau « de l'antiquité que la relation d'Hannon : le même « homme qui a exécuté a écrit. Il ne met aucune

« ostentation dans ses récits : les grands capitaines
« écrivirent leurs actions avec simplicité, parce
« qu'ils sont plus glorieux de ce qu'ils ont fait que
« de ce qu'ils ont dit. »

Les grands hommes sont plus soumis que les autres à un examen rigoureux de leur conduite : chacun aime à les appeler devant son petit tribunal. Les soldats romains ne faisoient-ils pas de sanglantes railleries autour du char de la victoire ? Ils croyoient triompher même des triomphateurs. Mais c'est une belle chose pour le maréchal de Berwick, que les deux objections qu'on lui a faites ne soient uniquement fondées que sur son amour pour ses devoirs.

L'objection qu'on lui a faite de ce qu'il n'avoit pas été de l'expédition d'Écosse en 1715, n'est fondée que sur ce qu'on veut toujours regarder le maréchal de Berwick comme un homme sans patrie, et qu'on ne veut pas se mettre dans l'esprit qu'il étoit Français. Devenu Français du consentement de ses premiers maîtres, il suivit les ordres de Louis XIV, et ensuite ceux du régent de France. Il fallut faire taire son cœur, et suivre les grands principes : il vit qu'il n'étoit plus à lui; il vit qu'il n'étoit plus question de se déterminer sur ce qui étoit le bien convenable, mais sur ce qui étoit le bien nécessaire : il sut qu'il seroit jugé, il méprisa les jugemens injustes; ni la faveur populaire, ni la manière de penser de ceux qui pensent peu, ne le déterminèrent.

Les anciens qui ont traité des devoirs ne trouvent pas que la grande difficulté soit de les connoître, mais de choisir entre deux devoirs. Il suivit le devoir le plus fort, comme le destin. Ce sont des matières qu'on ne traite jamais que lorsqu'on est obligé de les traiter, parce qu'il n'y a rien dans le monde de plus respectable qu'un prince malheureux. Dépouillons la question : elle consiste à savoir si le prince, même rétabli, auroit été en droit de le rappeler. Tout ce que l'on peut dire de plus fort, c'est que la patrie n'abandonne jamais : mais cela même n'étoit pas le cas; il étoit proscrit par sa patrie lorsqu'il se fit naturaliser. Grotius, Puffendorf, toutes les voix par lesquelles l'Europe a parlé, décidoient la question, et lui déclaroient qu'il étoit Français et soumis aux lois de la France. La France avoit mis pour lors la paix pour fondement de son système politique. Quelle contradiction, si un pair du royaume, un maréchal de France, un gouverneur de province, avoit désobéi à la défense de sortir du royaume, c'est-à-dire avoit désobéi réellement pour paroître, aux yeux des Anglais seuls, n'avoir pas désobéi ! En effet, le maréchal de Berwick étoit, par ses dignités mêmes, dans des circonstances particulières ; et on ne pouvoit guère distinguer sa présence en Écosse d'avec une déclaration de guerre avec l'Angleterre. La France jugeoit qu'il n'étoit point de son intérêt que cette guerre se fît; qu'il en résulteroit une guerre qui embraseroit toute l'Europe. Comment pouvoit-il prendre sur lui le poids immense d'une démarche pareille ? On peut dire même que, s'il n'eût consulté que l'ambition, quelle plus grande ambition pouvoit-il avoir que le rétablissement de la maison de Stuart sur le trône d'Angleterre? On sait combien il aimoit ses enfans. Quelles délices pour son cœur, s'il avoit pu prévoir un troisième établissement en Angleterre !

S'il avoit été consulté pour l'entreprise même dans les circonstances d'alors, il n'en auroit pas été d'avis : il croyoit que ces sortes d'entreprises étoient de la nature de toutes les autres, qui doivent être réglées par la prudence, et qu'en ce cas une entreprise manquée a deux sortes de mauvais succès ; le malheur présent, et une plus grande difficulté pour entreprendre de réussir à l'avenir.

PENSÉES DIVERSES.

Mon fils, vous êtes assez heureux pour n'avoir ni à rougir ni à vous enorgueillir de votre naissance : la mienne est tellement proportionnée à ma fortune que je serois fâché que l'une ou l'autre fussent plus grandes.

Vous serez homme de robe ou d'épée. Comme vous devez rendre compte de votre état, c'est à vous de le choisir : dans la robe, vous trouverez plus d'indépendance ; dans le parti de l'épée, de plus grandes espérances.

Il vous est permis de souhaiter de monter à des postes plus éminens, parce qu'il est permis à chaque citoyen de souhaiter d'être en état de rendre de plus grands services à sa patrie : d'ailleurs une noble ambition est un sentiment utile à la société lorsqu'il se dirige bien. Comme le monde physique ne subsiste que parce que chaque partie de la matière tend à s'éloigner du centre, aussi le monde politique se soutient-il par le désir intérieur et inquiet que chacun a de sortir du lieu où il est placé. C'est en vain qu'une morale austère veut effacer les traits que le plus grand des ouvriers a gravés dans nos âmes : c'est à la morale qui veut travailler sur le cœur de l'homme à régler ses sentimens, et non pas à les détruire. Nos auteurs moraux sont presque tous outrés : ils parlent à l'entendement, et non pas à cette âme.

PORTRAIT DE MONTESQUIEU

PAR LUI-MÊME.

Une personne de ma connoissance disoit : Je vais faire une assez sotte chose, c'est mon portrait : je me connois assez bien.

Je n'ai presque jamais eu de chagrin, encore moins d'ennui.

Ma machine est si heureusement construite, que je suis frappé par tous les objets assez vivement pour qu'ils puissent me donner du plaisir, pas assez pour qu'ils puissent me causer de la peine.

J'ai l'ambition qu'il faut pour me faire prendre part aux choses de cette vie; je n'ai point celle qui pourroit me faire trouver du dégoût dans le poste où la nature m'a mis.

Lorsque je goûte un plaisir, je suis affecté; et je suis toujours étonné de l'avoir recherché avec tant d'indifférence.

J'ai été dans ma jeunesse assez heureux pour m'attacher à des femmes que j'ai cru qui m'aimoient; dès que j'ai cessé de le croire, je m'en suis détaché soudain.

L'étude a été pour moi le souverain remède contre les dégoûts de la vie, n'ayant jamais eu de chagrin qu'une heure de lecture n'ait dissipé.

Je m'éveille le matin avec une joie secrète de voir la lumière; je vois la lumière avec une espèce de ravissement; et tout le reste du jour je suis content. Je passe la nuit sans m'éveiller; et le soir, quand je vais au lit, une espèce d'engourdissement m'empêche de faire des réflexions.

Je suis presque aussi content avec des sots qu'avec des gens d'esprit : car il y a peu d'hommes si ennuyeux qui ne m'aient amusé; très-souvent il n'y a rien de si amusant qu'un homme ridicule.

Je ne hais pas de me divertir en moi-même des hommes que je vois, sauf à eux à me prendre à leur tour pour ce qu'ils veulent.

J'ai eu d'abord pour la plupart des grands une crainte puérile; dès que j'ai eu fait connoissance, j'ai passé presque sans milieu jusqu'au mépris.

J'ai assez aimé à dire aux femmes des fadeurs, et à leur rendre des services qui coûtent si peu.

J'ai eu naturellement de l'amour pour le bien et l'honneur de ma patrie, et peu pour ce qu'on appelle la gloire; j'ai toujours senti une joie secrète lorsqu'on a fait quelque réglement qui alloit au bien commun.

Quand j'ai voyagé dans les pays étrangers, je m'y suis attaché comme au mien propre, j'ai pris part à leur fortune, et j'aurois souhaité qu'ils fussent dans un état florissant.

J'ai cru trouver de l'esprit à des gens qui passoient pour n'en point avoir.

Je n'ai pas été fâché de passer pour distrait; cela m'a fait hasarder bien des négligences qui m'auroient embarrassé.

J'aime les maisons où je puis me tirer d'affaire avec mon esprit de tous les jours.

Dans les conversations et à table, j'ai toujours été ravi de trouver un homme qui voulût prendre la peine de briller : un homme de cette espèce présente toujours le flanc, et tous les autres sont sous le bouclier.

Rien ne m'amuse plus que de voir un conteur ennuyeux faire une histoire circonstanciée sans quartier : je ne suis pas attentif à l'histoire, mais à la manière de la faire. Pour la plupart des gens, j'aime mieux les approuver que de les écouter.

Je n'ai jamais voulu souffrir qu'un homme d'esprit s'avisât de me railler deux fois de suite.

J'ai assez aimé ma famille pour faire ce qui alloit au bien dans les choses essentielles; mais je me suis affranchi des menus détails.

Quoique mon nom ne soit ni bon ni mauvais, n'ayant guère que deux cent cinquante ans de noblesse prouvée, cependant j'y suis attaché, et je serois homme à faire des substitutions.

Quand je me fie à quelqu'un, je le fais sans réserve ; mais je me fie à très-peu de personnes.

Ce qui m'a toujours donné une assez mauvaise opinion de moi, c'est qu'il y a fort peu d'états dans la république auxquels j'eusse été véritablement propre. Quant à mon métier de président, j'ai le cœur très-droit : je comprenois assez les questions elles-mêmes ; mais quant à la procédure, je n'y entendois rien. Je m'y suis pourtant appliqué ; mais ce qui m'en dégoûtoit le plus, c'est que je voyois à des bêtes le même talent qui me fuyoit, pour ainsi dire.

Ma machine est tellement composée, que j'ai besoin de me recueillir dans toutes les matières un peu abstraites ; sans cela mes idées se confondent : et, si je sens que je suis écouté, il me semble dès lors que toute la question s'évanouit devant moi ; plusieurs traces se réveillent à la fois, il résulte de là qu'aucune trace n'est réveillée. Quant aux conversations de raisonnement où les sujets sont toujours coupés et recoupés, je m'en tire assez bien.

Je n'ai jamais vu couler de larmes sans en être attendri.

Je suis amoureux de l'amitié.

Je pardonne aisément, par la raison que je ne

suis pas haineux : il me semble que la haine est douloureuse. Lorsque quelqu'un a voulu se réconcilier avec moi, j'ai senti ma vanité flattée, et j'ai cessé de regarder comme ennemi un homme qui me rendoit le service de me donner bonne opinion de moi.

Dans mes terres, avec mes vassaux, je n'ai jamais voulu que l'on m'aigrît sur le compte de quelqu'un. Quand on m'a dit, si vous saviez les discours qui ont été tenus!..... Je ne veux pas les savoir, ai-je répondu. Si ce qu'on vouloit rapporter étoit faux, je ne voulois pas courir le risque de le croire : si c'étoit vrai, je ne voulois pas prendre la peine de haïr un faquin.

A l'âge de trente-cinq ans j'aimois encore.

Il m'est aussi impossible d'aller chez quelqu'un dans des vues d'intérêt, qu'il m'est impossible de rester dans les airs.

Quand j'ai été dans le monde, je l'ai aimé comme si je ne pouvois souffrir la retraite; quand j'ai été dans mes terres, je n'ai plus songé au monde.

Quand je vois un homme de mérite, je ne le décompose jamais; un homme médiocre qui a quelques bonnes qualités, je le décompose.

Je suis, je crois, le seul homme qui aie mis des livres au jour sans être touché de la réputation de bel esprit. Ceux qui m'ont connu savent que, dans mes conversations, je ne cherchois pas trop à le paroître, et que j'avois assez le talent de prendre la langue de ceux avec lesquels je vivois.

J'ai eu le malheur de me dégoûter très-souvent des gens dont j'avois le plus désiré la bienveillance.

Pour mes amis, à l'exception d'un seul, je les ai tous conservés.

Avec mes enfans, j'ai vécu comme avec mes amis.

J'ai eu pour principe de ne jamais faire par autrui ce que je pouvois par moi-même : c'est ce qui m'a porté à faire ma fortune par les moyens que j'avois dans mes mains, la modération et la frugalité, et non par des moyens étrangers, toujours bas ou injustes.

Quand on s'est attendu que je brillerois dans une conversation, je ne l'ai jamais fait : j'aimois mieux avoir un homme d'esprit pour m'appuyer, que des sots pour m'approuver.

Il n'y a point de gens que j'aie plus méprisés que les petits beaux esprits, et les grands qui sont sans probité.

Je n'ai jamais été tenté de faire un couplet de chanson contre qui que ce soit. J'ai fait en ma vie bien des sottises, et jamais de méchancetés.

Je n'ai point paru dépenser, mais je n'ai jamais été avare ; et je ne sache pas de chose assez peu difficile pour que je l'eusse faite pour gagner de l'argent.

Ce qui m'a toujours beaucoup nui, c'est que j'ai toujours méprisé ceux que je n'estimois pas.

Je n'ai pas laissé, je crois, d'augmenter mon bien ; j'ai fait de grandes améliorations à mes terres : mais je sentois que c'étoit plutôt pour une certaine idée d'habileté que cela me donnoit que pour l'idée de devenir plus riche.

En entrant dans le monde, on m'annonça comme un homme d'esprit, et je reçus un accueil assez favorable des gens en place : mais lorsque par le succès des *Lettres persanes* j'eus peut-être prouvé que j'en avois, et que j'eus obtenu quelque estime de la part du public, celle des gens en place se refroidit ; j'essuyai mille dégoûts. Comptez qu'intérieurement blessés de la réputation d'un homme célèbre, c'est pour s'en venger qu'ils l'humilient, et qu'il faut soi-même mériter beaucoup d'éloges pour supporter patiemment l'éloge d'autrui.

Je ne sache pas encore avoir dépensé quatre louis par air, ni fait une visite par intérêt. Dans ce que j'entreprenois, je n'employois que la prudence commune, et j'agissois moins pour ne pas manquer les affaires que pour ne pas manquer aux affaires.

Je ne me consolerois point de n'avoir pas fait

fortune, si j'étois né en Angleterre ; je ne suis point fâché de ne l'avoir pas faite en France.

J'avoue que j'ai trop de vanité pour souhaiter que mes enfans fassent un jour une grande fortune : ce ne seroit qu'à force de raison qu'ils pourroient soutenir l'idée de moi ; ils auroient besoin de toute leur vertu pour m'avouer, ils regarderoient mon tombeau comme le monument de leur honte. Je puis croire qu'ils ne le détruiroient pas de leurs propres mains ; mais ils ne le releveroient pas sans doute, s'il étoit à terre. Je serois l'achoppement éternel de la flatterie, et je les mettrois dans l'embarras vingt fois par jour ; ma mémoire seroit incommode, et mon ombre malheureuse tourmenteroit sans cesse les vivans.

La timidité a été le fléau de toute ma vie ; elle sembloit obscurcir jusqu'à mes organes, lier ma langue, mettre un nuage sur mes pensées, déranger mes expressions. J'étois moins sujet à ces abattemens devant des gens d'esprit que devant des sots : c'est que j'espérois qu'ils m'entendroient, cela me donnoit de la confiance. Dans les occasions, mon esprit, comme s'il avoit fait un effort, s'en tiroit assez bien. Étant à Laxembourg dans la salle où dînoit l'empereur, le prince Kinski me dit : « Vous, monsieur, qui venez de France, vous « êtes bien étonné de voir l'empereur si mal logé ? » — Monsieur, lui dis-je, je ne suis pas fâché de voir un pays où les sujets sont mieux logés que le maître..... Étant en Piémont, le roi Victor me dit : « Monsieur, vous êtes parent de M. l'abbé de « Montesquieu, que j'ai vu ici avec M. l'abbé d'Es- « trade? » — Sire, lui dis-je, votre majesté est comme César, qui n'avoit jamais oublié aucun nom..... Je dînois en Angleterre chez le duc de Richemond : le gentilhomme ordinaire La Boine, qui étoit un fat, quoique envoyé de France en Angleterre, soutint que l'Angleterre n'étoit pas plus grande que la Guienne. Je tançai mon envoyé. Le soir, la reine me dit : « Je sais que vous nous avez « défendus contre votre M. de La Boine. » — Madame, je n'ai pu m'imaginer qu'un pays où vous régnez ne fût pas un grand pays.

J'ai la maladie de faire des livres, et d'en être honteux quand je les ai faits.

Je n'ai pas aimé à faire ma fortune par le moyen de la cour; j'ai songé à la faire en faisant valoir mes terres, et à tenir toute ma fortune immédiatement de la main des dieux. N...., qui avoit de certaines fins, me fit entendre qu'on me donneroit une pension ; je dis que, n'ayant point fait de bassesses, je n'avois pas besoin d'être consolé par des grâces.

Je suis un bon citoyen ; mais, dans quelque pays que je fusse né, je l'aurois été tout de même. Je suis un bon citoyen, parce que j'ai toujours été content de l'état où je suis, que j'ai toujours approuvé ma fortune, que je n'ai jamais rougi d'elle, ni envié celle des autres. Je suis un bon citoyen, parce que j'aime le gouvernement où je suis né, sans le craindre, et que je n'en attends d'autre faveur que ce bien inestimable que je partage avec tous mes compatriotes ; et je rends grâces au ciel de ce qu'ayant mis en moi de la médiocrité en tout, il a bien voulu mettre un peu de modération dans mon âme.

S'il m'est permis de prédire la fortune de mon ouvrage[1], il sera plus approuvé que lu : de pareilles lectures peuvent être un plaisir, elles ne sont jamais un amusement. J'avois conçu le dessein de donner plus d'étendue et de profondeur à quelques endroits de mon *Esprit;* j'en suis devenu incapable : mes lectures m'ont affoibli les yeux ; et il me semble que ce qu'il me reste encore de lumière n'est que l'aurore du jour où ils se fermeront pour jamais.

Si je savois quelque chose qui me fût utile et qui fût préjudiciable à ma famille, je le rejetterois de mon esprit. Si je savois quelque chose qui fût utile à ma famille et qui ne le fût pas à ma patrie, je chercherois à l'oublier. Si je savois quelque chose utile à ma patrie et qui fût préjudiciable à

---

[1] L'Esprit des Lois.

l'Europe et au genre humain, je le regarderois comme un crime.

Je souhaite avoir des manières simples, recevoir des services le moins que je puis, et en rendre le plus qu'il m'est possible.

Je n'ai jamais aimé à jouir du ridicule des autres. J'ai été peu difficile sur l'esprit des autres. J'étois ami de presque tous les esprits, et ennemi de presque tous les cœurs.

J'aime mieux être tourmenté par mon cœur que par mon esprit.

Je fais faire une assez sotte chose ; c'est ma généalogie.

DES ANCIENS.

J'avoue mon goût pour les anciens; cette antiquité m'enchante, et je suis toujours prêt à dire avec Pline : « C'est à Athènes que vous allez, res-« pectez les dieux. »

L'ouvrage divin de ce siècle, *Télémaque*, dans lequel Homère semble respirer, est une preuve sans réplique de l'excellence de cet ancien poète. Pope seul a senti la grandeur d'Homère.

Sophocle, Euripide, Eschyle, ont d'abord porté le genre d'invention au point que nous n'avons rien changé depuis aux règles qu'ils nous ont laissées, ce qu'ils n'ont pu faire sans une connoissance parfaite de la nature et des passions.

J'ai eu toute ma vie un goût décidé pour les ouvrages des anciens : j'ai admiré plusieurs critiques faites contre eux, mais j'ai toujours admiré les anciens. J'ai étudié mon goût, et j'ai examiné si ce n'étoit point un de ces goûts malades sur lesquels on ne doit faire aucun fond; mais plus j'ai examiné, plus j'ai senti que j'avois raison d'avoir senti comme j'ai senti.

Les livres anciens sont pour les auteurs, les nouveaux pour les lecteurs.

Plutarque me charme toujours : il y a des circonstances attachées aux personnes, qui font grand plaisir.

Qu'Aristote ait été précepteur d'Alexandre, ou que Platon ait été à la cour de Syracuse, cela n'est rien pour leur gloire : la réputation de leur philosophie a absorbé tout.

Cicéron, selon moi, est un des plus grands esprits qui aient jamais été : l'âme toujours belle lorsqu'elle n'étoit pas foible.

Deux chefs-d'œuvre : la mort de César dans Plutarque, et celle de Néron dans Suétone. Dans l'une, on commence par avoir pitié des conjurés qu'on voit en péril, et ensuite de César qu'on voit assassiné. Dans celle de Néron, on est étonné de le voir obligé par degrés de se tuer, sans aucune cause qui l'y contraigne, et cependant de façon à ne pouvoir l'éviter.

Virgile, inférieur à Homère par la grandeur et la variété des caractères, par l'invention admirable, l'égale par la beauté de la poésie.

Belle parole de Sénèque : *Sic præsentibus utaris voluptatibus, ut futuris non noceas.*

La même erreur des Grecs inondoit toute leur philosophie ; mauvaise physique, mauvaise morale, mauvaise métaphysique. C'est qu'ils ne sentoient pas la différence qu'il y a entre les qualités positives et les qualités relatives. Comme Aristote s'est trompé avec son sec, son humide, son chaud, son froid, Platon et Socrate se sont trompés avec leur beau, leur bon, leur sage : grande découverte qu'il n'y avoit pas de qualité positive.

Les termes de beau, de bon, de noble, de grand, de parfait, sont des attributs des objets, lesquels sont relatifs aux êtres qui les considèrent. Il faut bien se mettre ce principe dans la tête ; il est l'éponge de presque tous les préjugés ; c'est le fléau de la philosophie ancienne, de la physique d'Aristote, de la métaphysique de Platon : et si on lit les dialogues de ce philosophe, on trouvera qu'ils ne sont qu'un tissu de sophismes faits par l'ignorance de ce principe. Malebranche est tombé dans mille sophismes pour l'avoir ignoré.

Jamais philosophe n'a mieux fait sentir aux hommes les douceurs de la vertu et la dignité de leur être que Marc Antonin : le cœur est touché, l'âme agrandie, l'esprit élevé.

Plagiat : avec très-peu d'esprit on peut faire cette objection-là. Il n'y a plus d'originaux, grâce aux petits génies. Il n'y a pas de poète qui n'ait tiré toute sa philosophie des anciens. Que deviendroient les commentateurs sans ce privilége? Ils ne pourroient pas dire : Horace a dit ceci..... Ce passage se rapporte à tel autre de Théocrite, où il est dit..... Je m'engage de trouver dans Cardan les pensées de quelque auteur que ce soit, le moins subtil.

On aime à lire les ouvrages des anciens pour voir d'autres préjugés.

Il faut réfléchir sur la *Politique* d'Aristote et sur les *deux Républiques* de Platon, si l'on veut avoir une juste idée des lois et des mœurs des anciens Grecs.

Les chercher dans leurs historiens, c'est comme si nous voulions trouver les nôtres en lisant les guerres de Louis XIV.

République de Platon, pas plus idéale que celle de Sparte.

Pour juger les hommes, il faut leur passer les préjugés de leur temps.

DES MODERNES.

Nous n'avons pas d'auteur tragique qui donne à l'âme de plus grands mouvemens que Crébillon, qui nous arrache plus à nous-mêmes, qui nous remplisse plus de la vapeur du dieu qui l'agite : il vous fait entrer dans le transport des bacchantes. On ne sauroit juger son ouvrage, parce qu'il commence par troubler cette partie de l'âme qui réfléchit. C'est le véritable tragique de nos jours, le seul qui sache bien exciter la véritable passion de la tragédie, *la terreur.* Un ouvrage original en fait toujours construire cinq ou six cents autres ; les derniers se servent des premiers à peu près comme les géomètres se servent de formules.

J'ai entendu la première représentation d'*Inès de Castro*, de M. de La Motte. J'ai bien vu qu'elle n'a réussi qu'à force d'être belle, et qu'elle a plu aux spectateurs malgré eux. On peut dire que la grandeur de la tragédie, le sublime et le beau, y règnent partout. Il y a un second acte qui, à mon goût, est plus beau que tous les autres : j'y ai trouvé un art souvent caché qui ne se dévoile pas à la première représentation, et je me suis senti plus touché la dernière fois que la première.

Je me souviens qu'en sortant d'une pièce intitulée *Ésope à la cour*, je fus si pénétré du désir d'être plus honnête homme, que je ne sache pas avoir formé une résolution plus forte; bien différent de cet ancien, qui disoit qu'il n'étoit jamais sorti des spectacles aussi vertueux qu'il y étoit entré. C'est qu'ils ne sont plus la même chose.

Dans la plupart des auteurs, je vois l'homme qui écrit; dans Montaigne, l'homme qui pense.

Les maximes de La Rochefoucauld sont les proverbes des gens d'esprit.

Ce qui commence à gâter notre comique, c'est que nous voulons chercher le ridicule des passions, au lieu de chercher le ridicule des manières. Or, les passions ne sont pas des ridicules par elles-mêmes. Quand on dit qu'il n'y a point de qualités absolues, cela ne veut pas dire qu'il n'y en a point réellement, mais que notre esprit ne peut pas les déterminer.

Quel siècle que le nôtre, où il y a tant de critiques et de juges, et si peu de lecteurs!

Voltaire n'est pas beau, il n'est que joli; il seroit honteux pour l'académie que Voltaire en fût, et il lui sera quelque jour honteux qu'il n'en ait pas été.

Les ouvrages de Voltaire sont comme les visages mal proportionnés qui brillent de jeunesse.

Voltaire n'écrira jamais une bonne histoire. Il est comme les moines, qui n'écrivent pas pour le sujet qu'ils traitent, mais pour la gloire de leur ordre. Voltaire écrit pour son couvent.

Charles XII, toujours dans le prodige, étonne et n'est pas grand. Dans cette histoire, il y a un morceau admirable, la retraite de Schulembourg, morceau écrit aussi vivement qu'il y en ait. L'auteur manque quelquefois de sens.

Plus le poème de *la Ligue* (premier titre de la *Henriade*) paroît être *l'Enéide*, moins il l'est.

Toutes les épithètes de J.-B. Rousseau disent beaucoup; mais elles disent toujours trop, et expriment toujours au-delà.

Parmi les auteurs qui ont écrit sur l'histoire de France, les uns avoient peut-être trop d'érudition pour avoir assez de génie, et les autres trop de génie pour avoir assez d'érudition.

S'il faut donner le caractère de nos poètes, je compare Corneille à Michel-Ange, Racine à Raphaël, Marot au Corrége, La Fontaine au Titien, Despréaux au Dominiquin, Crébillon au Guerchin, Voltaire au Guide, Fontenelle au Bernin; Chapelle, La Fare, Chaulieu au Parmesan; Regnier au Georgion, La Motte à Rembrandt; Chapelain est au-dessous d'Albert Durer. Si nous avions un Milton, je le comparerois à Jules Romain; si nous avions le Tasse, nous le comparerions au Carrache; si nous avions l'Arioste, nous ne le comparerions à personne, parce que personne ne peut lui être comparé.

Un honnête homme (M. Rollin) a, par ses ouvrages d'histoire, enchanté le public. C'est le cœur qui parle au cœur; on sent une secrète satisfaction d'entendre parler la vertu : c'est l'abeille de la France.

Je n'ai guère donné mon jugement que sur les auteurs que j'estimois, n'ayant guère lu, autant qu'il m'a été possible, que ceux que j'ai crus les meilleurs.

On parloit devant Montesquieu du roman de *Don Quichotte*. « Le meilleur livre des Espagnols, « dit-il, est celui qui se moque de tous les autres. »

DES GRANDS HOMMES DE FRANCE.

Nous n'avons pas laissé d'avoir en France de ces hommes rares qui auroient été avoués des Romains.

La foi, la justice et la grandeur d'âme montèrent sur le trône avec Louis IX.

Tanneguy du Châtel abandonna les emplois dès que la voix publique s'éleva contre lui; il quitta sa patrie sans se plaindre, pour lui épargner ses murmures.

Le chancelier Olivier introduisit la justice jusque dans le conseil des rois, et la politique plia devant elle.

La France n'a jamais eu de meilleur citoyen que Louis XII.

Le cardinal d'Amboise trouva les intérêts du peuple dans ceux du roi, et les intérêts du roi dans ceux du peuple.

Charles VIII connut, dans la première jeunesse même, toutes les vanités de la jeunesse.

Le chancelier de l'Hôpital, tel que les lois, fut sage comme elles dans une cour qui n'étoit calmée que par les plus profondes dissimulations, ou agitée que par les passions les plus violentes.

On vit dans La Noue un grand citoyen au milieu des discordes civiles.

L'amiral de Coligny fut assassiné, n'ayant dans le cœur que la gloire de l'état ; et son sort fut tel, qu'après tant de rébellions il ne put être puni que par un grand crime.

Les Guises furent extrêmes dans le bien et dans le mal qu'ils firent à l'état. Heureuse la France, s'ils n'avoient pas senti couler dans leurs veines le sang de Charlemagne !

Il semble que l'âme de Miron, prévôt des marchands, fût celle de tout le peuple.

César auroit été comparé à M. le prince, s'il étoit venu après lui.

Henri IV..... Je n'en dirai rien, je parle à des Français.

Molé montra de l'héroïsme dans une condition

qui ne s'appuie ordinairement que sur d'autres vertus.

Turenne n'avoit point de vices; et peut-être que, s'il en avoit eu, il auroit porté certaines vertus plus loin. Sa vie est un hymne à la louange de l'humanité.

Le caractère de Montausier a quelque chose des anciens philosophes, et de cet excès de leur raison.

Le maréchal de Catinat a soutenu la victoire avec modestie, et la disgrâce avec majesté, grand encore après la perte de sa réputation même.

Vendôme n'a jamais eu rien à lui que sa gloire.

Fontenelle, autant au-dessus des autres hommes par son cœur, qu'au-dessus des hommes de lettres par son esprit.

Louis XIV, ni pacifique, ni guerrier : il avoit les formes de la justice, de la politique, de la dévotion, et l'air d'un grand roi. Doux avec ses domestiques, libéral avec ses courtisans, avide avec ses peuples, inquiet avec ses ennemis, despotique dans sa famille, roi dans sa cour, dur dans ses conseils, enfant dans celui de conscience, dupe de tout ce qui joue le prince, les ministres, les femmes et les dévots; toujours gouvernant, et toujours gouverné, malheureux dans ses choix, aimant les sots, souffrant les talens, craignant l'esprit; sérieux dans ses amours, et, dans son dernier attachement, foible à faire pitié ; aucune force d'esprit dans les succès ; de la sécurité dans les revers, du courage dans sa mort. Il aima la gloire et la religion, et on l'empêcha toute sa vie de connoître ni l'une ni l'autre. Il n'auroit eu presque aucun de ces défauts, s'il avoit été un peu mieux élevé, et s'il avoit eu un peu plus d'esprit. Il avoit l'âme plus grande que l'esprit. Madame de Maintenon abaissoit sans cesse cette âme pour la mettre à son point.

Les plus méchans citoyens de France furent Richelieu et Louvois. J'en nommerois un troisième [1] ; mais épargnons-le dans sa disgrâce.

DE LA RELIGION.

Dieu est comme ce monarque qui a plusieurs nations dans son empire ; elles viennent toutes lui porter un tribut, et chacune lui parle sa langue, religion diverse.

Quand l'immortalité de l'âme seroit une erreur, je serois fâché de ne pas la croire : j'avoue que je ne suis pas si humble que les athées. Je ne sais comment ils pensent ; mais pour moi je ne veux pas troquer l'idée de mon immortalité contre celle de la béatitude d'un jour. Je suis charmé de me croire immortel comme Dieu même. Indépen-

---

[1] M. de Maurepas.

damment des idées révélées, les idées métaphysiques me donnent une très-forte espérance de mon bonheur éternel, à laquelle je ne voudrois pas renoncer.

La dévotion est une croyance qu'on vaut mieux qu'un autre.

Il n'y a pas de nation qui ait plus besoin de religion que les Anglais. Ceux qui n'ont pas peur de se pendre doivent avoir la peur d'être damnés.

La dévotion trouve, pour faire de mauvaises actions, des raisons qu'un simple honnête homme ne sauroit trouver.

Ce que c'est que d'être modéré dans ses principes! Je passe en France pour avoir peu de religion, en Angleterre pour en avoir trop.

Ecclésiastiques: flatteurs des princes, quand ils ne peuvent être leurs tyrans.

Les ecclésiastiques sont intéressés à maintenir les peuples dans l'ignorance; sans cela, comme l'Évangile est simple, on leur diroit : Nous savons tout cela comme vous.

J'appelle la dévotion une maladie du cœur, qui donne à l'âme une folie dont le caractère est le plus aimable de tous.

L'idée des faux miracles vient de notre orgueil, qui nous fait croire que nous sommes un objet assez important pour que l'Être suprême renverse pour nous toute la nature; c'est ce qui nous fait regarder notre nation, notre ville, notre armée, comme plus chères à la Divinité. Ainsi nous voulons que Dieu soit un être partial qui se déclare sans cesse pour une créature contre l'autre, et qui se plaît à cette espèce de guerre. Nous voulons qu'il entre dans nos querelles aussi vivement que nous, et qu'il fasse à tout moment des choses dont la plus petite mettroit toute la nature en engourdissement.

Trois choses incroyables parmi les choses incroyables : le pur mécanisme des bêtes, l'obéissance passive, et l'infaillibilité du pape.

DES JÉSUITES.

Si les Jésuites étoient venus avant Luther et Calvin, ils auroient été les maîtres du monde. Beau livre que celui d'un André cité par Athénée, *De iis quæ falsò creduntur.*

J'ai peur des jésuites. Si j'offense quelque grand, il m'oubliera, je l'oublierai ; je passerai dans une autre province, dans un autre royaume : mais si j'offense les jésuites à Rome, je les trouverai à Paris, partout ils m'environnent ; la coutume qu'ils ont de s'écrire sans cesse entretient leurs inimitiés.

Pour exprimer une grande imposture, les Anglais disent : Cela est jésuitiquement faux.

DES ANGLAIS ET DES FRANÇAIS.

Les Anglais sont occupés; ils n'ont pas le temps d'être polis.

Les Français sont agréables ; ils se communiquent, sont variés, se livrent dans leurs discours, se promènent, marchent, courent, et vont toujours jusqu'à ce qu'ils soient tombés.

Les Anglais sont des génies singuliers; ils n'imiteront pas même les anciens qu'ils admirent : leurs pièces ressemblent bien moins à des productions régulières de la nature, qu'à ces jeux dans lesquels elle a suivi des hasards heureux.

A Paris on est étourdi par le monde; on ne connoît que les manières, et on n'a pas le temps de connoître les vices et les vertus.

Si l'on me demande quels préjugés ont les Anglais, en vérité je ne saurois dire lequel, ni la guerre, ni la naissance, ni les dignités, ni les hommes à bonnes fortunes, ni le délire de la faveur des ministres : ils veulent que les hommes soient hommes ; ils n'estiment que deux choses, les richesses et le mérite.

J'appelle génie d'une nation les mœurs et le caractère d'esprit des différens peuples dirigés par l'influence d'une même cour et d'une même capitale. Un Anglais, un Français, un Italien, trois esprits.

VARIÉTÉS.

Je ne puis comprendre comment les princes croient si aisément qu'ils sont tout, et comment les peuples sont si prêts à croire qu'ils ne sont rien.

Aimer à lire, c'est faire un échange des heures d'ennui que l'on doit avoir en sa vie contre des heures délicieuses.

Malheureuse condition des hommes! à peine l'esprit est-il parvenu à sa maturité, que le corps commence à s'affoiblir.

On demandoit à Chirac (médecin) si le commerce des femmes étoit malsain. Non, disoit-il, pourvu qu'on ne prenne pas de drogues; mais je préviens que le changement est une drogue.

C'est l'effet d'un mérite extraordinaire d'être dans tout son jour auprès d'un mérite aussi grand.

Montesquieu grondoit un jour très-vivement ses domestiques. Il se retourne tout à coup en riant vers un témoin de cette scène : Ce sont, dit-il, des horloges qu'on a besoin quelquefois de remonter.

Un homme qui écrit bien n'écrit pas comme on écrit, mais comme il écrit : et c'est souvent en parlant mal qu'il parle bien.

Voici comme je définis le talent : un don que

Dieu nous a fait en secret, et que nous révélons sans le savoir.

Les grands seigneurs ont des plaisirs, le peuple a de la joie.

Outre le plaisir que le vin nous fait, nous devons encore à la joie des vendanges le plaisir des comédies et des tragédies.

Je disois à un homme : Fi donc! vous avez les sentimens aussi bas qu'un homme de qualité. M.... est si doux, qu'il me semble voir un ver qui file de la soie.

Quand on court après l'esprit, on attrape la sottise.

Quand on a été femme à Paris, on ne peut pas être femme ailleurs.

Ma fille disoit très-bien : Les mauvaises manières ne sont dures que la première fois.

La France se perdra par les gens de guerre.

Je disois à madame du Châtelet : Vous vous empêchez de dormir pour apprendre la philosophie ; il faudroit au contraire étudier la philosophie pour apprendre à dormir.

Si un Persan ou un Indien venoit à Paris, il faudroit six mois pour lui faire comprendre ce que c'est qu'un abbé commendataire qui bat le pavé de Paris.

L'attente est une chaîne qui lie tous nos plaisirs.

Par malheur, trop peu d'intervalle entre le

temps où l'on est trop jeune et celui où l'on est trop vieux.

Il faut avoir beaucoup étudié pour savoir peu.

J'aime les paysans; ils ne sont pas assez savans pour raisonner de travers.

Sur ceux qui vivent avec leurs laquais, j'ai dit : Les vices ont bien leur pénitence.

Les quatre grands poètes, Platon, Malebranche, Shaftesbury, Montaigne!

Les gens d'esprit sont gouvernés par des valets, et les sots par des gens d'esprit.

On auroit dû mettre l'oisiveté continuelle parmi les peines de l'enfer; il me semble au contraire qu'on l'a mise parmi les joies du paradis.

Ce qui manque aux orateurs en profondeur, ils vous le donnent en longueur. Je n'aime pas les discours oratoires, ce sont des ouvrages d'ostentation.

Les médecins dont parle M. Friend dans son *Histoire de la Médecine*, sont parvenus à une grande vieillesse. Raisons physiques : 1° Les médecins sont portés à avoir de la tempérance; 2° ils préviennent les maladies dans les commencemens; 3° par leur état, ils font beaucoup d'exercice; 4° en voyant beaucoup de malades, leur tempérament se fait à tous les airs, et ils deviennent moins susceptibles de dérangement; 5° ils connoissent mieux le péril; 6° ceux dont la réputation est venue jusqu'à nous étoient habiles; ils ont donc été conduits par des gens habiles, c'est-à-dire eux-mêmes.

Sur les nouvelles découvertes, nous avons été bien loin pour des hommes.

Je disois sur les amis tyranniques et avantageux : L'amour a des dédommagemens que l'amitié n'a pas.

A quoi bon faire des livres pour cette petite terre, qui n'est guère plus grande qu'un point?

Contades, bas courtisan, même à la mort, n'écrivit-il pas au cardinal de Richelieu qu'il étoit content de mourir pour ne pas voir la fin d'un ministre comme lui? Il étoit courtisan par la force de la nature, et il croyoit en réchapper.

M..., parlant des beaux génies perdus dans le nombre des hommes, disoit : Comme des marchands, ils sont morts sans déplier.

Deux beautés communes se défont; deux grandes beautés se font valoir.

Presque toutes les vertus sont un rapport particulier d'un certain homme à un autre : par exemple, l'amitié, l'amour de la patrie, la pitié, sont des rapports particuliers; mais la justice est un rapport général. Or, toutes les vertus qui détruisent ce rapport ne sont point des vertus.

La plupart des princes et des ministres ont bonne volonté; ils ne savent comment s'y prendre.

Le succès de la plupart des choses dépend de savoir combien il faut de temps pour réussir.

Le prince doit avoir l'œil sur l'honnêteté publique, jamais sur les particuliers.

Il ne faut point faire par les lois ce qu'on peut faire par les mœurs.

Les préambules des édits de Louis XIV furent plus insupportables aux peuples que les édits mêmes.

Les princes ne devroient jamais faire d'apologies : ils sont toujours trop forts quand ils décident, et foibles quand ils disputent. Il faut qu'ils fassent toujours des choses raisonnables, et qu'ils raisonnent fort peu.

J'ai toujours vu que, pour réussir dans le monde, il falloit avoir l'air fou, et être sage.

En fait de parure, il faut toujours rester au-dessous de ce qu'on peut.

Je disois à Chantilly que je faisois maigre, par politesse; M. le duc étoit dévot.

Le souper tue la moitié de Paris; le dîner l'autre.

Je hais Versailles, parce que tout le monde y est petit; j'aime Paris, parce que tout le monde y est grand.

Si on ne vouloit qu'être heureux, cela seroit bientôt fait : mais on veut être plus heureux que les autres; et cela est presque toujours difficile, parce que nous croyons les autres plus heureux qu'ils ne sont.

Les gens qui ont beaucoup d'esprit tombent souvent dans le dédain de tout.

Je vois des gens qui s'effarouchent des digressions : je crois que ceux qui savent en faire sont comme les gens qui ont de grands bras, ils atteignent plus loin.

Deux espèces d'hommes : ceux qui pensent, et ceux qui amusent.

Une belle action est celle qui a de la bonté, et qui demande de la force pour la faire.

La plupart des hommes sont plus capables de grandes actions que de bonnes.

Le peuple est honnête dans ses goûts, sans l'être dans ses mœurs : nous voulons trouver des honnêtes gens, parce que nous voudrions qu'on le fût à notre égard.

La vanité des gens est aussi bien fondée que celle que je prendrois sur une aventure arrivée aujourd'hui chez le cardinal de Polignac, où je dînois. Il a pris la main de l'aîné de la maison de Lorraine, le duc d'Elbeuf; et après le dîner, quand le prince n'y a plus été, il me l'a donnée. Il me la donne à moi, c'est un acte de mépris; il l'a prise au prince, c'est une marque d'estime. C'est pour cela que les princes sont si familiers avec leurs domestiques : ils croient que c'est une faveur, c'est un mépris.

Les histoires sont des faits faux composés sur des faits vrais, ou bien à l'occasion des vrais.

D'abord les ouvrages donnent de la réputation à l'ouvrier, et ensuite l'ouvrier aux ouvrages.

Il faut toujours quitter les lieux un moment avant d'y attraper des ridicules. C'est l'usage du monde qui donne cela.

Dans les livres on trouve les hommes meilleurs qu'ils ne sont : amour propre de l'auteur, qui veut toujours passer pour plus honnête homme en jugeant en faveur de la vertu. Les auteurs sont des personnages de théâtre.

Il faut regarder son bien comme son esclave, mais il ne faut pas perdre son esclave.

On ne sauroit croire jusqu'où a été dans ce siècle la décadence de l'admiration.

Un certain esprit de gloire et de valeur se perd peu à peu parmi nous. La philosophie a gagné du terrain ; les idées anciennes d'héroïsme et de bravoure, et les nouvelles de chevalerie, se sont perdues. Les places civiles sont remplies par des gens qui ont de la fortune, et les militaires décréditées par des gens qui n'ont rien. Enfin c'est presque partout indifférent pour le bonheur d'être à un maître ou à un autre : au lieu qu'autrefois une défaite ou la prise de sa ville étoit jointe à la destruction ; il étoit question de perdre sa ville, sa femme et ses enfans. L'établissement du commerce des fonds publics, les dons immenses des princes, qui font qu'une infinité de gens vivent dans l'oisiveté, et obtiennent la considération même par leur oisiveté, c'est-à-dire par leurs agrémens; l'indifférence pour l'autre vie, qui entraîne dans la mollesse pour celle-ci, et nous rend insensibles et incapables de tout ce qui suppose un effort ; moins d'occasions de se distinguer ; une certaine façon méthodique de prendre des villes et de donner des batailles, la question n'étant que de faire une brèche et de se rendre quand elle est faite ; toute la guerre consistant plus dans l'art que dans les qualités personnelles de ceux qui se battent, l'on sait à chaque siége le nombre de soldats qu'on y laissera; la noblesse ne combat plus en corps.

Nous ne pouvons jamais avoir de règles dans nos finances, parce que nous savons toujours que nous ferons quelque chose, et jamais ce que nous ferons.

On n'appelle plus un grand ministre un sage dispensateur des revenus publics, mais celui qui a de l'industrie, et de ce qu'on appelle des expédiens.

L'on aime mieux ses petits-enfans que ses fils : c'est qu'on sait à peu près au juste ce qu'on tire de ses fils, la fortune et le mérite qu'ils ont ; mais on espère et l'on se flatte sur ses petits-fils.

Je n'aime pas les petits honneurs. On ne savoit pas auparavant ce que vous méritiez ; mais ils vous fixent, et décident au juste ce qui est fait pour vous.

Quand, dans un royaume, il y a plus d'avantage à faire sa cour qu'à faire son devoir, tout est perdu.

La raison pour laquelle les sots réussissent toujours dans leurs entreprises, c'est que, ne sachant pas et ne voyant pas quand ils sont impétueux, ils ne s'arrêtent jamais.

Remarquez bien que la plupart des choses qui nous font plaisir sont déraisonnables.

Les vieillards qui ont étudié dans leur jeunesse n'ont besoin que de se ressouvenir, et non d'apprendre.

On pourroit, par des changemens imperceptibles dans la jurisprudence, retrancher bien des procès. Le mérite console de tout.

J'ai ouï dire au cardinal Imperiali: Il n'y a point d'homme que la fortune ne vienne visiter une fois dans sa vie; mais lorsqu'elle ne le trouve pas prêt à la recevoir, elle entre par la porte, et sort par la fenêtre.

Les disproportions qu'il y a entre les hommes sont bien minces pour être si vains : les uns ont la goutte, d'autres la pierre; les uns meurent, d'autres vont mourir ; ils ont une même âme pendant l'éternité, et elles ne sont différentes que pendant un quart d'heure, et c'est pendant qu'elles sont jointes à un corps.

Le style enflé et emphatique est si bien le plus aisé, que, si vous voyez une nation sortir de la barbarie, vous verrez que son style donnera d'abord dans le sublime, et ensuite descendra au naïf. La difficulté du naïf est que le bas le côtoie : mais il y a une différence immense du sublime au naïf, et du sublime au galimatias.

Il y a bien peu de vanité à croire qu'on a besoin des affaires pour avoir quelque mérite dans le monde, et de ne se juger plus rien lorsqu'on ne peut plus se cacher sous le personnage d'homme public.

Les ouvrages qui ne sont point de génie ne prouvent que la mémoire ou la patience de l'auteur.

Partout où je trouve l'envie, je me fais un plaisir de la désespérer ; je loue toujours devant un envieux ceux qui le font pâlir.

L'héroïsme que la morale avoue ne touche que peu de gens ; c'est l'héroïsme qui détruit la morale, qui nous frappe et cause notre admiration.

Remarquez que tous les pays qui ont été beaucoup habités sont très-malsains : apparemment que les grands ouvrages des hommes, qui s'enfoncent dans la terre, canaux, caves, souterrains, reçoivent les eaux qui y croupissent.

Il y a certains défauts qu'il faut voir pour les sentir, tels que les habituels.

Horace et Aristote nous ont déjà parlé des vertus de leurs pères et des vices de leurs temps, et les auteurs de siècle en siècle nous en ont parlé de même. S'ils avoient dit vrai, les hommes seroient à présent des ours. Il me semble que ce qui fait ainsi raisonner tous les hommes, c'est que nous avons vu nos pères et nos maîtres qui nous corrigeoient. Ce n'est pas tout : les hommes ont si mauvaise opinion d'eux, qu'ils ont cru non seulement que leur esprit et leur âme avoient dégénéré, mais aussi leur corps, et qu'ils étoient devenus moins grands, et non seulement eux, mais les animaux. On trouve dans les histoires les hommes peints en beau, et on ne les trouve pas tels qu'on les voit.

La raillerie est un discours en faveur de son esprit contre son bon naturel.

Les gens qui ont peu d'affaires sont de très-grands parleurs. Moins on pense, plus on parle : ainsi les femmes parlent plus que les hommes ; à force d'oisiveté elles n'ont point à penser. Une nation où les femmes donnent le ton est une nation parleuse.

Je trouve que la plupart des gens ne travaillent

à faire une grande fortune que pour être au désespoir, quand ils l'ont faite, de ce qu'ils ne sont pas d'une illustre naissance.

Il y a autant de vices qui viennent de ce qu'on ne s'estime pas assez, que de ce que l'on s'estime trop.

Dans le cours de ma vie, je n'ai trouvé de gens communément méprisés que ceux qui vivoient en mauvaise compagnie.

Les observations sont l'histoire de la physique, les systèmes en sont la fable.

Plaire dans une conversation vaine et frivole est aujourd'hui le seul mérite ; pour cela le magistrat abandonne l'étude des lois ; le médecin croit être décrédité par l'étude de la médecine ; on fuit comme pernicieuse toute étude qui pourroit ôter le badinage.

Rire pour rien, et porter d'une maison dans l'autre une chose frivole, s'appelle science du monde. On craindroit de perdre celle-là, si l'on s'appliquoit à d'autres.

Tout homme doit être poli, mais aussi il doit être libre.

La pudeur sied bien à tout le monde ; mais il faut savoir la vaincre, et jamais la perdre.

Il faut que la singularité consiste dans une manière fixe de penser qui échappe aux autres, car un homme qui ne sauroit se distinguer que par une chaussure particulière, seroit un sot par tout pays.

On doit rendre aux auteurs qui nous ont paru originaux dans plusieurs endroits de leurs ouvrages, cette justice qu'ils ne se sont point abaissés à descendre jusqu'à la qualité de copistes.

Il y a trois tribunaux qui ne sont presque jamais d'accord : celui des lois, celui de l'honneur, celui de la religion.

Rien ne raccourcit plus les grands hommes que leur attention à de certains procédés personnels. J'en connois deux qui y ont été absolument insensibles, César, et le duc d'Orléans régent.

Je me souviens que j'eus autrefois la curiosité de compter combien de fois j'entendrois faire une petite histoire qui ne méritoit certainement pas d'être dite ni retenue : pendant trois semaines qu'elle occupa le monde poli, je l'entendis faire deux cent vingt-cinq fois, dont je fus très-content.

Un fonds de modestie rapporte un très-grand fonds d'intérêt.

Ce sont toujours les aventuriers qui font de grandes choses, et non pas les souverains des grands empires.

L'art de la politique rend-il nos histoires plus belles que celles des Romains et des Grecs?

Quand on veut abaisser un général, on dit qu'il

est heureux[1], mais il est beau que sa fortune fasse la fortune publique.

J'ai vu les galères de Livourne et de Venise, je n'y ai pas vu un seul homme triste. Cherchez à présent à vous mettre au cou un morceau de ruban bleu pour être heureux.

[1] Ce mot rappelle celui de Fontenelle, à qui on disoit, au sujet d'*Inès de Castro*, que la Motte étoit heureux. *Oui*, répondit-il ; *mais ce bonheur n'arrive jamais aux sots.*

NOTES
SUR L'ANGLETERRE [1].

Je partis le dernier octobre 1729 de la Haye ; je fis le voyage avec milord Chesterfield, qui voulut bien me proposer une place dans son yacht.

Le peuple de Londres mange beaucoup de viande ; cela le rend très-robuste ; mais à l'âge de quarante à quarante-cinq ans, il crève.

Il n'y a rien de si affreux que les rues de Londres, elles sont très-malpropres ; le pavé y est si mal entretenu qu'il est presque impossible d'y aller en carrosse, et qu'il faut faire son testament lorsqu'on va en fiacre, qui sont des voitures hautes comme un théâtre, où le cocher est plus haut encore, son siége étant de niveau à l'impériale. Ces fiacres s'enfoncent dans des trous, et il se fait un cahotement qui fait perdre la tête.

---

[1] Ces notes ont paru, pour la première fois, dans une édition in-8° de 1818.

Les jeunes seigneurs anglais sont divisés en deux classes : les uns savent beaucoup, parce qu'ils ont été long-temps dans les universités; ce qui leur a donné un air gêné avec une mauvaise honte. Les autres ne savent absolument rien, et ceux-là ne sont rien moins que honteux, et ce sont les petits-maîtres de la nation. En général les Anglais sont modestes.

———

Le 5 octobre 1730 (n. s.)[1], je fus présenté au prince, au roi et à la reine, à Kensington. La reine, après m'avoir parlé de mes voyages, parla du théâtre anglais; elle demanda à milord Chesterfield d'où vient que Shakespeare, qui vivoit du temps de la reine Élisabeth, avoit si mal fait parler les femmes et les avoit fait si sottes. Milord Chesterfield répondit fort bien que, dans ce temps-là, les femmes ne paroissoient pas sur le théâtre, et que c'étoit de mauvais acteurs qui jouoient ces rôles, ce qui faisoit que Shakespeare ne prenoit pas tant de peine à les faire bien parler. J'en dirois une autre raison; c'est que pour faire parler les femmes, il faut avoir l'usage du monde et des bienséances. Pour faire bien parler les héros, il ne faut qu'avoir l'usage des livres. La reine

[1] Nouveaux style.

me demanda s'il n'étoit pas vrai que, parmi nous, Corneille fût plus estimé que Racine? Je lui répondis que l'on regardoit ordinairement Corneille comme un plus grand esprit, et Racine comme un plus grand auteur.

———

Il me semble que Paris est une belle ville où il y a des choses plus laides, Londres une vilaine ville où il y a de très-belles choses.

———

A Londres, liberté et égalité. La liberté de Londres est la liberté des honnêtes gens, en quoi elle diffère de celle de Venise, qui est la liberté de vivre obscurément et avec des p.... et de les épouser : l'égalité de Londres est aussi l'égalité des honnêtes gens, en quoi elle diffère de la liberté de Hollande, qui est la liberté de la canaille.

———

Le *Craftsman* [1] est fait par Bolingbroke et par M. Pulteney. On le fait conseiller [2] par trois avocats avant de l'imprimer, pour savoir s'il y a quelque chose qui blesse la loi.

———

[1] Le *Craftsman* étoit un journal; *craftsman* signifie *artisan*.
[2] *Conseiller* est là pour examiner.

C'est une chose lamentable que les plaintes des étrangers, surtout des Français qui sont à Londres. Ils disent qu'ils ne peuvent y faire un ami; que, plus ils y restent, moins ils en ont; que leurs politesses sont reçues comme des injures. Kinski, les Broglie, La Vilette, qui appeloit à Paris milord Essex son fils, qui donnoit de petits remèdes à tout le monde, et demandoit à toutes les femmes des nouvelles de leur santé ; ces gens-là veulent que les Anglais soient faits comme eux : comment les Anglais aimeroient-ils les étrangers? ils ne s'aiment pas eux-mêmes. Comment nous donneroient-ils à dîner? ils ne se donnent pas à dîner entre eux. « Mais on vient dans un pays « pour y être aimé et honoré. » Cela n'est pas une chose nécessaire; il faut donc faire comme eux, vivre pour soi, comme eux, ne se soucier de personne, n'aimer personne, et ne compter sur personne. Enfin il faut prendre les pays comme ils sont : quand je suis en France, je fais amitié avec tout le monde; en Angleterre, je n'en fais à personne; en Italie, je fais des complimens à tout le monde; en Allemagne, je bois avec tout le monde.

On dit : En Angleterre, on ne me fait point amitié. Est-il nécessaire que l'on vous fasse des amitiés ?

Il faut à l'Anglais un bon dîner, une fille, de l'aisance ; comme il n'est pas répandu, et qu'il est borné à cela, dès que sa fortune se délabre, et qu'il ne peut plus avoir cela, il se tue ou se fait voleur.

Ce 15 mars (v. s.)[1]. Il n'y a guère de jour que quelqu'un ne perde le respect au roi d'Angleterre. Il y a quelques jours que milady Bell Molineux, maîtresse fille, envoya arracher des arbres d'une petite pièce de terre que la reine avoit achetée pour Kensington, et lui fit procès, sans avoir jamais voulu, sous quelque prétexte, s'accommoder avec elle, et fit attendre le secrétaire de la reine trois heures, lequel lui venoit dire que la reine n'avoit pas cru qu'elle eût un droit de propriété seigneuriale sur cette pièce, l'autre l'ayant pour trois vies, mais avec défense de la vendre.

Il me semble que la plupart des princes sont plus honnêtes gens que nous, parce qu'ils ont plus à perdre de leur réputation, étant regardés.

La corruption s'est mise dans toutes les conditions. Il y a trente ans qu'on n'entendoit pas parler

[1] Vieux style.

d'un voleur dans Londres; à présent il n'y a que cela. Le livre de Whiston contre les miracles du Sauveur, qui est lu du peuple, ne réformera pas les mœurs. Mais, comme on veut que l'on écrive contre les ministres d'état, on veut laisser la liberté de la presse.

Pour les ministres, ils n'ont point de projet fixe. A chaque jour suffit sa peine. Ils gouvernent jour par jour.

Du reste, une grande liberté extérieure. Milady Denham étant masquée, dit au roi : « A pro« pos, quand viendra donc le prince de Galles ? « Est-ce qu'on craint de le montrer? Seroit-il « aussi sot que son père et son grand-père ? » Le roi sut qui elle étoit, parce qu'il voulut le savoir de sa compagnie. Depuis ce temps, quand elle alloit à la cour, elle étoit pâle comme la mort.

———

L'argent est ici souverainement estimé; l'honneur et la vertu peu.

———

On ne sauroit envoyer ici des gens qui aient trop d'esprit. On se trompera toujours sans cela avec le peuple, et on ne le connoîtra point. Si on se livre à un parti, on y tient. Or, il y a cent millions de petits partis, comme de passions.

D'Hiberville, qui ne voyoit que des jacobites, se laissa entraîner à faire croire à la cour de France qu'on pourroit faire un parlement tory : il fut wigh, après beaucoup d'argent jeté, et cela fut cause, dit-on, de sa disgrâce. Les ministres de mon temps ne connoissoient pas plus l'Angleterre qu'un enfant de six mois. Kinski se trompoit toujours sur les mémoires de Torys. Comme on voit le diable dans les papiers périodiques, on croit que le peuple va se révolter demain; mais il faut seulement se mettre dans l'esprit qu'en Angleterre, comme ailleurs, le peuple est mécontent des ministres, et que le peuple y écrit ce que l'on pense ailleurs.

Je regarde le roi d'Angleterre comme un homme qui a une belle femme, cent domestiques, de beaux équipages, une bonne table; on le croit heureux. Tout cela est au dehors. Quand tout le monde est retiré, que la porte est fermée, il faut qu'il se querelle avec sa femme, avec ses domestiques, qu'il jure contre son maître d'hôtel; il n'est plus si heureux.

Quand je vais dans un pays, je n'examine pas s'il y a de bonnes lois, mais si on exécute celles qui y sont, car il y a de bonnes lois partout.

Comme les Anglais ont de l'esprit, sitôt qu'un ministre étranger en a peu, ils le méprisent d'abord, et soudain son affaire est faite, car ils ne reviennent pas du mépris.

Le roi a un droit sur les papiers qui courent, et qui sont au nombre d'une cinquantaine, de façon qu'il est payé pour les injures qu'on lui dit.

Comme on ne s'aime point ici à force de craindre d'être dupe, on devient dur.

Un couvreur se fait apporter la gazette sur les toits pour la lire.

———

Hier, 28 janvier 1730 (v. s.), M. Chipin parla dans la chambre des communes au sujet des troupes nationales; il dit qu'il n'y avoit qu'un tyran ou un usurpateur qui eût besoin de troupes pour se maintenir, et qu'ainsi c'étoient des moyens que le droit incontestable de S. M. ne pouvoit pas exiger. Sur les mots de tyran et d'usurpateur, toute la chambre fut étonnée, et lui les répéta une seconde fois; il dit ensuite qu'il n'aimoit pas les maximes hanovriennes... Cela étoit si vif que la chambre eut peur de quelque débat, de façon que tout le monde cria *aux voix*, afin d'arrêter le débat.

———

Lorsque le roi de Prusse voulut faire la guerre à Hanovre, on demanda pourquoi le roi de Prusse avoit soudain assemblé ses troupes avant d'avoir demandé satisfaction. Le roi de Prusse répondoit qu'il l'avoit fait demander deux ou trois fois, mais que le sieur de Reichtembach, son ministre, avoit toujours été rabroué et non écouté par le sieur Debouche, premier ministre, lequel avoit de l'aversion pour la couleur bleue. Or, il se trouva que le plus riche habit de Reichtembach, que je lui ai vu, étoit bleu; ce qui faisoit que ledit ministre ne pouvoit avoir un moment d'audience.

Il y a des membres écossais qui n'ont que deux cents livres sterling pour leur voix et la vendent à ce prix.

———

Les Anglais ne sont plus dignes de leur liberté. Ils la vendent au roi; et si le roi la leur redonnoit, ils la lui vendroient encore.

———

Un ministre ne songe qu'à triompher de son adversaire dans la chambre basse; et pourvu qu'il en vienne à bout, il vendroit l'Angleterre et toutes les puissances du monde.

———

Un gentilhomme nommé....., qui a quinze écus sterling de rente, avoit donné, à plusieurs temps, cent guinées, une guinée à lui en rendre dix lorsqu'il joueroit sur le théâtre. Jouer une pièce pour attraper mille guinées, et cette action infâme n'est pas regardée avec horreur! Il me semble qu'il se fait bien des actions extraordinaires en Angleterre; mais elles se font toutes pour avoir de l'argent. Il n'y a pas seulement d'honneur et de vertu ici; mais il n'y en a pas seulement d'idée; les actions extraordinaires en France, c'est pour dépenser de l'argent; ici c'est pour en acquérir.

Je ne juge pas de l'Angleterre par ces hommes; mais je juge de l'Angleterre par l'approbation qu'elle leur donne; et si ces hommes y étoient regardés comme ils le seroient en France, ils n'auroient jamais osé cela.

J'ai ouï dire à d'habiles gens que l'Angleterre, dans le temps où elle fait des efforts, n'est capable, sans se ruiner, de porter que cinq millions sterling de taxe; mais à présent, en temps de paix, elle en paie six.

J'allai avant-hier au parlement à la chambre basse; on y traita de l'affaire de Dunkerque. Je n'ai jamais vu un si grand feu. La séance dura depuis une heure après midi jusqu'à trois heures après minuit. Là, les Français furent bien mal menés ; je remarquai jusqu'où va l'affreuse jalousie qui est entre les deux nations. M. Walpole attaqua Bolingbroke de la façon la plus cruelle, et disoit qu'il avoit mené toute cette intrigue. Le chevalier Windham le défendit. M. Walpole raconta en faveur de Bolingbroke l'histoire du paysan qui, passant avec sa femme sous un arbre, trouva qu'un homme pendu respiroit encore. Il le détacha et le porta chez lui ; il revint. Ils trouvèrent le lendemain que cet homme leur avoit volé leurs fourchettes ; ils dirent : Il ne faut pas s'opposer au cours de la justice : il le faut rapporter où nous l'avons pris.

C'étoit de tout temps la coutume que les communes envoyoient deux bills aux seigneurs : l'un contre les mutins et les déserteurs, que les seigneurs passoient toujours ; l'autre contre la corruption, qu'ils rejetoient toujours. Dans la dernière séance, milord Thousand dit : Pourquoi nous chargeons-nous toujours de cette haine publique de rejeter toujours le bill ? il faut augmenter les peines, et faire le bill de manière que les communes le rejettent elles-mêmes : de façon que, par ces belles idées, les seigneurs augmentèrent la peine tant contre le corrupteur que le corrompu. Dix à cinq cents mirent que ce seroient les juges ordinaires qui jugeroient les élections, et non la chambre; qu'on suivroit toujours le dernier préjugé dans chaque cour. Mais les communes, qui sentoient peut-être l'artifice ou voulurent s'en prévaloir, le passèrent aussi, et la cour fut contrainte de faire de même. Depuis ce temps, la cour a perdu, dans les nouvelles élections qui ont été faites, plusieurs membres, lesquels ont été choisis parmi les gros propriétaires de fonds de terres; et il sera difficile de faire un nouveau parlement au gré de la cour; de façon que l'on voit que le plus corrompu des parlemens est celui qui a le plus assuré la liberté publique.

Ce bill est miraculeux, car il a passé contre la volonté des communes, des pairs et du roi.

Autrefois le roi avoit en Angleterre le quart des biens, les seigneurs un autre quart, le clergé un autre quart; ce qui faisoit que, les seigneurs et le clergé se joignant, le roi étoit toujours battu. Henri VII permit aux seigneurs d'aliéner, et le peuple acquit; ce qui éleva les communes. Il me semble que le peuple a eu, sous Henri VII, les biens de la noblesse; et, sous Henri VIII, la noblesse a eu les biens du clergé. Le clergé, sous le ministère de la reine Anne, a repris des forces, et il s'enrichit tous les ans de beaucoup. Le ministère anglais, qui vouloit avoir le clergé, obtint de la piété de la reine Anne qu'elle lui laisseroit de certains biens royaux, comme la première année du revenu de chaque évêché, et quelque autre chose, montant à quatorze mille livres sterling par an, pour suppléer aux pauvres bénéfices, avec cette clause que les ecclésiastiques y ont fait mettre : que tout bénéficier qui demanderoit l'application de partie de cette somme, seroit obligé d'en mettre autant de son bien pour augmenter le revenu du bénéfice ; et de plus, il a passé qu'on pourroit donner à l'église, même pas testament ; ce qui a abrogé l'ancienne loi, et fait que le clergé ne laisse pas de s'enrichir, malgré le peu de religion de l'Angleterre. Le ministère wigh n'auroit pas fait cela ; mais il n'a pas osé le changer, car il a toujours besoin du clergé.

Je crois qu'il est de l'intérêt de la France de maintenir le roi en Angleterre, car une république seroit bien plus fatale : elle agiroit par toutes ses forces, au lieu qu'avec un roi elle agit avec des forces divisées. Cependant les choses ne peuvent pas rester long-temps comme cela.

Là où est le bien, est le pouvoir ; la noblesse et

le clergé avoient autrefois le bien, ils l'ont perdu de deux manières : 1° par l'augmentation des livres au marc (le marc de trois livres, sous saint Louis, étant peu à peu parvenu à 49, où il est à présent); 2° par la découverte des Indes, qui a rendu l'argent très-commun, ce qui fait que les rentes des seigneurs étant presque toutes en argent, ont péri. Le roi a surchargé les communes à proportion de ce que les seigneurs ont perdu sur elles; et le roi est parvenu à être un prince redoutable à ses voisins, avec une noblesse qui n'avoit plus d'autres ressources que de servir, et des roturiers qu'il a fait payer à sa fantaisie : les Anglais sont la cause de notre servitude.

―――

Il y a dans cet ouvrage [1] un défaut qui me semble celui du génie de la nation pour laquelle il a été fait, qui est moins occupée de sa prospérité que de son envie de la prospérité des autres; ce qui est son esprit dominant, comme toutes les lois d'Angleterre sur le commerce et la navigation le font assez voir.

―――

Je ne sais pas ce qui arrivera de tant d'habitans que l'on envoie d'Europe et d'Afrique dans les Indes occidentales; mais je crois que si quelque

―――

[1] On ne sait de quel ouvrage Montesquieu veut parler.

nation est abandonnée de ses colonies, cela commencera par la nation anglaise.

———

Il n'est point de mot anglais pour exprimer *valet de chambre*, parce qu'ils n'en ont point, et point de différence de masculin et de féminin. Au lieu que l'on dit en France, *manger son bien*; le peuple dit en Angleterre, *manger et boire son bien*.

———

Les Anglais vous font peu de politesses, mais jamais d'impolitesses.

———

Les femmes y sont réservées, parce que les Anglais les voient peu; elles s'imaginent qu'un étranger qui leur parle veut les chevaucher. *Je ne veux point*, disent-elles, *give to him encouragement* [1].

———

Point de religion en Angleterre; quatre ou cinq de la chambre des communes vont à la messe ou au sermon de la chambre, excepté dans les grandes occasions où l'on arrive de bonne heure. Si quelqu'un parle de religion, tout le monde se met à rire. Un homme ayant dit de mon temps, je crois *cela comme article de foi*, tout le monde se mit à rire. Il y a un comité pour considérer

[1] Leur donner encouragement.

l'état de la religion; cela est regardé comme ridicule.

L'Angleterre est à présent le plus libre pays qui soit au monde, je n'en excepte aucune république; j'appelle libre, parce que le prince n'a le pouvoir de faire aucun tort imaginable à qui que ce soit, par la raison que son pouvoir est contrôlé et borné par un acte; mais si la chambre basse devenoit maîtresse, son pouvoir seroit illimité et dangereux, parce qu'elle auroit en même temps la puissance exécutive; au lieu qu'à présent le pouvoir illimité est dans le parlement et le roi, et la puissance exécutive dans le roi, dont le pouvoir est borné.

Il faut donc qu'un bon Anglais cherche à défendre la liberté également contre les attentats de la couronne et ceux de la chambre.

Quand un homme en Angleterre auroit autant d'ennemis qu'il a de cheveux sur la tête, il ne lui en arriveroit rien : c'est beaucoup, car la santé de l'âme est aussi nécessaire que celle du corps.

Lorsqu'on saisit le cordon bleu de M. de Broglie, un homme dit : « Voyez cette nation, ils « ont chassé le Père, renié le Fils, et confisqué « le Saint-Esprit. »

INVOCATION
AUX MUSES[1].

Vierges du mont Piérie [2], entendez-vous le nom que je vous donne? inspirez-moi. Je cours

---

[1] Cette pièce se trouve dans un mémoire historique sur la vie et les ouvrages de Jacob Vernet, imprimé à Genève en 1790.

L'intention de Montesquieu étoit de placer à la tête du second volume de l'Esprit des Lois une *Invocation aux Muses* : il l'avoit même déjà envoyée à Jacob Vernet, ministre de l'église de Genève, qui s'étoit chargé de revoir les épreuves de l'ouvrage.

Vernet trouva le morceau charmant, mais déplacé dans l'Esprit des Lois : il pria Montesquieu de le supprimer.

L'auteur n'y consentit pas d'abord ; il répondit : « A l'égard de « l'Invocation aux Muses, elle a contre elle que c'est une chose « singulière dans cet ouvrage, et qu'on n'a point encore faite ; « mais, quand une chose singulière est bonne en elle-même, il ne « faut pas la rejeter pour la singularité, qui devient elle-même une « raison de succès ; et il n'y a point d'ouvrage où il faille plus « songer à délasser le lecteur que dans celui-ci, à cause de la lon- « gueur et de la pesanteur des matières. »

Cependant, quinze jours après, Montesquieu changea d'opinion, et il écrivit à son éditeur : « J'ai été long-temps incertain, mon- « sieur, au sujet de l'Invocation, entre un de mes ami qui vou- « loit qu'on la laissât, et vous qui vouliez qu'on l'ôtât. Je me range « à votre avis, et bien fermement, et vous prie de ne la pas « mettre. »

[2] . . . . Narrate, puellæ
Pierides ; prosit mihi vos dixisse puellas.
Juv. Sat. iv, v, 35-36.

une longue carrière ; je suis accablé de tristesse et d'ennui. Mettez dans mon esprit ce charme et cette douceur que je sentois autrefois et qui fuit loin de moi. Vous n'êtes jamais si divines que quand vous menez à la sagesse et à la vérité par le plaisir.

Mais, si vous ne voulez point adoucir la rigueur de mes travaux, cachez le travail même ; faites qu'on soit instruit, et que je n'enseigne pas ; que je réfléchisse, et que je paroisse sentir ; et, lorsque j'annoncerai des choses nouvelles, faites qu'on croie que je ne savois rien, et que vous m'avez tout dit.

Quand les eaux de votre fontaine sortent du rocher que vous aimez, elles ne montent point dans les airs pour retomber ; elles coulent dans la prairie ; elles font vos délices, parce qu'elles font les délices des bergers.

Muses charmantes, si vous portez sur moi un seul de vos regard, tout le monde lira mon ouvrage ; et ce qui ne sauroit être un amusement, sera un plaisir.

Divines muses, je sens que vous m'inspirez, non pas ce qu'on chante à Tempé sur les chalumeaux, ou ce qu'on répète à Délos sur la lyre : vous voulez que je parle à la raison ; elle est le plus parfait, le plus noble et le plus exquis de nos sens.

POÉSIES.

PORTRAIT

DE MADAME DE MIREPOIX [1].

La beauté que je chante ignore ses appas.
Mortels qui la voyez, dites-lui qu'elle est belle,
    Naïve, simple, naturelle,
    Et timide sans embarras.
    Telle est la jacinthe nouvelle;
    Sa tête ne s'élève pas
    Sur les fleurs qui sont autour d'elle :
    Sans se montrer, sans se cacher,
    Elle se plaît dans la prairie :
    Elle y pourroit finir sa vie,
    Si l'œil ne venoit l'y chercher.

    Mirepoix reçut en partage
    La candeur, la douceur, la paix;
    Et ce sont entre mille attraits,
    Ceux dont elle veut faire usage.

Pour altérer la douceur de ses traits,
    Le fier dédain n'osa jamais
    Se faire voir sur son visage.
    Son esprit a cette chaleur

[1] Cette pièce a été traduite en vers italiens par l'abbé Venuti.

Du soleil qui commence à naître :
L'Hymen peut parler de son cœur,
L'Amour pourroit le méconnoître.

ADIEUX A GÊNES [1].

En 1728.

Adieu, Gênes détestable,
Adieu, séjour de Plutus;
Si le ciel m'est favorable,
Je ne vous reverrai plus.

Adieu, bourgeois, et noblesse
Qui n'as pour toutes vertus
Qu'une inutile richesse :
Je ne vous reverrai plus.

---

[1] Cette pièce avoit été donnée par Montesquieu à un de ses amis, à condition de ne la point faire voir, disant que c'étoit une plaisanterie faite dans un moment d'humeur, d'autant qu'il ne s'etoit jamais piqué d'être poëte. Il la fit étant embarqué pour partir de Gênes, où il disoit s'être beaucoup ennuyé, parce qu'il n'y avoit formé aucune liaison, ni trouvé aucun de ces empressemens qu'on lui avoit marqués partout ailleurs en Italie. Il faut que les Génois se soient bien civilisés depuis, et aient beaucoup changé de méthode dans l'accueil qu'ils font aux étrangers; ou bien l'ennui fit que l'auteur voulut se divertir par cette petite satire, qui ne sauroit être prise pour une chose sérieuse, ni comme un jugement de ce voyageur éclairé.

Adieu, superbes palais
Où l'ennui, par préférence,
A choisi sa résidence;
Je vous quitte pour jamais.

Là le magistrat querelle
Et veut chasser les amans,
Et se plaint que sa chandelle
Brûle depuis trop long-temps.

Le vieux noble, quel délice!
Voit son page à demi nu,
Et jouit d'une avarice
Qui lui fait montrer le cul.

Vous entendez d'un jocrisse
Qui ne dort ni nuit ni jour,
Qu'il a gagné la jaunisse
Par l'excès de son amour.

Mais un vent plus favorable
A mes vœux vient se prêter.
Il n'est rien de comparable
Au plaisir de vous quitter.

CHANSON.

Nous n'avons pour philosophie
Que l'amour de la liberté.
Plaisirs, douceurs sans flatterie,
      Volupté,
Portez dans cette compagnie
      La gaieté.

Le nocher qui prévoit l'orage
Craint encor quand le port est bon.
Éternisons du badinage
      La saison :
On manque, à force d'être sage,
      De raison.

Le fier Caton, quand il se perce,
Se livre à ses noires fureurs :
Anacréon, qui fait commerce
      De douceurs,
Attend le trépas, et se berce
      Sur des fleurs.

Que chacun boive à sa conquête.
Ne vous en fâchez pas, époux;
Le sort que la nuit vous apprête
      Est plus doux :
Mais vos femmes, dans cette fête,
      Sont à nous.

CHANSON.

Amour, après mainte victoire,
Croyant régner seul dans les cieux,
Alloit bravant les autres dieux,
Vantant son triomphe et sa gloire.

Eux, à la fin, qui se lassèrent
De voir l'insolente façon
De ce tant superbe garçon,
Du ciel, par dépit, le chassèrent.

Banni du ciel, il vole en terre,
Bien résolu de se venger.
Dans vos yeux il vint se loger
Pour de là faire aux dieux la guerre.

Mais ces yeux d'étrange nature
L'ont si doucement retenu,
Qu'il ne s'est depuis souvenu
Du ciel, des dieux, ni de l'injure.

MADRIGAL

A DEUX SOEURS QUI LUI DEMANDOIENT UNE CHANSON.

Vous êtes belle, et votre sœur est belle ;
Si j'eusse été Pâris, mon choix eût été doux :
    La pomme auroit été pour vous,
  Mais mon cœur eût été pour elle.

N. B. Ces pièces, publiées depuis la mort de Montesquieu, l'ont été pour la première fois dans une édition des Lettres familières (Florence 1768). On sait l'antipathie de Buffon, de Duclos et de Montesquieu, pour la poésie. Quand ils vouloient faire l'éloge d'un ouvrage, ils disoient ordinairement : *C'est beau comme de la prose.* Une dame sollicitoit depuis long-temps l'auteur de l'Esprit des Lois de lui faire des vers ; Montesquieu, pour la satisfaire, chargea son secrétaire de ce travail ; celui-ci, qui n'étoit rien moins que poète, trouva plus facile de copier une pièce de poésie, à laquelle il fit les changemens qu'exigeoit la circonstance, et la remit à Montesquieu, qui se borna à lui ordonner de la mettre au net, et donna ces vers à la dame à laquelle il les destinoit, et qui s'empressa de s'en faire honneur. Laharpe racontoit cette anecdote à ses élèves et à ses nombreux amphitryons. Il montroit le vieux recueil dans lequel il avoit découvert la pièce originale. Ce plagiat, dont Montesquieu auroit été complice sans le savoir, n'est remarquable que par sa singularité.

LETTRES FAMILIÈRES.

AU PÈRE CERATI [1],

DE LA CONGRÉGATION DE L'ORATOIRE DE SAINT-PHILIPPE,

A Rome.

J'eus l'honneur de vous écrire par le courrier passé, mon révérend père; je vous écris encore par celui-ci. Je prends du plaisir à faire tout ce qui peut vous rappeler une amitié qui m'est si chère. J'ajoute à ce que je vous mandois sur l'affaire.... que, si monseigneur Fouquet [2] exige au-delà de la

---

[1] Montesquieu s'étoit lié avec lui dans la maison de M. le cardinal de Polignac, ambassadeur de France à Rome, lors de son voyage en Italie. M. Cerati, né d'une famille noble de Parme, étoit fort aimé du cardinal, qui le regardoit comme un des hommes les plus éclairés d'Italie. Jean Gaston, dernier grand-duc de Toscane, l'attira dans son pays, et le nomma de l'ordre de Saint-Étienne de Toscane, et provéditeur de l'université de Pise. Ce fut lui qui donna le conseil à M. Muratori de composer ses *Dissertations sur l'histoire du moyen âge*, et d'entreprendre l'ouvrage des *Annales d'Italie*.

[2] Jésuite revenu de la Chine avec M. Mezzabarba. Ce missionnaire s'étoit déclaré contre les rites chinois, et en avoit parlé au pape selon sa conscience. Comme, après cette déclaration, il fit

somme que j'ai paru vous fixer, vous pouvez vous étendre et donner plus, et faire, par rapport aux autres conditions, tout ce qui ne sera pas visiblement déraisonnable. Je connois ici le chevalier Lambert, banquier fameux, qui m'a dit être en correspondance avec Belloni. Je ferai remettre sur-le-champ par lui l'argent dont vous serez convenu; car il me paroît que les volontés de M. Fouquet sont si ambulatoires[1], qu'il ne vaut pas la peine de rien faire avant qu'elles ne soient fixées.

Je suis ici dans un pays qui ne ressemble guère au reste de l'Europe. Nous n'avons pas encore su le contenu du traité d'Espagne : on croit simplement qu'il ne change rien à la quadruple alliance, si ce n'est que les six mille hommes qui iront en Italie pour faire leur cour à don Carlos, seront Espagnols, et non pas neutres. Il court ici tous les jours, comme vous savez, toutes sortes de papiers très-libres et très-indiscrets. Il y en avoit un,

sentir à Sa Sainteté que l'air du collége ne lui convenoit plus, Benoît XIII le fit évêque *in partibus*, et le logea en *Propaganda*. Montesquieu l'avoit connu chez le cardinal de Polignac, et eut depuis avec lui une négociation pour la résignation, en faveur de l'abbé Duval, son secrétaire, d'un bénéfice que ce prélat avoit en Bretagne.

[1] Les difficultés que M. Fouquet faisoit naître coup sur coup au sujet de la pension, ou de la somme d'argent qui devoit être stipulée, faisoient dire à Montesquieu que l'on voyoit bien que *Monseigneur n'avoit pas encore secoué la poussière.*

il y a deux ou trois semaines, dont j'ai été très-en colère. Il disoit que M. le cardinal de Rohan avoit fait venir d'Allemagne, avec grand soin, pour l'usage de ses diocésains, une machine tellement faite, que l'on pouvoit jouer aux dés, les mêler, les pousser, sans qu'ils reçussent aucune impression de la main du joueur, lequel pouvoit auparavant, par un art illicite, flatter ou brusquer les dés selon l'occasion ; ce qui établissoit la friponnerie dans des choses qui ne sont établies que pour récréer l'esprit. Je vous avoue qu'il faut être bien hérétique et janséniste [1] pour faire de ces mauvaises plaisanteries-là. S'il s'imprime dans l'Italie quelque ouvrage qui mérite d'être lu, je vous prie de me le faire savoir. J'ai l'honneur d'être avec toute sorte de tendresse et d'amitié.

De Londres, le 21 décembre 1729.

---

[1] Ce qui avoit donné lieu à cette mauvaise plaisanterie des Anglais, étoit de voir autant d'empressement dans le cardinal de Rohan à procurer tous les amusemens imaginables pendant qu'il résidoit dans son diocèse à Saverne, où il figuroit comme prince, que de zèle pour la religion à Paris, où il se piquoit de figurer comme chef des anti-jansénistes, et défenseur de la bonne doctrine.

AU MÊME.

Père Cerati, vous êtes mon bienfaiteur : vous êtes comme Orphée, vous faites suivre les rochers. Je mande à l'abbé Duval [1] que je n'entends pas qu'il abuse de l'honnêteté de M. Fouquet, mais qu'il poursuive, et que ce qui reviendra soit partagé à l'amiable entre monseigneur et lui.

Enfin Rome est délivrée de la basse tyrannie de Bénévent, et les rênes du pontificat ne sont plus tenues par ces viles mains. Tous ces faquins, Sainte-Marie à leur tête, sont retournés dans les chaumières où ils sont nés, entretenir leurs parens de leur ancienne insolence. Coscia n'aura plus pour lui que son argent et sa goutte. On pendra tous les Bénéventins qui ont volé, afin que la prophétie s'accomplisse sur Bénévent : *Vox in Rama audita est; Rachel plorans filios suos noluit consolari, quia non sunt.* (Matth. 11, 18.)

Donnez-nous un pape qui ait un glaive comme

---

[1] Il avoit été secrétaire de l'auteur. Ce fut lui qui porta le manuscrit des *Lettres persanes* en Hollande, et l'y fit imprimer; ce qui coûta à leur auteur beaucoup de frais sans aucun profit. Il obtint en sa faveur la résignation du bénéfice que M. Fouquet avoit obtenu de la cour de Rome, en Bretagne, et il s'agissoit ici de l'argent ou de la pension que M. Duval devoit payer à ce prélat.

saint Paul, non pas un rosaire comme saint Dominique, ou une besace comme saint François. Sortez de votre léthargie : *Exoriare aliquis*. N'avez-vous point de honte de nous montrer cette vieille chaire de saint Pierre avec le dos rompu et pleine de vermoulure ? Voulez-vous qu'on regarde votre coffre, où sont tant de richesses spirituelles, comme une boîte d'orviétan ou de mithridate ? En vérité, vous faites un bel usage de votre infaillibilité ; vous vous en servez pour prouver que le livre de Quesnel ne vaut rien, et vous ne vous en servez pas pour décider que les prétentions de l'empereur sur Parme et Plaisance sont mauvaises. Votre triple couronne ressemble à cette couronne de laurier que mettoit César pour empêcher qu'on ne vît qu'il étoit chauve. Mes adorations à M. le cardinal de Polignac. Je fus reçu il y a trois jours membre de la société royale de Londres. On y parla d'une lettre de M. Thomas Dhisam à son frère, qui demandoit le sentiment de la société sur les découvertes astronomiques de M. Bianchini. Embrassez, s'il vous plaît, de ma part, l'abbé, le cher abbé Niccolini. Je vous salue, cher père, de tout mon cœur.

De Londres, le 1er mars 1730.

A M. DE MONCRIF,

de l'académie française [1].

J'oubliai d'avoir l'honneur de vous dire, monsieur, que, si le sieur Preau[2], dans l'édition de ce petit roman[3], alloit mettre quelque chose qui, directement ou indirectement, pût faire penser que j'en suis l'auteur, il me désobligeroit beaucoup. Je suis à l'égard des ouvrages qu'on m'a attribués, comme la Fontaine-Martel[4] étoit pour les ridicules; on me les donne, mais je ne les prends point. Mille excuses, monsieur, et faites-moi l'honneur de me croire, monsieur, plus que je ne saurois vous dire, votre très-humble et très-obéissant serviteur.

Ce 26 avril 1738.

---

[1] Cette lettre, toute écrite de la main de Montesquieu, est conservée dans *Ashridge Collection*; Mss. Francis Henry Egerton.

[2] Ce nom, qui est ainsi écrit, est le même que Prault, imprimeur-libraire.

[3] *Le Temple de Gnide.*

[4] Madame la comtesse de Fontaine-Martel, fille du président Desbordeaux.

A M. L'ABBÉ VENUTI [1].

A Clérac.

J'ai reçu, monsieur, la lettre que vous m'avez fait l'honneur de m'écrire, avec beaucoup plus de joie que je n'aurois cru, parce que je ne savois pas que M. l'abbé de Clérac, que j'honorois déjà beaucoup, fût le frère de M. le chevalier Venuti [2], avec qui j'ai eu le plaisir de contracter amitié à Florence, et qui m'a procuré l'honneur d'une

---

[1] Ce savant Italien, d'une famille noble de Cortone, avoit été envoyé en France par le chapitre de Saint-Jean de Latran, comme vicaire-général de l'abbaye de Clérac, que Henri IV conféra à ce chapitre après son absolution. Pendant nombre d'années qu'il séjourna en France, il travailla à plusieurs dissertations sur l'histoire du pays pour l'académie de Bordeaux, à laquelle il fut agrégé, et à des poésies, entre autres au *Triomphe de la France littéraire*, et à la traduction du poème de *la Religion*, de M. Racine. Il mérita par là une gratification du roi, en quittant la France pour passer à la prévôté de Livourne, que l'empereur lui conféra comme grand-duc de Toscane.

[2] Il fut le premier qui nous donna une relation de la découverte d'Herculanum, avec un détail des antiquités qu'on avoit trouvées de son temps. Il a eu aussi la plus grande part à l'établissement de l'Académie étrusque de Cortone, qui nous a donné sept volumes in-4° d'excellens Mémoires sur des sujets d'histoire et d'antiquité.

place dans l'académie de Cortone. Je vous supplie, monsieur, d'avoir pour moi les mêmes bontés qu'a eues monsieur votre frère. M. Campagne m'a écrit le beau présent que vous lui aviez remis pour moi, dont je vous suis infiniment obligé. M. Baritaut m'avoit déjà fait lire une partie de cet ouvrage : et ce qui m'a touché dans vos dissertations, c'est qu'on y voit un savant qui a de l'esprit ; ce qui ne se trouve pas toujours.

Vous êtes cause, monsieur, que l'académie de Bordeaux[1] me presse l'épée dans les reins pour obtenir un arrêt du conseil pour la création de vingt associés au lieu de vingt élèves. L'envie qu'elle a de vous avoir, et la difficulté d'autre part que toutes les places d'associés sont remplies, fait qu'elle désire de voir de nouvelles places créées. Les affaires de M. le cardinal de Polignac et d'autres font que cet arrêté n'est pas encore obtenu. J'écris à nos messieurs que cela ne doit pas empêcher ; et que vous méritez, si la porte est fermée, que l'on fasse une brèche pour vous faire entrer. J'espère, monsieur, que l'année prochaine, si je vais en province, j'aurai l'honneur de vous voir à Clérac, et de vous inviter à venir à Bordeaux. Je chérirai tout ce qui pourra faire et augmenter

---

[1] Dans la première édition de ces lettres on lit toujours *Bour-deaux*.

notre connoissance. Personne n'est au monde plus que moi et avec plus de respect, etc.

P. S. Quand vous écrirez à M. le chevalier Venuti, ayez la bonté, monsieur, de lui dire mille choses de ma part : ses belles qualités me sont encore présentes.

De Paris, le 19 mars 1739.

A L'ABBÉ MARQUIS NICCOLINI.

A Forence.

J'ai reçu, cher et illustre abbé [1], avec une véritable joie la lettre que vous m'avez fait l'honneur de m'écrire. Vous etes un de ces hommes que l'on n'oublie point, et qui frappez une cervelle de votre souvenir. Mon cœur, mon esprit, sont tout à vous, mon cher abbé.

---

[1] L'abbé marquis Niccolini, un des plus illustres amis que l'auteur ait eus en Italie, se lia avec lui à Florence. Après avoir demeuré long-temps à Rome sous le pontificat du pape Corsini, dont il étoit parent, il s'est retiré dans sa patrie, uniquement occupé des lettres, de la philosophie, et des vues du bien public. Il a voyagé dans les pays étrangers, et y a été lié avec les plus grands hommes. Lorsque, sous le ministère lorrain, dont il étoit médiocre admirateur, il eut ordre de ne point rentrer en Toscane, Montesquieu s'écria, en apprenant cette nouvelle : « Oh! il faut que mon « ami Niccolini ait dit quelque grande vérité. »

Vous m'apprenez deux choses bien agréables :
l'une, que nous verrons monseigneur Cerati en
France; l'autre, que madame la marquise Ferroni
se souvient encore de moi. Je vous prie de cimenter auprès de l'un et de l'autre cette amitié que je
voudrois tant mériter. Une des choses dont je prétends me vanter, c'est que moi, habitant d'au-
delà des Alpes, aie été aussi enchanté d'elle [1] que
vous tous.

Je suis à Bordeaux depuis un mois, et j'y dois
rester trois ou quatre mois encore. Je serois inconsolable si cela me faisoit perdre le plaisir de
voir le cher Cerati. Si cela étoit, je prétendrois
bien qu'il vînt me voir à Bordeaux. Il verroit son
ami : mais il verroit mieux la France, où il n'y a
que Paris et les provinces éloignées qui soient
quelque chose, parce que Paris n'a pas pu encore
les dévorer. Il feroit les deux côtés du carré au
lieu de faire la diagonale, et verroit les belles
provinces qui sont voisines de l'Océan, et celles
qui le sont de la Méditerranée.

Que dites-vous des Anglais? voyez comme ils
couvrent toutes les mers. C'est une grande ba-

[1] C'étoit la dame de Florence qui brilloit le plus par son esprit
et sa beauté; la meilleure compagnie s'assembloit chez elle. L'auteur lui fut fort attaché pendant son séjour à Florence. A mon
passage dans cette ville, elle vivoit encore, mais dans un état
d'infirmité.

leine; *Et latum sub pectore possidet æquor*. La reine d'Espagne a appris à l'Europe un grand secret; c'est que les Indes, qu'on croyoit attachées à l'Espagne par cent mille chaînes, ne tiennent qu'à un fil. Adieu, mon cher et illustre abbé; accordez-moi les sentimens que j'ai pour vous. Je suis avec toute sorte de respect.

De Bordeaux, le 6 mars 1740.

A MONSEIGNEUR CERATI.

A Pise.

J'ai reçu votre lettre bien tard, monseigneur; car elle est datée du 10 janvier, et je ne l'ai reçue que le 5 de mai à Bordeaux, où je suis depuis un mois, et où je resterai trois ou quatre autres. Promettez-moi et jurez-moi que, si je ne suis pas à Paris quand vous y passerez, vous viendrez me voir à Bordeaux, et vous prendrez cette route en retournant en Italie. Je l'ai mandé à Niccolini; il ne s'agit que de faire les deux côtés du parallélogramme, au lieu de la diagonale, et vous verrez la France; au lieu que, si vous traversez par le milieu du royaume, vous ne verrez que Paris, et vous ne verrez pas votre ami. Mais je dis tout cela en cas que je ne sois pas à Paris. Quand vous y serez, je vous en ferai les honneurs, soit que j'y sois ou que je n'y sois pas, et je vous introduirai sur le mont Parnasse. Si vous passez en Angleterre, mandez-le-moi, afin que je vous donne des lettres pour mes amis. Enfin, j'espère que vous voudrez bien m'écrire pendant votre voyage, et me donner des nouvelles de votre marche. Mon adresse est à Bordeaux, ou à Paris, rue Saint-Dominique. Vous allez faire le voyage le plus agréable que l'on puisse faire. A l'égard des finances, si je suis à Paris, je serai votre Mentor. Vous y trouverez à pied une infinité de gens de mérite, et la plupart des carrosses pleins de faquins. M. le cardinal de Polignac a fort bien fait de n'aller pas au conclave, et de laisser cette affaire à d'autres. Il se porte très-bien, et c'est la plus grande de ses affaires. Vous le verrez aussi aimable, quoiqu'il ne soit pas à la mode. Adieu, monseigneur ; j'ai et j'aurai pour vous toute ma vie les sentimens du monde les plus tendres : autant que tout le monde vous estime, autant moi je vous aime ; et, en quelque lieu du monde que vous soyez, vous serez toujours présent à mon esprit. J'ai l'honneur d'être avec toute sorte de respect et de tendresse, etc.

A M. L'ABBÉ VENUTI.

A Clérac.

Je n'ai que le temps de vous écrire un mot, monsieur. Quelques-uns de vos amis m'ont demandé de parler à madame de Tencin sur des lettres que l'on écrit contre vous ¹. Comme je ne sais rien de tout ceci, et que j'ignore si ce sont les premières lettres ou des nouvelles, je vous prie de m'éclaircir sur ce que je dois dire au cardinal qui va arriver, et de croire que personne

---

¹ A peine M. l'abbé Venuti eut-il pris l'administration de l'abbaye de Clérac, qu'il s'éleva à Rome un parti contre lui dans le chapitre qui l'avoit envoyé, travaillant à le faire rappeler, et se servant pour cet effet du canal de M. le cardinal de Tencin pour le desservir. Le principal grief qu'on avoit contre lui étoit que les remises des revenus de l'abbaye n'étoient pas assez abondantes, faute qu'on mettoit sur son compte, et qui provenoit des grosses décimes dont l'abbaye étoit chargée, des frais de réparation et de procès, auxquels une partie des revenus devoit être employée. Outre ces raisons, il n'étoit par regardé de bon œil par les missionnaires jésuites, chargés, dès le temps de Henri IV, de prêcher toutes les fêtes et dimanches dans l'église abbatiale de cette ville, qui, malgré cela, a continué d'être presque entièrement habitée par des protestans, sans qu'on puisse citer d'exemple de la conversion d'un seul huguenot.

ne prend plus la liberté de vous aimer, ni d'être avec plus de respect.

De Paris, le 17 avril 1742.

A M. L'ABBÉ DE GUASCO.

A Turin.

Je suis fort aise, mon cher ami, que la lettre que je vous ai donnée pour notre ambassadeur vous ait procuré quelques agrémens à Turin, et un peu dédommagé des duretés [1] du marquis d'Orméa. J'étois bien sûr que M. et madame de Sénectère se feroient un plaisir de vous connoître, et, dès qu'ils vous connoîtroient, qu'ils vous recevroient à bras ouverts. Je vous charge de leur té-

---

[1] Cet ami de Montesquieu avoit passé quelques années à Paris, où il étoit allé pour une maladie des yeux. Son père étant mort, il fut obligé de retourner à Turin pour l'arrangement de ses affaires domestiques. En passant par cette ville, j'ai ouï dire qu'ayant besoin de l'intervention du ministre pour arranger quelques intérêts, il ne put jamais obtenir audience de M. le marquis d'Orméa, par une suite d'une ancienne inimitié de ce ministre contre son père. C'est aussi par une suite de cette inimitié que ses deux frères avoient pris la résolution de se transplanter dans les pays étrangers, se vouant au service de la maison d'Autriche, où ils n'ont pas eu lieu de se repentir du parti qu'ils avoient pris.

moigner combien je suis sensible aux égards qu'ils ont eus à ma recommandation. Je vous félicite du plaisir que vous avez eu de faire le voyage avec M. le comte d'Egmont : il est effectivement de mes amis, et un des seigneurs pour lesquels j'ai le plus d'estime. J'accepte l'appointement de souper chez lui avec vous à son retour de Naples ; mais je crains bien que si la guerre continue, je ne sois forcé d'aller planter des choux à la Brède. Notre commerce de Guienne sera bientôt aux abois ; nos vins nous resteront sur les bras ; et vous savez que c'est toute notre richesse. Je prévois que le traité provisionnel de la cour de Turin avec celle de Vienne nous enlevera le commandeur de Solar ; et, en ce cas, je regretterai moins Paris. Dites mille choses pour moi à M. le marquis de Breil. L'humanité lui devra beaucoup pour la bonne éducation qu'il a donnée à M. le duc de Savoie, dont j'entends dire de très-belles choses. J'avoue que je me sens un peu de vanité de voir que je me formai une juste idée de ce grand homme lorsque j'eus l'honneur de le connoître à Vienne. Je voudrois bien que vous fussiez de retour à Paris avant que j'en parte ; et je me réserve de vous dire alors le secret du Temple de Gnide[1]. Tâchez d'ar-

---

[1] Il lui avoit fait présent de cet ouvrage lorsqu'il prit congé de lui en partant de Turin, sans lui dire qu'il en étoit l'auteur. Il le lui apprit depuis, en lui disant que c'étoit une idée à laquelle la société

ranger vos intérêts domestiques le mieux que vous pourrez; et abandonnez à un avenir plus favorable la réparation des torts du ministère contre votre maison. C'est dans vos principes, vos occupations, et votre conduite, que vous devez chercher, quant à présent, des armes, des consolations et des ressources. Le marquis d'Orméa n'est pas un homme à reculer : et, dans les circonstances où l'on se trouve à votre cour, on fera peu d'attention à vos représentions. L'ambassadeur vous salue. Il commence à ouvrir les yeux sur son amie : j'y ai un peu contribué, et je m'en félicite, parce qu'elle lui faisoit faire mauvaise figure. Adieu.

De Paris, 1742.

AU COMTE DE GUASCO [1],

COLONEL D'INFANTERIE.

J'AI été enchanté, monsieur le comte, de recevoir une marque de votre souvenir par la lettre

de mademoiselle de Clermont, princesse du sang, qu'il avoit l'honneur de fréquenter, avoit donné occasion, sans d'autre but que de faire une peinture poétique de la volupté.

[1] Il s'étoit fort lié avec lui dans le voyage que le comte de Guasco fit à Paris en 1742, à son retour de Russie.

que m'a envoyée monsieur votre frère. Madame de Tencin[1] et les autres personnes auxquelles j'ai fait vos complimens me chargent de vous témoigner aussi leur sensibilité et leur reconnoissance. Je suis fâché de ne pouvoir satisfaire votre curiosité touchant les ouvrages de notre amie ; c'est un secret[2] que j'ai promis de ne point révéler.

[1] Madame de Tencin, sœur du célèbre cardinal de Tencin, qui lui devoit sa fortune et son chapeau, figura beaucoup dans Paris par les charmes de sa beauté et de son esprit. Elle fut pendant cinq ans religieuse dans le couvent de Montfleury, en Dauphiné ; mais elle rentra dans le monde, en réclamant contre ses vœux. Elle parvint, sans être jamais fort riche, à avoir dans Paris une maison de la meilleure compagnie. Il étoit du bon ton d'être admis dans sa société ; les seigneurs de la cour, les gens de lettres et les étrangers les plus distingués briguoient également pour y être introduits. Comme ceux qui faisoient le fond ordinaire de cette société étoient les beaux esprits et les savans les plus connus en France, madame de Tencin les appeloit, par ironie, *ses bêtes*. Elle étoit souvent consultée par eux sur les ouvrages d'agrément qu'on vouloit publier, et s'intéressait avec chaleur pour ses amis. Montesquieu, qui étoit un de ceux qu'elle considéroit le plus, en avoit procuré la connoissance au comte de Guasco, frère de l'abbé de ce nom.

[2] Le jour de la mort de madame de Tencin, en sortant de son antichambre, il dit au frère du comte de Guasco, qui étoit avec lui : « A présent, vous pouvez mander à M. votre frère que madame de Tencin est l'auteur du *Comte de Comminges* et du « *Siége de Calais*, ouvrages qu'elle a faits en société avec M. de « Pont-de-Vesle (son neveu). Je crois qu'il n'y a que M. de Fontenelle et moi qui sachions ce secret. »

La confiance dont vous m'honorez exige que je vous parle à cœur ouvert sur ce qui fait le sujet intéressant de votre lettre. Je ne dois point vous cacher que je l'ai communiquée à M. le commandeur de Solar, qui est de vos amis; et nous nous sommes trouvés d'accord que les offres que vous fait M. de Belle-Isle pour vous attacher, vous et monsieur votre frère[1], au service de France, ne sont point acceptables. Après tout le bien que les lettres de M. de la Chétardie lui ont dit de vous, il est inconcevable qu'il ait pu se flatter de vous retenir en vous proposant des grades au-dessous de ceux que vous avez. Je ne sais sur quoi il fonde que l'on ne considère pas tout-à-fait en France les grades du service étranger comme ceux de nos troupes. Cette maxime ne seroit ni juste ni obligeante, et nous priveroit de fort bons officiers. Je pense que vous avez très-bien fait de ne point vous engager dans son expédition avant que d'avoir de bonnes assurances de la cour sur les conditions qui vous conviennent : mais puisqu'il paroît que vous êtes déjà décidé pour le refus, il est inutile de vous présenter ici d'autres réflexions.

Elle comptoit parmi ses amis, Fontenelle, Benoît XIV, et Montesquieu. Elle avoit fait les *Malheurs de l'Amour*, et les *Anecdotes d'Édouard II.*

[1] Actuellement lieutenant-général, et ci-devant commandant de Dresde pendant la dernière guerre.

Les propositions du ministre de Prusse pour la levée d'un régiment étranger méritent sans doute plus d'attention dès qu'elles peuvent se combiner avec vos finances. Mais il faut calculer pour l'avenir : quelle assurance qu'à la paix le régiment ne soit point réformé? et en ce cas quel dédommagement pour les avances que vous seriez obligé de faire? En matière d'intérêt il faut bien stipuler avec cette cour. Je doute d'ailleurs que le génie italien s'accommode avec l'esprit du service prussien : j'aurois bien des choses à vous dire là-dessus : mais vous êtes trop clair-voyant.

A l'égard des avantages que l'on vous fait entrevoir au service du nouvel empereur, vous êtes plus à portée que moi de juger de leur solidité, et trop sage pour vous laisser éblouir. Pour moi, qui ne suis pas encore bien persuadé de la stabilité du nouveau système politique d'Allemagne, je ne fonderois pas mes espérances sur une fortune précaire et peut-être passagère. Par ce que j'ai l'honneur de vous dire, vous sentez que je ne puis qu'approuver la préférence que vous donneriez à des engagemens pour le service d'Autriche. Outre que c'est là votre première inclination, l'exemple de nombre de vos compatriotes vous prouve que c'est le service naturel de votre nation. Quels que soient les revers actuels de la cour de Vienne, je ne les regarde que comme des disgrâces passagères ; car une grande et ancienne puissance qui a des forces naturelles et intrinsèques ne sauroit tomber tout à coup. En supposant même quelques échecs, le service y sera toujours plus solide que celui d'une puissance naissante. Il y a tout à parier que la cour de Turin, dans la guerre présente, fera cause commune avec celle de Vienne ; par conséquent les raisons qui vous détournèrent en quittant le Piémont de passer au service autrichien [1] cessent dans les circonstances présentes. Je ne vois pas même de meilleur moyen de vous moquer de l'inimitié du marquis d'Orméa, que de servir une cour alliée, dans laquelle, en considérant ce qui s'est

---

[1] Comme, durant la guerre qui venoit de se terminer entre les cours de Vienne et de Turin, les comtes de Guasco avoient fait toutes les campagnes au service de la dernière, en quittant ce service, ils crurent ne devoir pas fournir au marquis d'Orméa l'occasion de noircir cette démarche en entrant alors au service de la cour de Vienne, de peur d'attirer par là de nouveaux chagrins à leur père, qui vivoit encore. Ils prirent en conséquence la résolution de passer en Russie, puissance sous laquelle ils ne se trouveroient jamais dans le cas de porter les armes contre leur souverain, et qui, en ce temps-là, offroit beaucoup d'avantages aux étrangers qui voudroient entrer à son service ; mais la dureté du climat, et les révolutions dont ils furent témoins, les déterminèrent à profiter de la guerre survenue en Allemagne à la suite de la mort de l'empereur Charles VI, afin de suivre leur première inclination pour la maison d'Autriche.

passé¹ autrefois, il ne doit pas avoir beaucoup de crédit. Vous êtes prudent et sage ; ainsi je soumets à votre jugement des conjectures auxquelles le désir sincère de vos avantages a peut-être autant de part que la raison J'apprendrai avec bien du plaisir le parti que vous aurez pris, et j'ai l'honneur de vous assurer de mon respect.

A Francfort, en 1742.

A M. L'ABBÉ DE GUASCO².

L'abbé Venuti m'a fait part, mon cher abbé, de l'affliction que vous a causée la mort de votre

---

¹ Sous son ministère, la cour de Turin, dans la guerre précédente, avoit abandonné l'alliance avec la cour de Vienne, et étoit devenue l'alliée de la France. On prétend que le marquis d'Orméa, dans cette occasion, avoit proposé, pour prix d'une négociation avec la cour de Vienne, qu'il passeroit à son service, et qu'il y auroit une charge considérable; de quoi l'empereur Charles VI avertit le roi de Sardaigne, en envoyant, sous d'autres prétextes, à Turin le prince T....., qui devoit faire connoître la chose au roi, sans que le ministre se doutât de sa commission.

² Après avoir passé un an à Turin, il étoit revenu à Paris, et s'étoit voué aux fonctions de son état; mais, voyant qu'elles ne feroient que l'exposer au fanatisme qui régnoit alors en France, à cause des disputes théologiques, il y renonça, se livrant uniquement à la culture des lettres et à la société des savans, dans la vue d'obtenir une place à l'Académie royale des inscriptions et belles-

ami le prince Cantimir, et du projet que vous avez formé de faire un voyage dans nos provinces méridionales pour rétablir votre santé. Vous trouverez partout des amis pour remplacer celui que vous avez perdu ; mais la Russie ne remplacera pas si aisément un ambassadeur [1] du mérite du prince Cantimir. Or, je me joins à l'abbé Venuti pour vous presser d'exécuter votre projet : l'air, les raisins, le vin des bords de la Garonne, et l'humeur des Gascons, sont d'excellens antidotes contre la mélancolie. Je me fais une fête de vous mener à ma campagne de la Brède, où vous trouverez un château, gothique à la vérité, mais orné de dehors charmans, dont j'ai pris l'idée en Angleterre. Comme vous avez du goût, je vous consulterai sur les choses que j'entends ajouter à ce qui est déjà fait ; mais je vous consulterai surtout sur mon grand ouvrage [2], qui avance à pas de géant depuis que je ne suis plus dissipé par les dîners et les soupers de Paris. Mon estomac s'en trouve aussi mieux, et j'espère que la sobriété avec laquelle vous vivrez chez moi sera le meil-

---

lettres, où il fut depuis reçu en qualité d'un des quatre honoraires étrangers.

[1] On peut voir ce qui en est dit dans sa vie, qui est à la tête de la traduction en français de ses *Satires russes*, par un anonyme que l'on croit être l'ami à qui Montesquieu écrit cette lettre.

[2] *L'Esprit des Lois.*

leur spécifique contre vos incommodités. Je vous attends donc cette automne, très-empressé de vous embrasser.

De Bordeaux, le 1er août 1744.

AU MÊME.

Nous partirons lundi, docte abbé, et je compte sur vous. Je ne pourrai pas vous donner une place dans ma chaise de poste, parce que je mène madame de Montesquieu; mais je vous donnerai des chevaux. Vous en aurez un qui sera comme un bateau sur un canal tranquille, et comme une gondole de Venise, et comme un oiseau qui plane dans les airs. La voiture du cheval est très-bonne pour la poitrine; M. Sidenham la conseille surtout; et nous avons eu un grand médecin qui prétendoit que c'étoit un si bon remède, qu'il est mort à cheval. Nous séjournerons à la Brède jusqu'à la Saint-Martin; nous y étudierons, nous nous promènerons, nous planterons des bois, et ferons des prairies. Adieu, mon cher abbé; je vous embrasse de tout mon cœur.

De Bordeaux, le 30 septembre 1744.

AU MÊME.

Je serai en ville après-demain. Ne vous engagez pas à dîner, mon cher abbé, pour vendredi ; vous êtes invité chez le président Barbot. Il faudra y être arrivé à dix heures précises du matin, pour commencer la lecture du grand ouvrage que vous savez [1] ; on lira aussi après dîner : il n'y aura que vous, avec le président et mon fils ; vous y aurez pleine liberté de juger et de critiquer [2].

Je viens d'envoyer votre anacréontique [3] à ma fille ; c'est une pièce charmante dont elle sera fort flattée. J'ai aussi lu votre étrenne ou épître pétrarquesque à madame de Pontac ; elle est pleine d'idées agréables. L'abbé, vous êtes poète, et on diroit que vous ne vous en doutez pas. Adieu.

De la Brède, le 10 février 1745.

[1] *L'Esprit des Lois.*

[2] L'un de ceux qui assistoient à cette lecture m'a dit que, dès qu'on relevoit quelque chose, il ne faisoit pas la moindre difficulté de le corriger, de le changer, ou de l'éclaircir.

[3] Il s'agit ici d'une petite pièce de poésie envoyée pour étrennes de la nouvelle année à mademoiselle de Montesquieu. Cette pièce a été imprimée dans le *Mercure* de 1745, avec la traduction en français, par M. Le Franc de Pompignan.

A LA COMTESSE DE PONTAC [1].

De Clérac, à Bordeaux.

Vous êtes bien aimable, madame, de m'avoir écrit sur le mariage de ma fille [2]; elle et moi vous sommes très-dévoués; et nous vous demandons tous deux l'honneur de vos bontés. J'apprends que les jurats [3] ont envoyé une bourse de jetons,

---

[1] Comme il est souvent parlé dans ces Lettres de madame la comtesse de Pontac, il est bon de remarquer ici que c'est une des dames de Bordeaux qui brille autant par son esprit et par ses liaisons avec les gens de lettres, qu'elle a brillé par sa beauté. Il est parlé d'elle dans quelques poésies de M. l'abbé Venuti.

[2] Il venoit de la marier à M. de Secondat d'Agen, gentilhomme d'une autre branche de sa maison, dans la vue de conserver ses terres dans sa famille, au cas que son fils, qui étoit marié depuis plusieurs années, continuât de n'avoir point d'enfans. Mademoiselle de Montesquieu fut d'un grand secours à son père dans la composition de l'*Esprit des Lois*, par les lectures journalières qu'elle lui faisoit pour soulager son lecteur ordinaire. Les livres même les plus ingrats à lire, tels que Beaumanoir, Joinville, et autres de cette espèce, ne la rebutoient point; elle s'en divertissoit même, et égayoit fort ces lectures en répétant les mots qui lui paroissoient risibles.

[3] Titre des premiers magistrats de la ville de Bordeaux. Ils firent ce présent à M. l'abbé Venuti pour lui marquer la reconnoissance de la ville pour les inscriptions et autres compositions

de velours brodé, à l'abbé Venuti : je croyois qu'ils ne sauroient pas faire cela même. Le présent n'est pas important; mais c'est le présent d'une grande cité; et ce régal auroit encore très-bon air en Italie : mais là il n'a pas besoin de bon air, parce que l'abbé y est si connu, qu'on ne peut rien ajouter à sa considération. Dites, je vous prie, à l'abbé de Guasco que je ne puis comprendre comment les échos ont pu porter à monsieur le Mercure de Paris des vers [1] faits dans le bois de la Brède. Je suis fort fâché de ne l'avoir pas su plus tôt, parce que j'aurois donné ce sonnet en dot à ma fille. J'ai l'honneur d'être, madame, avec toute sorte de respect.

A MONSEIGNEUR CERATI.

J'apprends, monseigneur, par votre lettre, que vous êtes arrivé heureusement à Pise. Comme vous ne me dites rien de vos yeux, j'espère qu'ils se seront fortifiés. Je le souhaite bien, et que vous puissiez jouir agréablement de la vie pour vous et pour les délices de vos amis. Vous m'exhortez à publier..... Je vous exhorte fort vous-même à

---

qu'il avoit faites à l'occasion des fêtes données à Bordeaux, au passage de madame la dauphine, fille du roi d'Espagne.

[1] Ce sont les mêmes dont il est parlé dans la lettre précédente.

nous donner une relation des belles réflexions
que vous avez faites dans les divers pays que vous
avez vus. Il y a beaucoup de gens qui paient les
chevaux de poste : mais il y a peu de voyageurs,
et il n'y en a aucun comme vous. Dites à l'abbé
Niccolini qu'il nous doit un voyage en France; et
je vous prie de l'assurer de l'amitié la plus tendre.

 Je voudrois bien pouvoir vous tenir tous deux
dans la terre de la Brède, et là y avoir de ces conversations que l'ineptie ou la folie de Paris rendent
rares. J'ai dit à M. l'abbé Venuti que ses médailles
étoient vendues. Nous avons ici l'abbé de Guasco,
qui me tient fidèle compagnie à la Brède. Il me
charge de vous faire bien des complimens. Il faut
avouer que l'Italie est une belle chose, car tout le
monde veut l'avoir. Voilà cinq armées qui vont se
la disputer. Pour notre Guienne, ce ne sont que
des armées de gens d'affaires qui en veulent faire
la conquête, et ils la font plus sûrement que le
comte de Gages. Je crois qu'à présent il se fait
bien des réflexions sous la grande perruque du
marquis d'Orméa. Je n'irai à Paris d'un an tout au
plus tôt. Je n'ai pas un sou pour aller dans cette
ville, qui dévore les provinces, et que l'on prétend
donner des plaisirs, parce qu'elle fait oublier la
vie. Depuis deux ans que je suis ici, j'ai continuellement travaillé à la chose dont vous me parlez [1];

---

[1] *L'Esprit des Lois.*

mais ma vie avance, et l'ouvrage recule à cause de son immensité : vous pouvez être bien sûr que vous en aurez d'abord des nouvelles. On m'avertit que mon papier finit. Je vous embrasse mille fois.

De Bordeaux, le 16 juin 1745.

A M. L'ABBÉ DE GUASCO.

A Clérac.

Vous avez bien deviné, et depuis trois jours j'ai fait l'ouvrage de trois mois ; de sorte que, si vous êtes ici au mois d'avril, je pourrai vous donner la commission dont vous voulez bien vous charger pour la Hollande, suivant le plan que nous avons fait. Je sais à cette heure tout ce que j'ai à faire. De trente points je vous en donnerai vingt-six : or, pendant que vous travaillerez de votre côté, je vous enverrai les quatre autres. Le P. Desmolets m'a dit qu'il avoit trouvé un libraire pour votre manuscrit des Satires [1], mais que personne ne

---

[1] Il paroît qu'il est ici question des *Satires russes* du prince Cantimir, avec la vie de l'auteur, imprimées en Hollande et à Paris, tome premier, in-12.

Cantimir fut le Boileau de la Russie. Il fit connoître à ses compatriotes les *Lettres persanes*, la *Pluralité des mondes*, et d'autres bons livres.

veut de votre savante dissertation; parce qu'on est sûr du débit de ce qui porte le nom de satires, et très-peu des dissertations savantes. Votre censeur est mort; mais je m'en console, puisque l'auteur est encore en vie. Vous avez bien tort de me reprocher de ne pas vous écrire des nouvelles, vous qui ne m'avez rien dit sur le mariage de mademoiselle Mimi, ni sur mes vendanges de Clérac, qui ne seront sûrement pas si bonnes qu'elles l'auroient été, par la consommation de raisins que vous avez faite dans mes vignes. On ne croit pas que les affaires de milord Morthon [1] soient aussi mauvaises qu'on l'a cru dans le public, aigri par la guerre contre les Anglais. Le P. Desmolets n'a point eu de tracasseries dans sa congrégation, d'autant plus qu'il ne porte point de perruque [2]; mais il dit que vous lui donnez trop de commissions. Je vous donne la devise du

---

[1] Ce seigneur, étant venu à Paris durant la guerre, avoit été mis à la Bastille.

[2] Dans le chapitre général tenu par la congrégation de l'Oratoire, on déclara la guerre à l'appel de la bulle *Unigenitus*, et aux perruques de poil de chèvre, dont quelques-uns se servoient au lieu de grandes calottes. Plusieurs membres quittèrent plutôt que de se soumettre à ces duretés. Le P. Desmolets étoit bibliothécaire de la maison de Saint-Honoré, et un des plus anciens amis de l'auteur, qui, lui ayant montré son manuscrit des *Lettres persanes*, pour savoir si cela seroit débité, lui répondit : « Président, « cela sera vendu comme du pain. »

porc-épic, *Cominùs eminùs*. Le P. Desmolets dit que vous avez plus d'affaires que si vous alliez faire la conquête de la Provence : ..... remarquez que c'est le P. Desmolets qui dit cela. Pendant que vous serez à Clérac, prenez bien garde à trois choses ; à vos yeux, aux galanteries de M. de La Mire, et aux citations de saint Augustin dans vos disputes de controverse. J'envie à madame de Montesquieu le plaisir qu'elle aura de vous revoir. Adieu ; je vous embrasse.

De Paris, 1746.

AU MÊME.

Je ne sais quel tour a fait la lettre que vous m'avez écrite de Barége ; elle ne m'est parvenue que depuis peu de jours. J'ai été très-scandalisé de la tracasserie de M. le chevalier d'....... C'est un plaisant homme que ce prétendu gouverneur de Barége ; il faut que le cordon bleu lui ait tourné la tête. Quand je le verrai à Paris, je ne manquerai pas de lui demander si vous avez fait bien des progrès en politique par la lecture de ses gazettes.

J'ai conté ici la querelle d'Allemand qu'il vous a faite, faisant bien remarquer qu'il est fort singulier qu'un homme né dans les états du roi de Sardaigne soit inquiet de la petite vérole de ce monarque; et que, tenant par deux frères à la cour de Vienne, il montre d'être fâché de ses échecs. Sachez, mon cher ami, qu'il y a des seigneurs avec qui il ne faut jamais disputer après dîner. Vous avez agi très-prudemment en lui écrivant après son réveil. Votre lettre est digne de vous, et je suis enchanté qu'elle l'ait désarmé. Vous devez être glorieux d'avoir triomphé, le jour de Saint-Louis, d'un de nos lieutenans-généraux sans que personne vous ait aidé.

Mandez-moi si vous accompagnerez madame de Montesquieu à Clérac : car mon ouvrage avance [1]; et si vous prenez la route opposée, il faut que je sache où vous faire tenir la partie qui va être prête. Je souhaite que votre voyage sur le pic du midi soit plus heureux que la chasse d'amiante et la pêche des truites du lac des Pyrénées. Mon ami, je vois que les choses difficiles ont de grands attraits pour vous, et que vous suivez plus votre curiosité que vous ne consultez vos forces. Souvenez-vous que vos yeux ne valent guère mieux que les miens : laissez que mon fils, qui en a de bons, grimpe sur les montagnes, et y aille faire des recherches sur l'histoire naturelle; mais gardez les vôtres pour les choses nécessaires. Si l'on vous a regardé comme un politique dangereux parce que

---

[1] *L'Esprit des Lois.*

vous aimez à lire les gazettes, vous courez risque que l'on vous fasse passer pour un sorcier si vous allez grimpant sur des rochers escarpés. Adieu.

De Paris, en août 1746.

AU MÊME.

J'AI lu, docte abbé, votre dissertation avec plaisir, et je suis sûr que je vous mettrai sur la tête un second laurier [1] de mon jardin, si vous êtes à la Brède, comme je l'espère, lorsqu'il vous aura été décerné par l'académie. Le sujet est beau, vaste, intéressant, et vous l'avez fort bien traité. Je suis bien aise de vous voir, vous, chasser sur mes terres. Il y a deux choses dans votre dissertation que je voudrois que vous éclaircissiez : la première, c'est qu'on pourroit croire que vous mettez Carthage, après la seconde guerre punique, au rang des villes *autonomes* soumises à l'empire romain ; vous savez qu'elle continua d'être un état libre et absolument indépendant : la seconde remarque regarde ce que vous dites du titre d'*éleuthérie*. Vous n'indiquez point de différence entre

---

[1] Ayant appris de Paris que l'académie avoit décerné le prix à la dissertation, Montesquieu fit faire une couronne de laurier, et, pendant qu'on étoit à table, il la fit mettre par sa fille sur la tête du vainqueur, qui ne s'attendoit point à cette surprise.

les villes qui prenoient ce titre et celles qui prenoient celui d'*autonomes*. Vous n'avez fait que toucher ce point, et il mériteroit d'être éclairci. Vous savez qu'on dispute là-dessus, et que des savans prétendent que l'*éleuthérie* disoit quelque chose de plus que l'*autonomie*. Je vous conseille d'examiner un peu la chose, et de faire à ce sujet une addition à votre dissertation.

J'ai fait faire une berline, afin que je vous mène plus commodément à Clérac, que vous aimez tant. Nous ne disputerons plus sur l'usure ¹, et vous gagnerez deux heures par jour. Mes prés ont besoin de vous. L'Éveillé ² ne cesse de dire : *Oh! si M. l'abbat étoit ici!* Je vous promets qu'il sera docile à vos instructions : il fera tant de rigoles ³ que vous voudrez. Mandez-moi si je puis me flatter que vous prendrez la route de la Garonne, parce qu'en ce cas je profiterai d'une occasion qui se présente pour envoyer directement

---

¹ Ce correspondant de Montesquieu avoit composé autrefois un traité sur l'usure, suivant le système des théologiens, système contraire à celui de l'auteur de l'*Esprit des Lois*, et impraticable dans les pays de commerce.

² Chef des manœuvres de la campagne de Montesquieu.

³ Il avoit eu bien de la peine à persuader à ces paysans de faire aller l'eau dans un pré attenant au château de la Brède, qu'il avoit entrepris d'améliorer ; les paysans s'y opposant par la grande raison banale, que ce n'étoit pas la coutume dans leur pays.

mon manuscrit ¹ à l'imprimeur. Pour vous avoir, je vous dégage de votre parole; aussi bien l'impression ne doit point être faite en Hollande, encore moins en Angleterre, qui est une ennemie avec laquelle il ne faut avoir de commerce qu'à coups de canon. Il n'en est pas de même des Piémontais, car il s'en faut bien que nous soyons en guerre avec eux; ce n'est que par manière d'acquit que nous assiégeons leurs places, et qu'ils prennent prisonniers tant de nos bataillons². Vous n'avez donc point de raisons de nous quitter; vous serez toujours reçu comme ami en Guienne. Nous nous piquerons de ne pas céder au Languedoc et à la Provence. Je vous remercie d'avoir parlé de moi *al serenissimo*, très-flatté qu'il se soit souvenu que j'ai eu l'honneur de lui faire ma cour à Modène. Je vous enverrai mon livre que vous me demandez pour lui. Vous trouverez ci-joints les éclaircissemens ³ peu éclaircissans que vous envoie le chapitre de Comminges. L'abbé, vous êtes bien simple de vous figurer que des gens de chapitre se donnent la peine de faire des recherches littéraires : ce n'est pas moi, c'est mon frère,

---

¹ *L'Esprit des Lois.*

² Il s'agit ici de l'affaire d'Asti, où neuf bataillons français furent faits prisonniers par le roi de Sardaigne.

³ Ils regardoient l'histoire de Clément Goût, qui fut évêque de Comminges, archevêque de Bordeaux, et ensuite pape.

qui est doyen d'un chapitre, qui vous dit de vous mieux adresser. Que cela ne vous fasse cependant pas suspendre votre histoire de Clément V [1] : vous l'avez promise à notre académie. Revenez, et vous y travaillerez plus à l'aise sur le tombeau [2] de ce pape. Je prétends que vous ne laissiez pas l'article de Brunissende [3], car je crains que vous ne soyez trop timoré pour nous en parler; je ne vous demande que de mettre une note. Vos recherches vous feront lire des savans; et un trait de galanterie vous fera lire de ceux qui ne le sont pas. J'ai envoyé votre médaille à Bordeaux, avec ordre de la remettre à M. de Tourni, pour la remettre à M. l'intendant de Languedoc. Mon cher abbé, il y a deux choses difficiles, d'attraper la médaille, et que la médaille vous attrape. Adieu; je vous

---

[1] Cette histoire de Clément V n'a pas encore paru (1768), et on croit que le mauvais état où se trouve depuis long-temps la vue de l'auteur, ne lui permet pas de l'achever; on a su qu'il en lut le premier livre dans une assemblée de l'Académie des inscriptions et belles-lettres, en 1747, et que cette lecture fit souhaiter de voir l'ouvrage achevé.

[2] Le tombeau de ce pape est dans la collégiale d'Useste, près de Bazas, où il fut enterré dans une seigneurie de la maison de Goût.

[3] Quelques historiens ont avancé que Brunissende, comtesse de Périgord, étoit la maîtresse de Clément lorsqu'il étoit archevêque de Bordeaux, et qu'il continua de la distinguer durant son pontificat.

attends, je vous désire, et vous embrasse de tout mon cœur.

De Paris, en 1746.

A M. DE MAUPERTUIS [1].

Monsieur mon très-cher et très-illustre confrère,

Vous aurez reçu une lettre de moi, datée de Paris. J'en reçus une de vous, datée de Potzdam; comme vous l'aviez adressée à Bordeaux, elle a resté plus d'un mois en chemin, ce qui m'a privé très-long-temps du véritable plaisir que je ressens toujours lorsque je reçois des marques de votre souvenir. Je ne me console point de ne vous avoir point trouvé ici, et mon cœur et mon esprit vous y cherchent toujours. Je ne saurois vous dire avec quel respect, avec quels sentimens de reconnoissance, et, si j'ose le dire, avec quelle joie j'apprends par votre lettre la nouvelle que l'académie m'a fait l'honneur de me nommer un de ses membres : il n'y a que votre amitié qui ait pu lui persuader que je pouvois aspirer à cette place. Cela va me donner de l'émulation pour valoir mieux que je ne vaux ; et il y a long-temps que vous au-

---

[1] Cette lettre se trouve dans l'Éloge de Montesquieu, par Maupertuis, imprimé à Berlin en 1755.

riez vu mon ambition, si je n'avois craint de tourmenter votre amitié en la faisant paroître. Il faut à présent que vous acheviez votre ouvrage, et que vous me marquiez ce que je dois faire en cette occasion, à qui et comment il faut que j'aie l'honneur d'écrire, et comment il faut que je fasse mes remercimens. Conduisez-moi, et je serai bien conduit. Si vous pouvez dans quelque conversation parler au roi de ma reconnoissance, et que cela soit à propos, je vous prie de le faire. Je ne puis offrir à ce grand prince que de l'admiration, et en cela même je n'ai rien qui puisse presque me distinguer des autres hommes.

Je suis bien fâché de voir par votre lettre que vous n'êtes pas encore consolé de la mort de M. votre père. J'en suis vivement touché moi-même; c'est une raison de moins pour nous pour espérer de vous revoir. Pour moi, je ne sais si c'est une chose que je dois à mon être physique, ou à mon être moral; mais mon âme se prend à tout. Je me trouvois heureux dans mes terres, où je ne voyois que des arbres, et je me trouve heureux à Paris, au milieu de ce nombre d'hommes qui égalent les sables de la mer; je ne demande autre chose à la terre que de continuer à tourner sur son centre : je ne voudrois pourtant pas faire avec elle d'aussi petits cercles que ceux que vous faisiez quand vous étiez à Torneo. Adieu, mon cher et illustre ami; je vous embrasse un million de fois.

A Paris, ce 25 novembre 1746.

A L'ABBÉ DE GUASCO.

Mon cher abbé, je vous ai dit jusqu'ici des choses vagues, et en voici de précises. Je désire de donner mon ouvrage le plus tôt qu'il se pourra. Je commencerai demain à donner la dernière main au premier volume, c'est-à-dire aux treize premiers livres; et je compte que vous pourrez les recevoir dans cinq à six semaines. Comme j'ai des raisons très-fortes pour ne point tâter de la Hollande et encore moins de l'Angleterre, je vous prie de me dire si vous comptez toujours de faire le tour de la Suisse avant le voyage des deux autres pays. En ce cas, il faut que vous quittiez sur-le-champ les délices du Languedoc; et j'enverrai le paquet à Lyon, où vous le trouverez à votre passage. Je vous laisse le choix entre Genève, Soleure et Bâle. Pendant que vous feriez le voyage, et que l'on commenceroit à travailler sur le premier volume, je travaillerai au second, et j'aurai soin de vous le faire tenir aussitôt que vous me le marquerez; celui-ci sera de dix livres, et le troisième de sept; ce seront des volumes in-4°. J'attends votre réponse là-dessus, et si je puis compter que vous partirez sur-le-champ sans vous arrêter ni à droite ni à gauche. Je souhaite ardemment que mon ouvrage ait un parrain tel que vous. Adieu, mon cher ami ; je vous embrasse.

De Paris, le 6 décembre 1746.

AU MÊME.

Ma lettre, à laquelle vous venez de répondre, a fait un effet bien différent que je n'attendois : elle vous a fait partir ; et moi je comptois qu'elle vous feroit rester jusqu'à ce que vous eussiez reçu des nouvelles du départ de mon manuscrit ; au moins étoit-ce le sens littéral et spirituel de ma lettre. Depuis ce temps, ayant appris le passage du Var, je fis réflexion que vous étiez Piémontais, et qu'il étoit désagréable pour un homme qui ne songe qu'à ses études et à ses livres, et point aux affaires des princes, de se trouver dans un pays étranger dans des conjonctures pareilles à celles-ci ; de sorte que vous prendriez peut-être le parti de retourner dans votre pays ; surtout s'il est vrai que votre bon ami le marquis d'Orméa est mort ou n'a plus de crédit [1], comme le bruit en court.

---

[1] L'un et l'autre étoit vrai. Lorsque je passai à Turin, on me

Je parlai à notre ami Gendron de la situation désagréable dans laquelle cela vous mettoit, et il pense comme moi. Mais nous espérons qu'à la paix vous pourrez jouir tranquillement de l'aménité de la France, que vous aimez, et où l'on vous aime. Peut-être, mon cher ami, ai-je porté mes scrupules trop loin; sur cela vous êtes prudent et sage.

Du reste, dans la situation présente, je ne crois pas qu'il me convienne d'envoyer mon livre pour le faire imprimer, d'autant moins que je suis incertain du parti que vous prendrez. Si vous croyez devoir rester en France, je ne doute pas que vous ne revoyiez la Garonne, et que vous ne travailliez à une autre dissertation pour remporter encore un prix à l'académie des inscriptions. Vous imiterez en cela l'abbé Le Beuf [1]; mais vous ne serez pas si bœuf que lui. Adieu; je vous embrasse de tout mon cœur.

De Paris, le 24 décembre 1746.

dit que ce ministre, s'apercevant que son crédit étoit fort baissé, tomba dans une maladie lente, et qu'il mourut au milieu des douleurs et des rugissemens.

[1] L'abbé Le Beuf, chanoine d'Auxerre, et depuis membre de l'académie des inscriptions et belles-lettres, remporta deux ou trois prix à cette académie. Ses dissertations sont pleines d'utiles recherches, mais fort pesamment écrites.

AU MÊME.

Vous m'avez bien envoyé l'extrait de ma lettre; mais il y a des points qui ne valent rien. Je vous avois mandé que je vous enverrois une partie de mon ouvrage, mais que, quand vous l'auriez reçue, vous ne vous amuseriez plus à autre chose; là-dessus vous êtes parti pour faire toutes vos courses, au lieu d'attendre mon manuscrit. Mon cher ami, quand il y aura une métempsychose, vous renaîtrez pour faire la profession de voyageur; je vous conseille de commencer à vous faire dérater. Mais venons au fait.

Dans trois mois d'ici vous recevrez quinze ou vingt livres, qui n'ont besoin que d'être relus et recopiés; c'est-à-dire de cinq parties vous en recevrez trois, qui feront le premier volume; et après cela je travaillerai au second, que vous recevrez deux ou trois mois après. S'il ne vous reste plus de courses littéraires ou galantes à faire dans le Languedoc, vous ferez bien d'aller reprendre votre poste de confesseur de mademoiselle de Montesquieu, ou celui de pénitent de M. l'évêque d'Agen.

Quoi qu'il en soit, en quelque endroit que vous me marquiez, je vous enverrai à la fin d'avril le premier volume. Si vous croyez avoir besoin d'un passeport de la cour, je serai votre pis-aller ; croyant qu'il vaut mieux que vous employiez pour cela M. Le Nain ou M. de Tourni ; ce que je ne dis point du tout pour me dispenser de faire la chose, mais parce que les intendans ont plus de crédit qu'un ex-président. Je vous embrasse de tout mon cœur.

De Paris, le 20 février 1747.

AU MÊME.

J'ai parlé à M. de Boze : il m'a renvoyé assez rudement et assez maussadement, et m'a dit qu'il ne se mêloit pas de ces choses-là ; qu'il falloit s'adresser à M. Freret [1] et à M. le comte de Maurepas ; que c'étoit la chimère de ceux qui avoient gagné un prix de croire qu'on les recevroit d'abord à l'académie. Je ne sais pas s'il n'auroit pas quelque autre en vue. Je parlai le même jour à M. Duclos, qui me paroît d'assez bonne volonté ; mais c'est un des derniers. Or, vous ne pouvez avoir M. de Maurepas que par la duchesse d'Aiguillon, votre muse [2] favorite. Vous savez que je

---

[1] Alors secrétaire perpétuel de l'académie.

[2] C'est à elle qu'il avoit dédié la traduction des *Satires russes* du prince Cantimir, sous le nom de Mad...., parce qu'elle étoit

suis brouillé avec M. Freret; vous ferez donc bien d'écrire à madame d'Aiguillon : si je le lui propose, il est sûr et très-sûr qu'elle n'en fera rien ; mais si vous écrivez, elle m'en parlera, et je lui dirai des choses qui pourront l'engager. Si vous gagnez encore un prix, cela aplanira les difficultés. Le père Desmolets m'a dit que vous travailliez; moi je travaille de mon côté, mais mon travail s'appesantit.

Le chevalier Caldwell m'a écrit que vous étiez tenté d'aller avec lui en Égypte; je lui ai mandé que c'étoit pour aller voir vos confrères les momies. Son aventure [1] de Toulouse est bien risible;

fort liée avec le prince Cantimir, et que c'est à sa réquisition que l'on avoit fait la traduction française de ses satires.

[1] Le chevalier Caldwell, Irlandais, s'étant arrêté à Toulouse, s'amusoit à aller prendre des oiseaux hors de la ville. Comme on le voyoit sortir tous les matins de bonne heure, et rôder autour de la ville avec un petit garçon, tenant souvent du papier et un crayon en main, les capitouls soupçonnèrent qu'il pourroit bien s'occuper à en lever le plan [1], dans un temps où l'on étoit en guerre avec l'Angleterre. On l'arrêta en conséquence ; et comme en fouillant dans ses poches on lui trouva un dessin qui étoit celui de la machine avec laquelle il apprenoit à prendre les oiseaux, et plusieurs cartes avec un catalogue de mots qui étoient les noms des oiseaux, qu'on n'entendoit pas parce qu'ils étoient écrits en anglais, on ne douta pas que tout cela n'eût rapport à l'entreprise supposée; et on le mit aux arrêts jusqu'à ce qu'il eût fait con-

[1] La ville de Toulouse n'est point fortifiée.

il paroît que dans cette ville-là on est aussi fanatique en fait de politique qu'en fait de religion.

Faites, je vous prie, mes respectueux complimens à M. le premier président Bon [1] : la première chose physique que j'aie vue en ma vie, c'est un écrit sur les araignées, fait par lui. Je l'ai toujours regardé comme un des plus savans personnages de France ; il m'a toujours donné de l'émulation quand j'ai vu qu'il joignoit tant de connoissances de son métier avec tant de lumières sur le métier des autres : remerciez-le bien des bontés qu'il me fait l'honneur de me marquer.

J'ai eu aussi l'honneur de connoître M. Le Nain [2] à la Rochelle, où j'étois allé voir M. le comte de Matignon. Je vous prie de vouloir bien lui rafraîchir la mémoire de mon respect. On dit ici qu'il a chassé les ennemis de Provence par ses bonnes dispositions économiques, et que nous lui devons l'huile de Provence. Votre lettre de change n'est

noître son innocence, et jusqu'à ce que quelqu'un eût répondu de lui.

[1] Premier président de la cour des aides de Montpellier, conseiller d'état, et de l'académie des sciences, qui trouva le secret de faire filer des toiles d'araignées, d'en faire des bas, et d'en extraire des gouttes égales à celles d'Angleterre contre l'apoplexie. Il découvrit aussi le moyen de rendre utiles les marrons d'Inde pour en nourrir les pourceaux et en faire de la poudre. Il avoit un cabinet d'antiquités fort curieux.

[2] Intendant du Languedoc.

point encore arrivée, mais un avis seulement. Vous voyez bien que vous êtes vif, et que vous avez envoyé M. Jude à perte d'haleine pour une chose qu'il pouvoit faire avec toute sa gravité. Adieu; je vous embrasse de tout mon cœur.

De Paris, le 1er mars 1747.

A MONSEIGNEUR CERATI.

J'ai reçu, monsieur mon illustre ami, étant à Paris, la lettre que je dois à votre amitié. Vous ne me parlez pas de votre santé, et je voudrois en avoir pour garant quelque chose de mieux que des preuves négatives. Vous avez mis dans votre lettre un article que j'ai relu bien des fois, qui est que vous désireriez venir passer deux ans à Paris, et que vous pourriez de là aller jusqu'à Bordeaux; voilà des idées bien agréables : et moi je forme le projet d'aller quelque jour à Pise pour corriger chez vous mon ouvrage; car qui pourroit le mieux faire que vous? et où pourrois-je trouver des jugemens plus sains? La guerre m'a tellement incommodé, que j'ai été obligé de passer trois ans et demi dans mes terres; de là je suis venu à Paris; et si la guerre continue, j'irai me remettre dans ma coquille jusqu'à la paix. Il me semble que tous les princes de l'Europe demandent cette paix : ils sont donc pacifiques? non, car il n'y a de princes pacifiques que ceux qui font des sacrifices pour avoir la paix, comme il n'y a d'homme généreux que celui qui cède de ses intérêts, ni d'homme charitable que celui qui sait donner. Discuter ses intérêts avec une très-grande rigidité est l'éponge de toutes les vertus. Vous ne me parlez pas de vos yeux : les miens sont précisément dans la situation où vous les avez laissés : enfin j'ai découvert qu'une cataracte s'est formée sur le bon œil; et mon Fabius Maximus, M. Gendron, me dit qu'elle est de bonne qualité, et qu'on ouvrira le volet de la fenêtre. J'ai remis cette opération au printemps prochain, pour raison de quoi je passerai ici tout l'hiver. Du reste, notre excellent homme M. Gendron se porte bien. Avez-vous reçu des nouvelles de M. Cerati? disons-nous toujours. Il est aussi gai que vous l'avez vu, et fait d'aussi bons raisonnemens. A propos, je trouvai, en arrivant, Paris délivré de la présence du fou le plus incommode, et du fléau le plus terrible que j'aie vu de ma vie. Son voyage d'Angleterre m'avoit permis quatre ou cinq mois de respirer à Paris, et je ne le vis que la veille de mon départ, pour ne le revoir jamais. Vous entendez bien que c'est du marquis de Loc-Maria dont je veux parler, qui ennuie et excède à présent ceux qui sont en enfer, en purgatoire ou en paradis.

L'ouvrage va paroître en cinq volumes. Il y en aura quelque jour un sixième de supplément; dès qu'il en sera question, vous en aurez des nouvelles. Je suis accablé de lassitude : je compte de me reposer le reste de mes jours. Adieu, monsieur; je vous prie de me conserver toujours votre souvenir : je vous garde l'amitié la plus tendre. J'ai l'honneur d'être, monseigneur, avec tout le respect possible.

De Paris, ce 31 mars 1747.

A L'ABBÉ DE GUASCO.

A Aix.

Je vous donne avis, victorieux abbé, que vous avez remporté un second triomphe[1] à l'académie. Je n'ai point parlé de votre affaire à madame d'Aiguillon, parce qu'elle est partie pour Bordeaux comme un éclair : elle n'est occupée que du *franc-alleu* : tout doit céder à cela, même ses amis.

Je vous donne aussi avis qu'au commencement du mois prochain l'ouvrage en question sera fini de copier. Je suis quasi d'avis de le mettre in-12 :

---

[1] Le sujet du prix proposé par l'académie étoit d'expliquer *en quoi consistoient la nature et l'étendue de l'autonomie dont jouissoient les villes soumises à une puissance étrangère.*

ce que je vous enverrai formera cinq volumes, distingués dans la copie. Ayez la bonté de me mander où il faut que je vous adresse le paquet. Je compte recevoir votre réponse avant que l'on ait fini ; ainsi vous ne devez pas perdre de temps à m'écrire et à me mander où vous serez tout le mois de juin. Je suis bien aise que votre santé soit meilleure ; votre esquinancie m'a alarmé. Adieu, mon cher ami.

De Paris, le 4 mai 1747.

AU MÊME.

Étant aussi en l'air que vous, mon cher ami, et prêt à partir pour la Lorraine avec madame de Mirepoix, j'adresse ma lettre à M. le Nain. Je ne me suis pas bien expliqué sans doute dans ma lettre. Je lui ai dit qu'il y avait toutes les apparences que vous seriez de l'académie, et non pas que vous en étiez. Je ne doute pas que l'on ne vous en accorde la place en vous présentant à Paris après cette seconde victoire. Je crois vous avoir déjà mandé que j'avois remis votre seconde médaille à M. Dalnet de Bordeaux. Comme M. Dalnet a deux ou trois millions de bien, j'ai cru ne pouvoir pas choisir mieux pour confier votre trésor. Votre lettre m'ayant totalement désorienté, vous voyant des entreprises pour un siècle, et ne sachant d'ailleurs où vous prendre parmi dix ou douze villes que vous me citiez; voyant de plus que dans les lieux où j'étais obligé de m'adresser pour l'impression, à cause de la guerre, vous ne trouveriez pas vos convenances; je me suis servi d'une occasion[1] que j'ai trouvée sous ma main, et j'ai cru que cela vous convenoit plus que de déranger la suite de vos voyages.

Je souhaite plutôt que vous preniez la route de Bordeaux : si vous y êtes l'automne prochaine ou le printemps prochain, je vous y verrai avec un grand plaisir, et j'entend que vous preniez une chambre dans mon hôtel; mais je ne traiterai pas si familièrement un homme qui a remporté deux triomphes à l'académie. Adieu, mon cher abbé; je vous embrasse mille fois.

De Paris, ce 30 mai 1747.

[1] Ce fut M. Sarasin, résident de Genève, qui s'en retournoit dans son pays, dont l'auteur profita pour envoyer le manuscrit de *l'Esprit des Lois* au sieur Barillot, imprimeur de cette ville. M. le professeur Vernet fut chargé de présider à l'édition, dans laquelle il se crut permis de changer quelques mots; ce dont l'auteur fut fort piqué, et il les fit corriger dans l'édition de Paris.

AU MÊME.

J'ai eu l'honneur de vous mander, mon cher abbé, que votre lettre ne me disant rien que de très-vrai, et ne me parlant que des difficultés que vous trouveriez dans cette affaire, et d'un nombre infini de voyages commencés, projetés ou à achever, j'ai pris le parti d'une occasion très-favorable qui s'est offerte, et qui vous délivre d'une grande peine.

Je vous dirai que j'ai jugé à propos de retrancher, quant à présent, le chapitre sur le stathoudérat; dans les circonstances présentes il auroit peut-être été mal reçu en France[1], et je veux éviter toute occasion de chicane : cela n'empêchera pas que je ne vous donne dans la suite ce chapitre pour la traduction italienne que vous avez entreprise. Dès que mon livre sera imprimé, j'aurai soin que vous en ayez un des premiers exemplaires;

[1] Il fait voir dans ce chapitre la nécessité d'un stathouder, comme partie intégrale de la constitution de la république. L'Angleterre venoit de faire nommer le prince d'Orange, ce qui ne plaisoit point à la France, alors en guerre, parce qu'elle profitoit de la foiblesse du gouvernement acéphale des Hollandais pour pousser ses conquêtes en Flandre.

et vous traduirez plus commodément sur l'imprimé que sur le manuscrit.

J'ai été comblé de bontés et d'honneurs à la cour de Lorraine, et j'ai passé des momens délicieux avec le roi Stanislas. Il y a grande apparence que je serai à Bordeaux avant la fin du mois d'août. En attendant mon retour, vous devriez bien aller trouver madame de Montesquieu à Clérac. Je ne manquerai pas de vous envoyer les deux exemplaires de la nouvelle édition de mes romans que je vous ai promis pour S. A. S., et pour M. le Nain. Adieu, je vous embrasse de tout mon cœur.

De Paris, le 17 juillet 1747.

AU MÊME.

Je vous demande pardon de vous avoir donné de fausses espérances de mon retour; des affaires que j'ai ici m'ont empêché de partir comme je l'avais projeté. Je suis aussi en l'air que vous. Je serai pourtant au commencement de mars à Bordeaux. Faites, en attendant, bien ma cour à la charmante comtesse de Pontac, chez qui je crois que vous êtes à présent, et d'où j'espère que vous descendrez à Bordeaux, où nous disputerons politique et théologie. J'enverrai le livre à M. le Nain. Je peux bien envoyer un roman¹ à un conseiller d'état : à vous, il faut les Pensées de M. Pascal ; quoique dix-huit ou vingt dames que le prince de Wurtemberg m'a dit que vous avez sur votre compte en Languedoc et en Provence, vous auront sans doute beaucoup changé, et rendu plus croyant² touchant les aventures galantes. Vous ferez comme cet ermite que le diable damna en lui montrant un petit soulier ; car je vous ai toujours vu enclin aux belles passions, et je suis persuadé que dans votre dévotion vous enragiez de bon cœur : mais il faudra vous divertir à Bordeaux, et je chargerai ma belle-fille d'avoir soin de vous. Je vis l'autre jour M. de Boze, avec qui je parlai beaucoup de vous. Quand vous serez ici, vous entrerez à l'académie par la porte cochère ; mais je vous conseille d'écrire encore sur le sujet du prix proposé pour l'année prochaine. Comme ce sujet tient à celui

---

¹ *Le Temple de Gnide*, qu'il lui avoit fait demander.

² Ceci a rapport à la difficulté que celui-ci montroit toujours à croire lorsqu'on débitoit quelque aventure galante, soutenant qu'on étoit fort injuste à l'égard des femmes. Quelqu'un qui a beaucoup vécu avec ces deux amis m'a dit que Montesquieu le plaisantoit souvent là-dessus, lui donnant par cette raison le titre de protecteur du beau sexe. Disputant un jour ensemble avec quelque chaleur au sujet d'un conte de galanterie qui couroit, et que le dernier s'efforçoit d'excuser, un de leurs amis communs entra ; Montesquieu se tournant subitement vers lui : Président, lui dit-il, voilà un abbé qui croit qu'on ne..... point.

que vous avez traité¹, et que vous tenez le fil des règnes précédens, vous trouverez moins de difficultés dans vos nouvelles recherches. Si les mémoires sur lesquels je travaillai l'Histoire de Louis XI n'avoient point été brûlés², j'aurois pu vous fournir quelque chose sur ce sujet.

Si vous remportez ce troisième prix, vous n'aurez besoin de personne, et votre réception n'en sera que plus glorieuse. Vous aurez tant de loisir que vous voudrez à Clérac et à la Brède, où les

¹ Le sujet proposé étoit *l'état des lettres en France sous le règne de Louis XI*. Le conseil de Montesquieu ayant été suivi, son correspondant remporta un troisième prix à l'académie. Nous ne connoissons pas cette dissertation, qui n'est point imprimée dans l'édition, faite à Tournai, des dissertations de cet auteur.

² A mesure qu'il composoit, il jetoit au feu les mémoires dont il avoit fait usage. Mais son secrétaire fit un sacrifice plus cruel aux flammes : ayant mal compris ce que Montesquieu lui dit, de jeter au feu le brouillon de son *Histoire de Louis XI*, dont il venoit de terminer la lecture de la copie tirée au net, il jeta celle-ci au feu ; et l'auteur ayant trouvé en se levant le brouillon sur sa table, crut que le secrétaire avoit oublié de le brûler, et le jeta aussi au feu ; ce qui nous a privés de l'histoire d'un règne des plus intéressans de la monarchie française, écrite par la plume la plus capable de le faire connoître. Le malheur n'est point arrivé dans sa dernière maladie, comme l'a avancé Fréron dans ses feuilles périodiques, mais en l'année 1739 ou 1740, puisque Montesquieu conta l'accident qui lui étoit arrivé à un de ses amis, à l'occasion de l'*Histoire de Louis XI* par Duclos, qui parut quelque temps après l'an 1740.

voyages¹ et les dames ne vous distrairont plus. Vous êtes en haleine dans cette carrière, et vous y trouverez plus de facilité qu'un autre. Adieu; je vous embrasse mille fois.

De Paris, le 19 octobre 1747.

A M. DE MAUPERTUIS.

L'Anti-Lucrèce du cardinal de Polignac paroît, et il a eu un grand succès. C'est un enfant qui ressemble à son père. Il décrit agréablement et avec grâce; mais il décrit tout, et s'amuse partout. J'aurois voulu qu'on en eût retranché deux mille vers. Mais ces deux mille vers étoient l'objet du culte de Rome comme les autres; et on a mis à la tête de cela des gens qui connoissoient le latin de l'Énéide, mais qui ne connoissoient pas l'Énéide. N*** est admirable : il m'a expliqué tout l'Anti-Lucrèce, et je m'en trouve fort bien. Pour vous, je vous trouve encore plus extraordinaire : vous

---

¹ Étant parti de Bordeaux, il profita de l'absence de Montesquieu pour parcourir en détail les provinces méridionales de France d'une mer à l'autre, et jusqu'au centre des Pyrénées, pour y connoître les savans, les académies, les bibliothèques, les antiquités, les ports de mer, les productions propres à chaque province, et l'état du commerce et des fabriques; ce dont il a conservé des mémoires très-intéressans.

me dites de vous aimer, et vous savez que je ne puis faire autre chose.

De ..... 1747.

A L'ABBÉ DE GUASCO.

Tout ce que je puis vous dire, c'est que je pars au premier jour pour Bordeaux, et que là j'espère avoir le plaisir de vous voir. Je sais que je vous dois des remercîmens pour les deux petits chiens de Bengale, de la race de l'infant don Philippe, que vous me menez; mais comme les remercîmens doivent être proportionnés à la beauté des chiens, j'attends de les avoir vus pour former les expressions de mon compliment. Ce ne seront point deux aveugles comme vous et moi qui les formeront, mais mon chasseur, qui est très-habile, comme vous savez.

J'ai envoyé mon roman¹ à M. le Nain, et je trouve fort extraordinaire que ce soit un théologien qui soit le propagateur d'un ouvrage si frivole. Je vais aussi envoyer un exemplaire de la nouvelle édition de la Décadence des Romains au prince Édouard, qui, en m'envoyant son manifeste, me dit qu'il falloit de la correspondance

¹ *Le Temple de Gnide.*

entre les auteurs, et me demandoit mes ouvrages.

Je fais bien ici vos affaires, car j'ai parlé de vous à madame la comtesse de Sénectère, qui se dit fort de vos amies. Je n'ai pas daigné parler pour vous à la mère, car ce n'est pas des mères dont vous vous souciez. Bien des complimens à madame la comtesse de Pontac : quoi que vous puissiez dire de sa fille, je tiens pour la mère, je ne suis pas comme vous.

Dites à l'abbé Venuti que j'ai parlé à l'abbé de Saint-Cyr, et qu'il fera une nouvelle tentative auprès de M. l'évêque de Mirepoix. Je n'ai jamais vu un homme qui fasse tant de cas de ceux qui administrent la religion, et si peu de ceux qui la prouvent [1].

M. Lomelini m'a conté comme, pendant votre séjour en Languedoc, vous étiez devenu citoyen de Saint-Marin [2], et un des plus illustres sénateurs de cette république : je m'en suis beaucoup diverti. Ce n'est pas cette qualité sans doute qui don-

---

[1] Ceci a rapport à la traduction italienne du poème de la *Religion*, dont nous avons parlé dans la note 1, page 369.

[2] Plaisanterie fondée sur ce que ce voyageur, étant arrivé en Languedoc précisément dans le temps que les Autrichiens et les Piémontais avoient passé le Var, à la question que quelqu'un lui fit de quelle partie de l'Italie il étoit, répondit en plaisantant : « De « la république de Saint-Marin, qui n'a rien à démêler avec les « puissances belligérantes. » Cette réponse avoit été prise au sérieux

noit envie au maréchal de Belle-Isle de vous avoir sur les bords du Var ; c'est qu'il vous savoit bien d'un autre pays : et je crois que vous avez bien fait de ne point accepter son invitation. Dieu sait comment on auroit interprété ce voyage dans votre pays.

Je souhaite ardemment de vous trouver de retour à Bordeaux quand j'y arriverai, d'autant plus que je veux que vous me disiez votre avis sur quelque chose qui me regarde personnellement. Mon fils ne veut point de la charge de président à mortier que je comptois lui donner. Il ne me reste donc que de la vendre, ou de la reprendre moi-même. C'est sur cette alternative que nous conférerons avant que je me décide : vous me direz ce que vous pensez après que je vous aurai expliqué le pour et le contre des deux partis à prendre : tâchez donc de ne vous pas faire attendre long-temps. Adieu.

De Paris, ce 28 mars 1748.

par quelques personnes, conjecturant bonnement qu'il étoit venu sans doute en France pour négocier en faveur des intérêts de sa république.

A MONSEIGNEUR CERATI.

J'ai reçu, monseigneur, non-seulement avec du plaisir, mais avec de la joie, votre lettre par la voie de M. le prince de Craon.

Comme vous ne me parlez point du tout de votre santé, et que vous écrivez, cela me fait penser qu'elle est bonne, et c'est un grand bien pour moi. M. Gendron [1] n'est pas mort, et je compte que vous le reverrez encore à Paris, se promenant dans son jardin avec sa petite canne, très-modeste admirateur des jésuites et des médecins. Pour par-

---

[1] Ancien médecin du régent, et le meilleur oculiste qu'il y eût en France. Il s'étoit retiré à Auteuil, dans la maison de Despréaux son ami, qu'il avoit achetée après sa mort. C'est par allusion à ces deux hôtes que Montesquieu, se promenant un jour avec M. Gendron, fit ces deux vers, qu'il faudroit mettre, dit-il en badinant, sur la porte :

>   Apollon, dans ces lieux, prêt à nous secourir,
>   Quitte l'art de rimer pour celui de guérir.

Voltaire avoit fait quatre vers sur le même. Ce médecin n'exerçoit plus sa profession que pour quelques amis. Il n'aimoit pas à parler de médecine, et il avoit une très-médiocre idée des médecins en général. Il vivoit d'une honnête rente viagère qu'il s'étoit faite, faisant beaucoup d'aumônes aux pauvres, aux malades indigens, qu'il voyoit tous les jours, et aux persécutés pour cause de jansénisme.

ler sérieusement, c'est un grand bonheur que cet excellent homme vive encore, et nous aurions perdu beaucoup vous et moi. Il commence toujours avec moi ses conversations par ces mots : « Avez-vous des nouvelles de M. Cerati ? » L'abbé de Guasco est de retour de son voyage de Languedoc ou de Provence : vous l'avez vu un homme de bien ; il s'est perdu comme David et Salomon. Le prince de Wurtemberg m'a dit qu'il avoit vingt-une femmes sur son compte : il dit qu'il aime mieux qu'on lui en donne vingt-une qu'une ; et il pourroit bien avoir raison. Au milieu de sa galanterie vagabonde, il ne laisse pas de remporter des prix à l'académie de Paris : il a gagné le prix de l'année passée, et il vient de gagner celui de cette année.

Je dois quitter Paris dans une quinzaine de jours, et passer quatre ou cinq mois dans ma province : et je mènerai l'abbé de Guasco à la Brède [1], faire pénitence de ses déréglemens. Madame Geoffrin a toujours très-bonne compagnie chez elle [2],

---

[1] Il étoit allé à Bordeaux pour y passer un hiver, et la compagnie de Montesquieu l'y retint trois ans, l'un et l'autre s'occupant beaucoup à l'étude et s'amusant à l'agriculture.

[2] Femme de M. Geoffrin, entrepreneur des glaces, qui, par le caractère de son esprit, et par l'état de sa fortune, étoit parvenue à attirer chez elle une société de beaux-esprits, de gens de lettres, et d'artistes, auxquels elle donnoit à dîner deux fois par semaine,

et elle voudroit fort bien que vous augmentassiez le cercle, et moi aussi. Vous me feriez un grand plaisir si vous vouliez faire un peu ma cour à M. le prince de Craon, et lui dire combien je serois content de la fortune si elle m'avoit par hasard, dans quelque moment de ma vie, approché de lui : en attendant, je fais ma cour à un homme qui le représentera bien ; c'est M. le prince de Beauvau : soyez sûr qu'il y a en lui plus d'étoffe qu'il n'en faut pour faire un grand homme. Je me pique de savoir deviner les gens qui iront à la gloire ; et je ne me suis pas beaucoup trompé.

A l'égard de mon ouvrage, je vous dirai mon secret; on l'imprime dans les pays étrangers. Je

---

se rendant par là une manière de dictateur de l'esprit, des talens, du mérite et de la bonne compagnie. Sa maison étoit aussi le rendez-vous de plusieurs seigneurs et dames, qui s'arrangeoient pour aller souper chez elle. La société que l'on trouvoit dans cette maison faisoit que les étrangers cherchoient à y être introduits. La maîtresse du logis ne négligeoit pas d'attirer ceux qui pouvoient lui donner du relief. Elle étoit très-officieuse pour ceux qui lui convenoient, et sans miséricorde pour ceux qui ne lui plaisoient pas. Elle disoit qu'elle tenoit toujours sur sa table une aune pour mesurer ceux qui se présentoient chez elle pour la première fois, et c'étoit par cette aune qu'elle jugeoit, disoit-elle, à l'œil s'ils pouvoient devenir des meubles qui convinssent à sa maison. On prétend néanmoins que cette aune étoit quelquefois fautive. Tout cela lui mérita de jouer, dans la comédie des Philosophes, un rôle dont on dit qu'elle ne fut pas fort flattée.

continue à vous dire ceci dans un grand secret : il aura deux volumes in-4°, dont il y en a un d'imprimé ; mais on ne le débitera que lorsque l'autre sera fait : sitôt qu'on le débitera vous en aurez un, que je mettrai entre vos mains comme l'hommage que je vous fais de mes terres. J'ai pensé me tuer depuis trois mois afin d'achever un morceau que je veux y mettre, qui sera un livre de l'origine et des révolutions de nos lois civiles de France. Cela formera trois heures de lecture ; mais je vous assure que cela m'a coûté tant de travail que mes cheveux en sont blanchis. Il faudroit, pour que mon ouvrage fût complet, que je pusse achever deux livres sur les lois féodales. Je crois avoir fait des découvertes sur une matière la plus obscure que nous ayons, qui est pourtant une magnifique matière. Si je puis être en repos à ma campagne pendant trois mois, je compte que je donnerai la dernière main à ces deux livres, sinon mon ouvrage s'en passera. La faveur que votre ami, M. Hein, me fait de venir souvent passer les matinées chez moi, fait un grand tort à mon ouvrage, tant par la corruption de son français, que par la longueur de ses détails : il vient me demander de vos nouvelles ; il se plaint beaucoup d'une ancienne dysurie que M. Le Dran a beaucoup de peine à vaincre, et il ne me paroît guère plus content du stathouder. Je vous prie de me conserver toujours un peu de part dans votre amitié, et de ne pas oublier celui qui vous aime et vous respecte.

De Paris, ce 18 mars 1748.

A M. DUCLOS,

DE L'ACADÉMIE FRANÇAISE.

La lettre, monsieur mon illustre confrère, que vous m'avez écrite en réponse au sujet de l'abbé de Guasco, est si obligeante [1], que je ne peux m'empêcher de vous en faire un remercîment. J'ai une grande envie de vous revoir; mais Helvétius et Saurin vous reverront plus tôt que moi. J'ai pourtant, depuis quelques jours, brisé bien des chaînes qui me retenoient ici. Les soirées de l'hôtel de Brancas reviennent toujours à ma pensée, et ces soupers qui n'en avoient pas le titre, et où nous nous crevions. Dites, je vous prie, à madame de Rochefort, et à monsieur et madame de Forcalquier, d'avoir quelques bontés pour un homme qui les adore. Vous devriez bien me procurer quelques-unes de ces badineries charmantes de M. de Forcalquier, que nous voyions quelquefois à Paris, et qui sortoient de son esprit comme un

---

[1] Voyez la lettre page 405, au sujet d'une place à l'académie des inscriptions et belles-lettres que sollicitoit M. l'abbé de Guasco.

éclair. Je suis devenu bien sage depuis que je ne vous ai vu : je ne fais et ne ferai absolument rien; et j'ai pris mon parti de n'avoir plus d'esprit à moi, et de me livrer entièrement à l'agrément de celui des autres. Ne dois-je pas désirer de commencer par M. de Forcalquier? Adieu, mon très-cher confrère; agréez, je vous prie, mes sentimens pleins d'estime, etc.

De Bordeaux, le 15 août 1748.

AU PRINCE CHARLES ÉDOUARD [1].

Monseigneur, j'ai d'abord craint qu'on ne me trouvât de la vanité dans la liberté que j'ai prise de vous faire part de mon ouvrage : mais à qui présenter les héros romains qu'à celui qui les fait revivre [2]? J'ai l'honneur d'être avec un respect infini.

[1] Cette lettre s'est trouvée en Italie, entre les mains d'un des correspondans de Montesquieu.

[2] Par les avantages que ce prince avoit remportés sur l'armée anglaise dans son expédition d'Écosse.

A M. LE GRAND PRIEUR SOLAR,

AMBASSADEUR DE MALTE A ROME.

Monsieur mon illustre commandeur, votre lettre a mis la paix dans mon âme qui étoit embarbouillée d'une infinité de petites affaires que j'ai ici. Si j'étois à Rome avec vous, je n'aurois que des plaisirs et des douceurs, et je mettrois même au nombre des douceurs toutes les persécutions que vous me feriez. Je vous assure bien que si le destin me fait entreprendre de nouveaux voyages, j'irai à Rome; je vous sommerai de votre parole, et je vous demanderai une petite chambre chez vous. Rome *antica e moderna* m'a toujours enchanté : et quel plaisir que celui de trouver ses amis à Rome! Je vous dirai que le marquis de Breil s'est souvenu de moi; il s'est trouvé à Nice avec M. de Sérilly; ils m'ont écrit tous deux une lettre charmante. Jugez quel plaisir j'ai eu de recevoir des marques d'amitié d'un homme que vous savez que j'adore. Je lui mande que, si j'habitois le Rhône comme la Garonne, j'aurois été le voir à Nice. Je ne suis pas surpris de voir que vous aimiez Rome; et si j'avois des yeux, j'aimerois autant habiter Rome que Paris. Mais comme Rome est toute extérieure, on sent continuellement des privations lorsqu'on n'a pas des yeux. Le départ de M. de Mirepoix et de M. le duc de Richemont est retardé. On a dit, à Paris, que cela venoit de ce que le roi d'Angleterre ne vouloit pas envoyer un homme titré si on ne lui en envoyoit un. Ce n'est pas cela ; la haute naissance de M. de Mirepoix le dispense du titre [1] ; et le feu empereur Charles VI, qui avoit pour ambassadeur M. le prince de Lichtenstein, n'eut point cette délicatesse sur M. de Mirepoix. La vraie raison est que le duc de Richemont n'est pas content de l'argent qu'on veut lui donner pour son ambassade : de plus la duchesse de Richemont est malade ; et le duc, qui l'adore, ne voudroit pas la quitter et passer la mer sans elle. Nos négocians disent ici que les négociations entre l'Espagne et l'Angleterre vont fort mal ; on n'est pas même convenu du point principal qui occasiona la guerre : je veux dire la manière de commercer en Amérique, et les 90,000 liv. sterl. pour le dédommagement des prises faites. De plus, on dit qu'en Espagne on fait aux vaisseaux anglais nouvellement arrivés difficultés sur difficultés. Remarquez que je vous dis de belles nouvelles pour un homme de province, et que vous aurez beaucoup de peine à me

---

[1] Il étoit alors marquis, et fut fait duc et pair après son ambassade d'Angleterre.

payer cela en préconisations et en congrégations. Le commerce de Bordeaux se rétablit un peu, et les Anglais ont eu même l'ambition de boire de mon vin cette année; mais nous ne pouvons nous bien rétablir qu'avec les îles de l'Amérique, avec lesquelles nous faisons notre principal commerce. Je suis bien aise que vous soyez content de l'*Esprit des Lois*. Les éloges que la plupart des gens pourroient me donner là-dessus flatteroient ma vanité; les vôtres augmenteroient mon orgueil, parce qu'ils sont donnés par un homme dont les jugemens sont toujours justes [1] et jamais téméraires. Il est vrai que le sujet est beau et grand : je dois bien craindre qu'il n'eût été beaucoup plus grand que moi; je puis dire que j'y ai travaillé toute ma vie. Au sortir du collége on me mit dans les mains des livres de droit; j'en cherchai l'esprit, j'ai travaillé, je ne faisois rien qui vaille. Il y a vingt ans que je découvris mes principes; ils sont très-simples : un autre qui auroit autant travaillé que moi auroit fait mieux que moi. Mais j'avoue que cet ouvrage a pensé me tuer : je vais me reposer; je ne travaillerai plus. Je vous trouve fort heureux d'avoir à Rome M. le duc de Niver-

---

[1] J'ai appris à Turin que, lorsque celui-ci eut lu la première fois l'*Esprit des Lois*, il dit : « Voilà un livre qui opérera une ré-« volution dans les esprits en France. » C'est une des preuves que ses jugemens étoient justes.

nais¹ : il avoit autrefois de la bonté pour moi ; il n'étoit pour lors qu'aimable : ce qui doit me piquer, c'est que j'ai perdu auprès de lui à mesure qu'il est devenu plus raisonnable. M. le duc de Nivernais a auprès de lui un homme qui a beaucoup de mérite et de talens ; c'est M. de la Bruère². Je lui dois un remercîment : si vous le voyez chez M. le duc de Nivernais, je vous prie de vouloir bien le lui faire pour moi.

Vous voyez bien qu'il n'est point question de *votre excellence*, et que vous n'aurez pas à me dire : « Que diable! avec votre excellence! » J'ai l'honneur de vous embrasser mille fois.

De Paris, le 7 mars 1749.

¹ Auteur de fables ingénieuses imprimées à Paris chez Didot jeune, en 1796, et de mélanges piquans de littérature dont cet aimable Nestor a embelli notre crépuscule littéraire en 1797.

² Auteur de la *Vie de Charlemagne*, et de plusieurs ouvrages faits pour le théâtre, tels que la comédie des *Mécontens*, et divers opéras intitulés : *les Voyages de l'Amour*, *Dardanus*, *Érigone*, et *le Prince de Noisy*. Il mourut en 1755, de la petite-vérole, à Rome, où il étoit chargé des affaires de France, et fut extrêmement regretté de tout le monde. Il avoit le privilége du *Mercure de France*, qui a passé après lui à M. de Boissy.

A M. L'ABBÉ COMTE DE GUASCO.

A Paris.

Pour vous prouver, illustre abbé, combien vous avez eu tort de me quitter, et combien peu je puis être sans vous, je vous donne avis que je pars pour vous aller joindre à Paris : car depuis que vous êtes parti il me semble que je n'ai plus rien à faire ici. Vous êtes un imbécile de n'avoir point été voir l'archevêque [1], puisque vous vous êtes arrêté quelques jours à Tours ; c'étoit peut-être la seule personne que vous aviez à voir, et il vous auroit très-bien reçu. Vous auriez aussi dû faire un demi-tour à gauche à Verret : monsieur et madame d'Aiguillon vous en auroient loué. Cela valoit bien mieux que votre abbaye de Marmoutier, où vous n'aurez vu que des choses gothiques et de vieilles paperasses qui vous gâtent les yeux. Votre Irlandais de Nantes m'a beaucoup diverti. Un banquier a raison de se figurer qu'un homme qui s'adresse à lui pour chercher des académies parle de celles de jeu, et non des académies littéraires, où il n'y a rien à gagner pour lui. Le curé

---

[1] M. de Rastignac, un des plus illustres prélats de France de son temps.

voit en songe son clocher, et sa servante y voit la culotte. Je savois bien que vous aviez fait vos preuves de coureur, mais je n'aurois pas cru que vous puissiez faire celles de courrier : M. Stuart dit que vous l'avez mis sur les dents. Quand vous vous embarquerez une autre fois, embarquez votre chaise avec vous, car on ne remonte pas les rivières comme on les descend. J'espère que vous ne vous presserez pas de partir pour l'Angleterre : il seroit bien mal à vous de ne pas attendre quelqu'un qui fait cent cinquante lieues pour vous aller trouver. Je compte d'être à Paris vers le 17 : vous avez le temps, comme vous voyez, de vous transporter dans la rue des Rosiers ; car il ne faut pas que vous vous éloigniez trop de moi. Adieu ; je vous embrasse de tout mon cœur.

De Bordeaux, le 2 juillet 1749.

AU MÊME.

M. D'ESTOUTEVILLES [1], mon cher abbé, me persécute pour que je vous engage de lui accorder

---

[1] Le comte Colbert d'Estoutevilles, petit-fils du grand Colbert, homme d'esprit, mais tourné à la singularité, conçut le projet de traduire *le Dante* en français. Il avoit depuis long-temps exécuté ce projet par une traduction en prose, sur laquelle il se réservoit de

une heure fixe tous les soirs pour achever la lecture et la correction de sa traduction de *Dante*. Il promet s'en rapporter à vous pour tous les changemens ¹ que vous jugerez à propos qu'il fasse; et il ne vous demande grâce que pour sa préface ². Vous savez qu'il a son style particulier, auquel il ne renonce pas, même quand il parle aux ministres ³. Marquez-moi ce que je dois lui

consulter quelque italien. Cette traduction a été imprimée en 1796. C'est la première traduction complète de ce poëme du Dante : Moutonnet et Rivarol n'avoient traduit que la première partie.

¹ Ce traducteur avoit inséré beaucoup de pensées et de choses tirées des commentaires de ce poëte dans le texte qu'il traduisit ; et il n'étoit pas toujours docile dans les corrections à faire : ce qui avoit fait abandonner cette lecture.

² Elle est fort singulière et fort courte : il dit que, dans son enfance, sa mie lui a souvent parlé de paradis, d'enfer et de purgatoire, sans lui en donner aucune idée ; qu'avancé en âge, ses précepteurs lui ont souvent répété les mêmes choses, sans l'éclairer davantage ; que, dans l'âge mûr, il a consulté différens theologiens, et qu'ils l'ont laissé dans la même obscurité ; mais qu'ayant fait un voyage en Italie, il a trouvé que le premier poëte de cette nation étoit le seul qui l'eût satisfait sur la nature de ces trois demeures dans l'autre monde ; ce qui l'avoit déterminé de le traduire en français, pour être utile à ses concitoyens.

³ Il demandoit un jour quelque chose à M. de Chauvelin, alors garde des sceaux, touchant le procès qu'il avoit pour le duché d'Estouteville, qu'on lui contestoit ; ce ministre s'étoit servi de ces termes en lui parlant : « Monsieur, je dois vous dire que ni le roi, « ni M. le cardinal, ni moi, n'y consentirons jamais. » A quoi

répondre : il viendra chez vous tous les soirs jusqu'à ce que la lecture soit terminée. Bonsoir.

De Paris, à son logis, en 1749.

A MONSEIGNEUR CERATI.

J'ai trouvé, en passant à la campagne, MM. de Sainte-Palaye, qui m'ont parlé de monseigneur Cerati : je les ai perpétuellement interrogés sur monseigneur Cerati. Quelque chose me déplaisoit, c'étoit de n'être point à Rome avec le grand homme dont ils me parloient. Ils m'ont dit que vous vous portiez bien : j'en rends grâces à l'air de Rome, et je m'en félicite avec tous vos amis.

M. de Buffon vient de publier trois volumes qui seront suivis de douze autres : les trois premiers contiennent des idées générales ; les douze autres contiendront une description des curiosités du Jardin du roi. M. de Buffon a parmi les savans de ce pays-ci un très grand nombre d'ennemis ; et la voix prépondérante des savans emportera, à ce que je crois, la balance pour bien du temps :

M. d'Estoutevilles répliqua sur-le-champ : « Ma foi, monsieur, « voilà deux beaux pendans que vous donnez au roi, M. le cardi- « nal et vous. Je suis fils et petit-fils de ministres ; mais si mon père « ou mon grand-père eussent tenu un pareil propos, on les eût mis aux petites maisons. » Et il se retira.

pour moi, qui y trouve de belles choses, j'attendrai avec tranquillité et modestie la décision des savans étrangers : je n'ai pourtant vu personne à qui je n'aie entendu dire qu'il y avoit beaucoup d'utilité à le lire.

M. de Maupertuis, qui a cru toute sa vie, et qui peut-être a prouvé qu'il n'étoit point heureux, vient de publier un écrit sur le bonheur. C'est l'ouvrage d'un homme d'esprit; et on y trouve du raisonnement et des grâces. Quant à mon livre de l'*Esprit des Lois*, j'entends quelques frelons qui bourdonnent autour de moi ; mais si les abeilles y cueillent un peu de miel, cela me suffit : ce que vous m'en dites me fait un plaisir infini ; il est bien agréable d'être approuvé des personnes que l'on aime. Agréez, je vous prie, monseigneur, mes sentimens les plus respectueux.

De Paris, le 2 novembre 1749.

A M. L'ABBÉ VENUTI.

Je dois vous remercier, mon cher abbé, du beau livre dont M. le marquis de Venuti [1] m'a fait présent. Je ne l'ai pas encore lu, parce qu'il est

---

[1] C'étoit le premier ouvrage qui eût été fait sur les découvertes d'Herculanum.

chez mon relieur; mais je ne doute pas qu'il ne soit digne du nom qu'il porte. Je vous souhaite une très-bonne année; et si vous n'êtes pas à Bordeaux quand j'y reviendrai, je serai bien fâché, et je croirai que l'académie ¹ aura perdu son esprit et son savoir. Faites bien mes complimens très-humbles à la comtesse ²; je lui demande la permission de l'embrasser; et je vous embrasse aussi, vous qui n'êtes pas si aimable.

De Paris, le 17 janvier 1750.

A M. L'ABBÉ COMTE DE GUASCO.

A Londres.

J'avois déjà appris par Milord Albemarle, mon cher comte, que vous ne vous étiez point noyé en traversant de Calais à Douvres, et la bonne réception qu'on vous a faite à Londres. Vous serez toujours plus content de vos liaisons avec le duc de Richemont, milord Chesterfield, et milord Grandville. Je suis sûr que de leur côté ils chercheront de vous avoir le plus qu'ils pourront.

---

¹ C'étoit, des académiciens de Bordeaux, celui qui fournissoit le plus fréquemment des mémoires.

² Madame de Pontac. Montesquieu ne la nommoit ordinairement dans ses lettres que *la Comtesse*, ou notre comtesse.

Parlez-leur beaucoup de moi; mais je n'exige point que vous *tostiez* si souvent quand vous dînerez chez le duc de Richemont. Dites à milord Chesterfield que rien ne me flatte tant que son approbation, mais que, puisqu'il me lit pour la troisième fois, il ne sera que plus en état de me dire ce qu'il y a à corriger et à rectifier dans mon ouvrage. Rien ne m'instruiroit mieux que ses observations et sa critique.

Vous devez être bien glorieux d'avoir été lu par le roi, et qu'il ait approuvé ce que vous avez dit sur l'Angleterre. Moi, je ne suis pas sûr de si hauts suffrages; et les rois seront peut-être les derniers qui me liront, peut-être même ne me liront-ils point du tout. Je sais cependant qu'il en est un dans le monde qui m'a lu; et M. de Maupertuis m'a mandé qu'il avoit trouvé des choses où il n'étoit pas de mon avis. Je lui ai répondu que je parierois bien que je mettrois le doigt sur ces choses. Je vous dirai aussi que le duc de Savoie a commencé une seconde lecture de mon livre. Je suis très-flatté de tout ce que vous me dites de l'approbation des Anglais; et je me flatte que le traducteur de l'*Esprit des Lois* me rendra aussi bien que le traducteur des *Lettres Persanes*. Vous avez bien fait, malgré le conseil de mademoiselle Pitt, de rendre les lettres de recommandation de milord Bath. Vous n'avez que faire d'entrer dans les querelles du parti; on sait bien qu'un étranger n'en prend aucun, et voit tout le monde. Je ne suis point surpris des amitiés que vous recevez de ceux que vous avez connus à Paris, et suis sûr que plus vous resterez à Londres, plus vous en recevrez : mais j'espère que les amitiés des Anglais ne vous feront point négliger vos amis de France, à la tête desquels vous savez que je suis. Pour vous faire bien recevoir à votre retour, j'aurai soin de faire voir l'article de votre lettre, où vous dites qu'en Angleterre les hommes sont plus hommes et les femmes moins femmes qu'ailleurs. Puisque le prince de Galles me fait l'honneur de se souvenir de moi, je vous prie de me mettre à ses pieds. Je vous embrasse.

De Paris, le 12 mars 1750.

RÉPONSE DE MONTESQUIEU

A DES OBSERVATIONS DE GROSLEY

SUR L'ESPRIT DES LOIS [1].

Je suis bien touché, monsieur, de l'approbation que vous donnez à mon livre, et encore plus

---

[1] *N. B.* Les endroits guillemettés contiennent les objections de Grosley. Son manuscrit en renferme encore d'autres auxquelles Montesquieu n'a pas répondu, et que voici :

de ce que vous l'avez lu la plume à la main. Vos doutes sont ceux d'une personne très-intelligente. Voici en courant quelques réponses, et telles que le peu de temps que j'ai m'a permis de les faire.

« *De l'esclavage*, liv. XV, chap. II, et chap. XX,
« liv. XVIII. Il est du droit des gens chez les Tar-
« tares de venger par le sang des vaincus celui que
« leur coûtent leurs expéditions. Chez les Tartares,
« au moins, l'esclavage n'est-il pas du droit des
« gens ; et ne devroit-il pas son origine à la pitié ?»

L'esclavage qui seroit introduit à l'occasion du droit des gens d'une nation qui passeroit tout au fil de l'épée, seroit peut-être moins cruel que la mort, mais il ne seroit point conforme à la pitié. De deux choses contraires à l'humanité, il peut y en avoir une qui y soit plus contraire que l'autre : j'ai prouvé ailleurs que le droit des gens tiré

« Liv. V, chap. VI. Comment chaque Athénien étoit-il obligé de
« rendre compte de la manière dont il gagnoit sa vie, si les répu-
« bliques grecques ne vouloient pas que leurs citoyens s'appli-
« quassent au commerce, à l'agriculture, ni aux arts ? »

« Liv. V, chap. XIX. Parmi les corollaires de ce livre ne pourroit-
« on pas examiner si d'une république corrompue on pourroit faire
« une bonne monarchie ; et si, par la faute du peuple, une cons-
« titution peut passer du monarchisme au despotisme ? »

« Liv. XXXI, chap. XXII. Les femmes n'auroient pas dû succéder
« chez les Wisigoths, suivant les principes là posés. »

de la nature ne permet de tuer qu'en cas de nécessité. Or, dès qu'on fait un homme esclave, il n'y a pas eu de nécessité de le tuer.

« Un homme libre ne peut se vendre, parce
« que la liberté a un prix pour celui qui l'achète,
« et qu'elle n'en a point pour celui qui la vend;
« mais dans le cas du débiteur qui se vend à son
« créancier, n'y a-t-il pas un prix de la part du
« débiteur qui se vend? »

C'est une mauvaise vente que celle du débiteur insolvable qui se vend. Il donne une chose inestimable pour une chose de néant.

« Les esclaves du chap. vi, liv. XV, ressemblent
« moins aux esclaves qu'aux cliens des Romains,
« ou aux anciens vassaux et arrière-vassaux. »

Je n'ai point cherché au chap. vi du liv. XV l'origine de l'esclavage qui a été, mais l'origine de l'esclavage qui peut ou doit être.

« Il auroit fallu examiner (liv. XV, chap. xviii)
« s'il n'est pas plus aisé d'entreprendre et d'exé-
« cuter de grandes constructions, avec des es-
« claves, qu'avec des ouvriers à la journée. »

Il vaut mieux des gens payés à la journée que des esclaves : quoi qu'on dise des pyramides et des ouvrages immenses que ceux-ci ont élevés, nous en avons fait d'aussi grands sans esclaves.

Pour bien juger de l'esclavage, il ne faut pas

examiner si les esclaves seroient utiles à la petite partie riche et voluptueuse de chaque nation ; sans doute qu'ils lui seroient utiles ; mais il faut prendre un autre point de vue, et supposer que dans chaque nation, dans chaque ville, dans chaque village, on tirât au sort pour que la dixième partie qui auroit les billets blancs fût libre, et que les neuf dixièmes qui auroient les billets noirs fussent soumises à l'esclavage de l'autre, et lui donnassent un droit de vie et de mort, et la propriété de tous leurs biens. Ceux qui parlent le plus en faveur de l'esclavage seroient ceux qui l'auroient le plus en horreur, et les plus misérables l'auroient en horreur encore. Le cri pour l'esclavage est donc le cri des richesses et de la volupté, et non pas celui du bien général des hommes ou celui des sociétés particulières.

Qui peut douter que chaque homme ne soit bien content d'être le maître d'un autre? Cela est ainsi dans l'état politique, par des raisons de nécessité : cela est intolérable dans l'état civil.

J'ai fait sentir que nous sommes libres dans l'état politique, par la raison que nous ne sommes point égaux : ce qui rend certains articles du livre en question obscurs et ambigus, c'est qu'ils sont souvent éloignés d'autres qui les expliquent, et que les chaînons de la chaîne que vous avez remarquée sont très-souvent éloignés les uns des autres.

« Liv. XIX, chap. ix. L'orgueil est un dangereux
« ressort pour un gouvernement. La paresse, la
« pauvreté, l'abandon de tout, en sont les suites
« et les effets; mais l'orgueil n'étoit-il pas le prin-
« cipal ressort du gouvernement romain? N'est-ce
« pas l'orgueil, la hauteur, la fierté qui a soumis
« l'univers aux Romains? Il semble que l'orgueil
« porte aux grandes choses, et que la vanité se
« concentre dans les petites.

« Liv. XIX, chap. xxvii. Les nations libres sont
« fières et superbes, les autres peuvent plus aisé-
« ment être vaines. »

Quant à la contradiction du liv. XIX, chap. ix,
avec le liv. XIX, chap. xxvii, elle ne vient que de
ce que les êtres moraux ont des effets différens,
selon qu'ils sont unis à d'autres. L'orgueil, joint
à une vaste ambition, et à la grandeur des idées,
produisit de certains effets chez les Romains; l'orgueil, joint à une grande oisiveté avec la foiblesse
de l'esprit, avec l'amour des commodités de la vie,
en produit d'autres chez d'autres nations. Celui
qui a formé les doutes a beaucoup plus de lumières qu'il n'en faut pour bien sentir ces diffé-
rences, et faire les réflexions que je n'ai pas le
temps de faire ici.

Il n'y a qu'à considérer les divers genres de supériorité que les hommes, suivant diverses circonstances, sont portés à se donner les uns sur les autres.

« Liv. XIX, chap. XXII. Quand un peuple n'est
« pas religieux, on ne peut faire usage du serment
« que quand celui qui jure est sans intérêt, comme
« le juge et les témoins. »

Sur le doute du chap. XXII, liv. XIX, il est très-honorable à un magistrat qui le forme ; mais il est toujours vrai qu'il y a des intérêts plus prochains et plus éloignés.

« Ne pourroit-on pas objecter contre les effets
« différens que les différens climats produisent,
« dans le système de l'auteur, que les lions, tigres,
« léopards, etc., sont plus vifs et plus indomp-
« tables que nos ours, nos sangliers, etc.? »

Sur le doute du liv. XXIV, chap. II, cela dépend de la nature des espèces particulières des animaux.

« Liv. XXIII, chap. XV. Imaginons que tous les
« moulins périssent en un jour, sans qu'il soit
« possible de les rétablir. Où prendroit-on en
« France des bras pour y suppléer? Tous les bras
« que cela ôteroit aux arts, aux manufactures, se-
« roient autant de bras perdus pour eux, si les
« moulins n'existoient pas. A l'égard des machines
« en général qui simplifient les manufactures en
« diminuant le prix, elles indemnisent le manu-

« facturier par la consommation qu'elles augmen-
« tent; et si elles ont pour objet une matière que
« produit le pays, elles en augmentent la consom-
« mation. »

A l'égard des moulins, ils sont très-utiles, surtout dans l'état présent. On ne peut entrer dans le détail; ce qu'on en a dit dépend de ce principe qui est presque toujours vrai : plus il y a de bras employés aux arts, plus il y en a d'employés nécessairement à l'agriculture. Je parle de l'état présent de la plupart des nations ; toutes ces choses demandent beaucoup de distinctions, limitations, etc.

« Liv. XXVI, chap. III. La loi d'Henri II, pour
« obliger de déclarer les grossesses au magistrat,
« n'est point contre la défense naturelle. Cette
« déclaration est une espèce de confession. La
« confession est-elle contraire à la défense natu-
« relle? Et le magistrat obligé au secret en est un
« meilleur dépositaire qu'une parente dont l'au-
« teur propose l'expédient. »

Quant à la loi qui oblige les filles de révéler, la défense de la pudeur naturelle dans une fille est aussi conforme à la nature que la défense de sa vie; et l'éducation a augmenté l'idée de la défense de sa pudeur, et a diminué l'idée de la crainte de perdre la vie.

« Liv. XIV, chap. XIV. Il y est parlé des chan-

« gemens que le climat fait dans les lois des peu-
« ples. Les femmes qui avoient beaucoup de liberté
« parmi les Germains et Wisigoths d'origine furent
« resserrées étroitement par ces derniers, lors-
« qu'ils furent établis en Espagne. L'imagination
« des législateurs s'échauffa à mesure que celle du
« peuple s'alluma. En rapprochant cela des chap. ix
« et x du liv. XVI sur la nécessité de la clôture des
« femmes dans les pays chauds, ne sera-t-on pas
« étonné que ces mêmes Wisigoths qui redou-
« toient les femmes, leurs intrigues, leurs indis-
« crétions, leurs goûts, leurs dégoûts, leurs pas-
« sions grandes et petites, n'aient point craint de
« leur laisser la bride, en les déclarant (liv. XVIII,
« chap. xxii) capables de succéder à la couronne,
« abandonnant l'exemple des Germains et le leur
« même ? Le climat ne devoit-il pas au contraire
« éloigner les femmes du trône ? »

Sur les doutes du liv. XIV, chap. xiv, et du liv. XVIII, chap. xxii, l'un et l'autre sont des faits dont on ne peut douter ; s'ils paroissent contraires, c'est qu'ils tiennent à des causes particulières.

« Liv. XXX, chap. v, vi, vii et viii. Abandonnez
« aux Francs les terres des domaines ; ils auront
« des terres, et les Gaulois ne seront point dé-
« pouillés. »

Liv. XXX, chap. v, vi, vii et viii. Cela peut être, et que le patrimoine public ait suffi pour former les fiefs. L'histoire ne prouve autre chose, si ce n'est qu'il y a eu un partage, et les monumens prouvent que le partage ne fut pas du total.

Voilà, monsieur, les éclaircissemens que vous m'avez paru souhaiter; et comme votre lettre fait voir une personne très-au fait de ces matières, et qui joint au savoir beaucoup d'intelligence, j'ai écrit tout ceci très-rapidement. Du reste, l'édition la plus exacte est la dernière édition imprimée en 3 vol. in-12, à Paris, chez Huart, libraire, rue Saint-Jacques, près la fontaine Saint-Severin. — J'ai l'honneur d'être, monsieur, avec des sentimens remplis d'estime, votre très-humble et très-obéissant serviteur.

A M. L'ABBÉ VENUTI.

A Bordeaux.

Je suis bien fâché, mon cher abbé, que vous partiez pour l'Italie [1], et encore plus que vous ne

---

[1] L'abbé Venuti, après s'être retiré de l'abbaye de Clérac, avoit fixé son séjour à Bordeaux, attaché à l'académie des sciences et belles-lettres de cette ville : mais l'empereur l'ayant nommé prévôt de Livourne, il fut obligé d'en partir; et son départ fut regardé comme une grande perte pour l'académie. Pendant son séjour à Livourne, il a continué d'enrichir la république des lettres de différentes bonnes dissertations. Le mauvais état de sa santé

soyez pas content de nous. Je vois pourtant sur ce qui m'est revenu, qu'on n'a pas pensé à manquer à la considération qui vous est due si légitimement. Je souhaite bien que vous ayez satisfaction dans votre voyage d'Italie, et je souhaiterois bien qu'après ce temps de pélerinage vous passassiez dans une plus heureuse transmigration, et telle que votre mérite personnel la demande. Si vous pouvez retirer votre dissertation de chez le président Barbot, qui la garde comme des livres sibyllins, j'en ferai usage ici à votre profit : mais votre lettre ne le fait pas espérer. Faites, je vous prie, mes complimens à notre comtesse et à madame Duplessis[1]. Si vous faites votre voyage entièrement par terre, vous verrez à Turin le commandeur de Solar, qui y viendra de Rome. Adieu, mon cher abbé : conservez-moi de l'amitié; et croyez qu'en quelque lieu du monde que je sois, vous aurez un ami fidèle.

De Paris, le 18 mai 1750.

l'obligea de renoncer à sa place pour se retirer à Cortone dans sa famille.

[1] Dame de Bordeaux, qui aimoit les lettres, et surtout l'histoire naturelle, dont elle rassembloit une collection.

AU MARQUIS DE STAINVILLE,

MINISTRE PLÉNIPOTENTIAIRE DE L'EMPEREUR D'ALLEMAGNE A PARIS [1].

Les bontés dont votre excellence m'a toujours honoré font que je prends la liberté de m'ouvrir à elle sur une chose qui m'intéresse beaucoup. Je viens d'apprendre que les jésuites sont parvenus à faire défendre, à Vienne, le débit du livre de l'*Esprit des Lois*. Votre excellence sait que j'ai déjà ici des querelles à soutenir, tant contre les jansénistes que contre les jésuites; voici ce qui y a donné lieu. Au chap. vi du liv. IV de mon livre, j'ai parlé de l'établissement des jésuites au Paraguay, et j'ai dit que, quelques mauvaises couleurs qu'on ait voulu y donner, leur conduite à cet égard étoit très-louable; et les jansénistes ont trouvé très-mauvais que j'aie par là défendu ce qu'ils avoient attaqué, et approuvé la conduite des jésuites; ce qui les a mis de très-mauvaise humeur. D'un autre côté, les jésuites ont trouvé que dans cet endroit même je ne parlois pas d'eux avec assez de respect, et que je les accusois de man-

---

[1] L'original de cette lettre étoit à Ratisbonne dans la bibliothèque du prince de La Tour-Taxis.

quer d'humilité. Ainsi j'ai eu le destin de tous les gens modérés, et je me trouve être comme les gens neutres que le grand Cosme de Médicis comparoit à ceux qui habitent le second étage des maisons, qui sont incommodés par le bruit d'en haut et par la fumée d'en bas. Aussi, dès que mon ouvrage parut, les jésuites l'attaquèrent dans leur journal de Trévoux, et les jansénistes en firent de même dans leurs Nouvelles ecclésiastiques ; et, quoique le public ne fit que rire des choses peu sensées qu'ils disoient, je ne crus pas devoir en rire moi-même, et je fis imprimer ma défense que votre excellence connoît, et que j'ai l'honneur de vous envoyer : et comme les uns et les autres me faisoient à peu près les mêmes impressions, je me suis contenté de répondre aux jansénistes, à un seul article près, qui regarde en particulier le journal de Trévoux.

Votre excellence est instruite du succès qu'a eu ma défense, et qu'il y a eu ici un cri général contre mes adversaires. Je croyois être tranquille, lorsque j'ai appris que les jésuites ont été porter à Vienne les querelles qu'ils se sont faites à Paris, et qu'ils y ont eu le crédit de faire défendre mon livre [1], sachant bien que je n'y étois pas pour dire mes raisons, tout cela dans l'objet de pouvoir dire

[1] Ce bruit étoit faux.

à Paris que ce livre est bien pernicieux, puisqu'il a été défendu à Vienne, de se prévaloir de l'autorité d'une aussi grande cour, et de faire usage du respect et de cette espèce de culte que toute l'Europe rend à l'impératrice. Je ne veux point prévenir les réflexions de votre excellence. Mais peut-être pensera-t-elle qu'un ouvrage dont on a fait dans un an et demi ving-deux éditions, qui est traduit dans presque toutes les langues, et qui d'ailleurs contient des choses utiles, ne mérite pas d'être proscrit par le gouvernement.

J'ai l'honneur d'être, avec un respect infini, etc.

Paris, le 27 mai 1750.

A M. VERNET,

PASTEUR SUISSE.

Si je ne suis point trop présomptueux, monsieur, pour répondre à une question qui n'est que très-incidemment de mon ressort, je vous dirai que je suis très-fortement de votre avis, et qu'il ne faut point, dans une traduction de la Bible, employer le terme de *vous* au singulier. Vos raisons me paroissent extrêmement solides. Je pense qu'une version de l'Écriture n'est point une affaire de mode, ni même une affaire d'urbanité.

2. Il me semble que l'esprit de la religion protestante a toujours été de ramener les traductions de l'Éctiture à l'original. Il ne faut donc point, en traduisant, faire attention aux délicatesses modernes. Ces délicatesses mêmes ne sont point tant des délicatesses, puisqu'elles nous viennent de la barbarie.

3. Le style de l'Écriture est plus ordinairement poétique, et nous avons très-souvent gardé le *toi* pour la poésie :

> Grand roi, cesse de vaincre, ou je cesse d'écrire ;

ce qui est bien autrement noble, que si Despréaux avoit dit :

> Grand roi, cessez de vaincre.

4. Dans votre religion protestante, quoique vous ayez voulu lire votre Bible en langue vulgaire, vous avez eu pourtant l'idée d'en conserver le caractère original, et vous vous êtes éloignés des façons de parler vulgaires. Une preuve de cela, c'est que vous avez traduit la poésie par la poésie.

5. Notre *vous* étant un défaut des langues modernes, il ne faut point choquer la nature en général, et l'esprit de l'ouvrage en particulier, pour suivre ce défaut. Je crois que ces remarques auroient lieu dans quelque livre sacré de quelque religion quelconque, comme l'*Alcoran*, les livres

religieux des *Guèbres*, etc. Comme la nature de ces livres est de devoir être respectés, il sera toujours bon de leur faire garder leur caractère original, et de ne leur donner jamais des tours d'expressions populaires. L'exemple de nos traducteurs, qui ont affecté le plus beau langage, ne doit pas plus être suivi que celui du prédicateur du *Spectateur anglais*, qui disoit que, s'il ne craignoit pas de manquer à la politesse et aux égards qu'il devoit avoir pour ses auditeurs, il prendroit la liberté de leur dire que leurs déportemens les meneroient tout droit en enfer. Ainsi je crois, monsieur, que si l'on veut faire à Genève une traduction de l'Écriture, qui soit mâle et forte, il faut s'éloigner, autant qu'on pourra, des nouvelles affectations. Elles déplurent même parmi nous dès le commencement; et l'on sait combien le père Bouhours se rendit là-dessus ridicule, lorsqu'il voulut traduire le Nouveau Testament. Conservez-y l'air et l'habit antiques; peignez comme Michel-Ange peignoit; et quand vous descendrez aux choses moins grandes, peignez comme Raphaël a peint dans les *loges du Vatican* les héros de l'Ancien Testament, avec sa simplicité et sa pureté. J'ai l'honneur d'être, etc.

26 juin 1750.

AU DUC DE NIVERNAIS,

AMBASSADEUR DE FRANCE A ROME.

J'ai reçu la lettre dont votre excellence m'a honoré, et je la supplie d'agréer que je la remercie encore de ses bontés infinies, qui seront dans mon cœur toute ma vie.

Il me semble que l'affaire prend un mauvais train. M. le cardinal de Tencin m'a dit, il y a quelque temps, que lorsqu'un livre étoit dénoncé à la congrégation de l'Index, cela n'étoit rien; mais que lorsqu'il y étoit porté, il étoit comme condamné : or, il me paroît, par la lettre de votre excellence, que mon livre y a été porté, puisque l'on a jugé, à la pluralité des voix, d'accorder un délai pour en parler. De plus, votre excellence me fait l'honneur de me marquer que, selon toutes les apparences, la congrégation de l'Index condamnera les premières éditions; ainsi je n'ai fait jusqu'ici que travailler contre moi. Sur ce pied-là je vois que les gens qui, se déterminant par la bonté de leur cœur, désirent de plaire à tout le monde et de ne déplaire à personne, ne font guère fortune dans ce monde. Sur la nouvelle qui me vint que quelques gens avoient dénoncé mon livre à la congrégation de l'Index, je pensai que, quand cette congrégation connoîtroit le sens dans lequel j'ai dit des choses qu'on me reproche, quand elle verroit que ceux qui ont attaqué mon livre en France ne se sont attiré que de l'indignation et du mépris, on me laisseroit en repos à Rome, et que moi, de mon côté, dans les éditions que je ferois, je changerois les expressions qui ont pu faire quelque peine aux gens simples; ce qui est une chose à laquelle je suis naturellement porté; de sorte que quand monseigneur Bottari m'a envoyé des objections, j'y ai toujours aveuglément adhéré, et ai mis sous mes pieds toute sorte d'amour-propre à cet égard; or, à présent je vois qu'on se sert de ma déférence même pour opérer une condamnation. Votre excellence remarquera que si mes premières éditions contenoient quelques hérésies, j'avoue que des explications dans une édition suivante ne devroient pas empêcher la condamnation des premières; mais ici ce n'est point du tout le cas : il est question de quelques termes qui, dans de certains pays, ne paroissent pas assez modérés, ou que des gens simples regardent comme équivoques; dans ce cas, je dis que des modifications ou éclaircissemens dans une édition suivante et dans une apologie déjà faite, suffisent. Ainsi votre excellence voit que, par le tour que cette affaire prend, je me fais plus de mal que l'on ne peut m'en faire, et que le mal même qu'on peut me faire cessera d'en être un sitôt que moi, jurisconsulte français, je le regarderai avec cette indifférence que mes confrères les jurisconsultes français ont regardé les procédés de la congrégation dans tous les temps.

L'on a dénoncé mon livre à l'assemblée du clergé; cette assemblée a regardé cette dénonciation comme vaine.

Que les théologiens épluchent mon livre, ils n'y trouveront rien d'hérétique que ce qu'ils n'entendront pas; et ce que je dis même de l'inquisition n'est qu'une affaire de police, dans quelques pays, qui diffère selon les pays, qui peut avoir de la modération dans les uns, et dans les autres de l'excès; et moi, qui ai écrit pour tous les pays du monde, j'ai pu remarquer ce qu'il y avoit de modéré dans cette pratique et ce qu'il y avoit d'excès.

Je crois qu'il n'est point de l'intérêt de la cour de Rome de flétrir un livre de droit que toute l'Europe a déjà adopté; ce n'est rien de le condamner, il faut le détruire. On y a fait des objections en France; ces objections ont été jugées puériles, et ce sont les objections de l'auteur des feuilles ecclésiastiques qui ont scandalisé le puplic, et non pas le livre.

Quant à la véhémente sortie qu'a faite contre moi le P. Concina, je croirois que cet événement ne seroit pas si défavorable à l'affaire qu'il paroît d'abord, parce que ce père m'ayant attaqué, il me met en droit de lui répondre, d'expliquer au public l'état des choses, et de rendre le public juge entre le père Concina et moi; mais comme je ne vois les choses que de très-loin, et que je ne sais pas si une bonne réponse au père Concina me seroit utile ou nuisible, je supplie votre excellence de vouloir bien m'éclairer là-dessus, et me marquer s'il est à propos que je réponde ou non ; et, en cas qu'il soit à propos de répondre, d'avoir la bonté de me dire si je pourrois avoir une copie des passages du livre du père Concina qui me concernent ; si je savois de quel ordre religieux est ce père, ceux de son ordre pourroient peut-être me faire voir son livre, qu'ils auront peut-être reçu.

A l'égard de l'édition et traduction de Naples, je suis bien sûr que votre excellence l'aura arrêtée de manière qu'il ne paroisse pas que ce soit le ministère de France ou de Naples qui l'ait arrêtée ; sans quoi, pour éviter un petit mal, je tomberois dans un pire, et je travaillerois pour la congrégation de l'Index et non pas pour moi; mais je suis sûr que votre excellence, par sa lettre, n'aura laissé aucune équivoque là-dessus, et je crois même que si elle voit que mon livre sera condamné et les premières éditions défendues, elle laissera faire à ceux de Naples ce qu'ils voudront. Je lui demande pardon si je lui romps si long-temps la tête de cette affaire ; ce sont ses bontés qui en sont la cause, et je jouis de ces bontés.

J'ai l'honneur d'être, avec un respect infini, de votre excellence le très-humble et très-obéissant serviteur,

MONTESQUIEU.

Je demande encore pardon à votre excellence, si j'ajoute ce mot : Il me paroît que le parti qu'elle a pris de tirer l'affaire en longueur est, sans difficulté, le meilleur, et peut conduire beaucoup à faire traiter l'affaire par voie d'*impegno*, et je vais avoir l'honneur de lui dire deux choses qui lui paroîtront peut-être dignes d'attention. On a dénoncé mon livre à la dernière assemblée du clergé ; elle n'en a point tenu compte : c'étoit mon confrère, M. l'archevêque de Sens, qui avoit fait de grandes écritures sur ce sujet, qui rouloient principalement sur ce que je n'avois pas parlé de la révélation, en quoi il erroit et dans le raisonnement et dans le fait ; depuis on a porté cette affaire en Sorbonne, et il y a toutes les apparences du monde que le livre n'y sera point condamné, chose que je ne dis point encore, pour ne pas augmenter l'activité de mes ennemis ; or, s'il arrive que l'affaire ait tombé dans ces tribunaux, cela ne fournit-il pas une bonne raison pour arrêter la congrégation de l'Index? Je supplie votre excellence de ne mettre à cette lettre que le degré d'attention qu'elle pourra mériter; car je l'écris comme un enfant, n'ayant presque aucune connoissance de la manière de penser ou d'agir de là-bas. Quoi qu'il en soit, sitôt que la Sorbonne aura fini son opération, j'aurai l'honneur d'en instruire votre excellence, qui verra à quoi cet événement peut être bon. Je me souviens d'un endroit d'une de ses lettres auquel j'ai bien fait attention depuis; qu'il ne falloit pas mettre trop d'importance aux choses qu'on demandoit dans ce pays-là. Je la supplie de me permettre de lui présenter encore mes respects.

De Paris, le 8 octobre 1750.

A MONSEIGNEUR CERATI.

Je vous supplie, monseigneur, d'agréer que j'aie l'honneur de vous recommander M. Forthis, professeur à l'université d'Édimbourg, qui est extrêmement recommandable par son savoir et ses beaux ouvrages, entre autres par celui qu'il a donné sur l'éducation. M. le professeur a beaucoup de bonté pour moi, et m'honore de son amitié; ainsi je vous prie d'agréer que je le recommande à la vôtre. Je vous prie de faire connoître cet habile homme à l'abbé Niccolini, que j'embrasse. Nous avons perdu cet excellent homme, M. Gendron; j'en suis très-affligé, et je suis sûr que vous le serez aussi : c'étoit une bonne tête physique et morale; et je me souviens que nous trouvions qu'il en sortoit de très-bonnes choses. Je vous supplie de m'aimer autant que je vous aime, et, s'il se peut, autant que je vous honore et vous admire. Notre ami l'abbé de Guasco, devenu célèbre voyageur, est dans ma chambre, et me charge de vous faire mille complimens : il arrive d'Angleterre.

De Paris, le 23 octobre 1750.

AU GRAND-PRIEUR SOLAR.

A Turin.

Votre excellence a beau dire, je ne trouve pas les excuses que vous m'apportez de la rareté de vos lettres assez bonnes pour vous la pardonner; et c'est parce que je ne trouve pas vos raisons assez bonnes, que je vous écris en cérémonie pour me venger.

Je vous dirai pour nouvelle que l'on vient d'exiler un conseiller de notre parlement parce qu'il a prêté sa plume à coucher les remontrances que le corps a cru devoir faire au roi; et ce qu'il y a de plus incroyable encore, est que l'exil a été ordonné sans qu'on ait même lu les remontrances.

L'abbé de Guasco est de retour de son voyage de Londres, dont il est fort content. Il se loue beaucoup de monsieur et de madame de Mirepoix, à qui vous l'aviez recommandé : il dit qu'ils sont fort aimés dans ce pays-là. Notre abbé, enthousiasmé du succès de l'inoculation, dont il s'est donné la peine de faire un cours à Londres, s'est avisé de la prôner un jour en présence de madame la duchesse du Maine à Sceaux, mais il en a été traité comme les apôtres qui prêchent des vérités inconnues. Madame la duchesse se mit en fureur, et lui dit qu'on voyoit bien qu'il avoit contracté la férocité des Anglais, et qu'il étoit honteux qu'un homme de son caractère soutînt une thèse aussi contraire à l'humanité. Je crois que son apostolat ne fera pas fortune à Paris[1]. En effet, comment

[1] Ce ne fut en effet qu'après le voyage que M. de La Condamine fit à Londres, peu d'années après, qu'on vit à Paris les premiers essais de l'inoculation. Cet académicien ne se borna pas à faire verbalement des rapports de ses observations sur cette pratique; mais il les mit par écrit, et les communiqua au public, le mettant par là en état d'y réfléchir, et de se persuader de la réalité des avantages qu'on retireroit de cette pratique, néanmoins encore combattue par la déraison du préjugé et la cabale de bien des médecins.

se persuader qu'un usage asiatique qui a passé en Europe par les mains des Anglais, et nous est prêché par un étranger, puisse être cru bon chez nous, qui avons le droit exclusif du ton et des modes? L'abbé compte de faire un voyage en Italie au printemps prochain : il me charge de vous dire qu'il se fait d'avance un grand plaisir de vous trouver à Turin. Je voudrois bien pouvoir me flatter de le partager avec lui ; mais je crois que mon vieux château et mon cuvier me rappelleront bientôt dans ma province ; car depuis la paix mon vin fait encore plus de fortune en Angleterre qu'en a fait mon livre. Je vous prie de dire les choses les plus tendres de ma part à M. le marquis de Breil, et de me donner bientôt des nouvelles des deux personnes que j'aime et que je respecte le plus à Turin.

De Paris, ce . . . . .

A M. L'ABBÉ VENUTI.

Mon cher abbé, je ne vous ai point encore remercié de la place distinguée que vous m'avez donnée dans votre *Triomphe*[1]. Vous êtes Pétrarque,

[1] L'ouvrage de l'abbé Venuti, dont parle Montesquieu, est intitulé, *il Trionfo letterario della Francia* (le Triomphe littéraire de la France). Rappelé dans sa patrie, l'abbé Venuti craignit qu'on ne l'accusât d'ingratitude, si, en quittant la France, il ne laissoit aucun monument de sa reconnoissance pour tous les agré-

et moi pas grand'chose. M. Tercier[1] m'a écrit pour me prier de vous remercier de sa part de l'exemplaire que je lui ai envoyé, et de vous dire que M. de Puylsieux avoit reçu le sien avec toute sorte de satisfaction[2]. Comme il n'en est venu ici que très-peu d'exemplaires, je ne pourrai pas encore vous marquer le succès de l'ouvrage ; mais j'en ai ouï dire du bien, et il me paroît que c'est de la belle poésie.

     Et te fecere poetam
  Pierides.
         VIRG. Ecl. IX.

mens qu'il y avoit trouvés, et de son admiration pour les grands génies qu'elle renferme dans son sein. C'est dans cette vue qu'il a composé son poème en plusieurs chants, où il donne des éloges auxquels l'amitié a bien autant de part que le vrai mérite. Quoi qu'il en soit, on ne refuse pas de souscrire à ce qu'il dit de Montesquieu : « Si une âme aussi grande, dit-il, se fût trouvée dans le « sénat latin, la liberté romaine vivroit encore à la honte des ty- « rans. Son nom surpassera la durée du roc Tarpéien ; et sa gloire « ne périra point tant que Thémis dictera ses oracles sur les bancs « français, et que les dieux conserveront à l'homme le don de la « pensée. » Tel est le sens du compliment que l'abbé Venuti a fait à Montesquieu dans son poème italien, et dont Montesquieu le remercie dans cette lettre.

[1] L'un des premiers commis du bureau des affaires étrangères, et fort savant académicien de Paris, le même qui essuya depuis tant de mortifications, pour avoir, en qualité de censeur royal, donné son approbation pour l'impression du livre *de l'Esprit*.

[2] Le poème de l'abbé Venuti est dédié à M. de Puylsieux, alors ministre des affaires étrangères.

Je ne puis pas m'accoutumer, mon cher abbé, à penser que vous n'êtes plus à Bordeaux : vous y avez laissé bien des amis qui vous regrettent beaucoup : je vous assure que je suis bien de ce nombre. Écrivez-moi quelquefois. J'exécuterai vos ordres à l'égard d'Huart, et du recueil de vos dissertations : vous vous mettez très-fort à la raison, et il doit sentir votre générosité. Je verrai M. de La Curne : je ferai parler à l'abbé Le Bœuf; et, s'il n'est point un bœuf, il verra qu'il y a très-peu à corriger à votre dissertation. Le président Barbot[1] devroit bien vous trouver la dissertation perdue comme une épingle dans la botte de foin de son cabinet. Effectivement il est bien ridicule d'avoir fait une incivilité à madame de Pontac, en faisant tant valoir une augmentation de loyer que nous ne toucherons point, et d'avoir si mal fait les affaires de l'académie[2]. Envoyez-moi ce que vous voulez ajouter aux dissertations que j'ai. Adieu,

---

[1] Secrétaire perpétuel de l'académie de Bordeaux, homme d'un esprit très-aimable, et d'une vaste littérature, mais très-irrésolu lorsqu'il s'agit de travailler et de publier quelque chose : ce qui fait que les mémoires de cette académie sont fort arriérés, et que nous sommes privés d'excellens morceaux de cet écrivain, qui sont enfouis dans son vaste cabinet.

[2] Il entend parler des affaires littéraires, parce que ce secrétaire de l'académie n'avoit jamais voulu se donner la peine de rédiger ses mémoires, et en faire part au public.

mon cher abbé ; je vous salue et embrasse de **tout mon cœur.**

De Paris, le 30 octobre 1750.

A M. L'ABBÉ COMTE DE GUASCO.

Mon cher abbé, il est bon d'avoir l'esprit bien fait, mais il ne faut pas être la dupe de l'esprit des autres. M. l'intendant peut dire ce qu'il lui plaît : il ne sauroit se justifier d'avoir manqué de parole à l'académie, et de l'avoir induite en erreur par de fausses promesses. Je ne suis pas surpris que, sentant ses torts, il cherche à se justifier : mais vous, qui avez été témoin de tout, ne devez point vous laisser surprendre par des excuses qui ne valent pas mieux que ses promesses. Je me trouve trop bien de lui avoir rendu son amitié, pour en vouloir encore. A quoi bon l'amitié d'un homme en place qui est toujours dans la méfiance, qui ne trouve juste que ce qui est dans son système, qui ne sait jamais faire le plus petit plaisir ni rendre aucun service ? Je me trouverai mieux d'être hors de portée de lui en demander, ni pour les autres ni pour moi, car je serai délivré par là de bien des importunités.

Dulcis inexpertis cultura potentis amici :
Expertus metui.

Horat. Epist., lib. I, ep. 18.

Il faut éviter une coquette qui n'est que coquette et ne donne que de fausses espérances. Voilà mon dernier mot. Je me flatte que notre duchesse entrera dans mes raisons, son franc-alleu n'en sera ni plus ni moins.

Je suis très-flatté du souvenir de M. l'abbé Oliva [1]. Je me rappelle toujours avec délices les momens que je passai dans la société littéraire de cet Italien éclairé, qui a su s'élever au-dessus des préjugés de sa nation. Il ne fallut pas moins que le despotisme et les tracasseries d'un P. Tournemine pour me faire quitter une société dont j'aurois voulu profiter. C'est une vraie perte pour les gens de lettres que la dissolution de ces sortes de petites académies libres, et il est fâcheux pour vous que celle du P. Desmolets [2] soit aussi culbutée.

---

[1] Bibliothécaire du cardinal de Rohan à l'hôtel de Soubise, chez qui s'assembloient, un jour de la semaine, plusieurs gens de lettres, pour converser sur des sujets littéraires. Montesquieu, dans le premier voyage qu'il fit à Paris, fréquentoit cette société, mais, trouvant que le P. Tournemine vouloit y dominer, et obliger tout le monde à se plier à ses opinions, il s'en retira peu à peu, et n'en cacha pas la raison. Depuis lors le P. Tournemine commença à lui faire des tracasseries dans l'esprit du cardinal de Fleury, au sujet des *Lettres Persanes*. On a entendu conter à Montesquieu que, pour s'en venger, il ne fit jamais autre chose que de demander à ceux qui lui en parloient : *Qui est-ce que ce P. Tournemine ? je n'en ai jamais entendu parler* : ce qui piquoit beaucoup ce jésuite, qui aimoit passionnément la célébrité.

[2] On a plusieurs volumes de fort bons mémoires littéraires lus

J'exige que vous m'écriviez encore avant votre départ pour Turin, et je vous somme d'un lettre dès que vous y serez arrivé. Adieu.

A Paris, le 5 décembre 1750.

A M. L'ABBÉ VENUTI.

A Bordeaux.

Il ne faut point vous flatter, mon cher abbé, que l'abbé de Guasco vous écrive de sa main triomphante : mais si vous étiez ex-ministre des affaires étrangères, il iroit dîner chez vous pour vous consoler [1]. Le pauvre homme promène son œil sur toutes les brochures, prodigue son mauvais estomac pour toutes les invitations de dîners

dans cette société, recueillis par ce bibliothécaire de l'Oratoire, chez qui s'assembloient ceux qui en sont les auteurs. Les jésuites, ennemis des PP. de l'Oratoire, ayant peint ces assemblées, quoique simplement littéraires, comme dangereuses, à cause des disputes théologiques du temps, elles furent dissoutes, non sans un préjudice réel pour les progrès de la littérature.

[1] Le marquis d'Argenson, ci-devant ministre des affaires étrangères, après sa démission, donnoit à dîner à ses confrères tous les jours d'assemblée d'académie, se dédommageant ainsi de son désœuvrement avec les gens de lettres, et l'abbé de Guasco, qui venoit d'être reçu à l'académie des inscriptions, avoit été admis au nombre des convives.

d'ambassadeurs, et ruine sa poitrine au service de son Cantimir [1] et de son Clément V; ce qui n'empêche pas qu'on ne trouve son Cantimir très-froid ; mais c'est la faute de feu son excellence.

Il n'y a aucune apparence que j'aille en Angleterre; il y en a une beaucoup plus grande que j'irai à la Brède. J'écris une lettre de félicitation au président de la Lane sur sa réception à l'académie. Bonardi, le président de cette académie, qui est venu me raconter tous les dîners qu'il a faits depuis son retour chez tous les beaux esprits qui dînent, avec la généalogie [2] des dîneurs, m'a dit qu'il adressoit sa première lettre à notre nouvel associé ; et je pense que vous trouverez que cela est dans les règles. Je vois que notre académie se change en société de francs-maçons, excepté qu'on n'y boit ni qu'on n'y chante : mais on y bâtit, et M. de Tourny est notre roi Hiram qui nous four-

---

[1] L'abbé de Guasco a traduit les satires du prince Cantimir, ambassadeur de Russie à la cour de France.

[2] Plaisanterie qui fait allusion à l'étude particulière qu'un gentilhomme de Languedoc a faite de la généalogie de toutes les familles, et qui fait le sujet ordinaire des entretiens qu'il a avec les gens de lettres. L'abbé Bonardi, dans sa tournée, avoit été visiter ce gentilhomme dans son château, et s'étoit fort enrichi d'érudition généalogique, dont il ne manquoit pas de faire étalage à son retour à Paris : il alloit quelquefois en favoriser Montesquieu : ce qui l'ennuyoit beaucoup, et lui faisoit perdre des heures précieuses.

nira les ouvriers; mais je doute qu'il nous fournisse les cèdres.

Je crois que le prince de Craon est actuellement à Vienne; mais il va arriver en Lorraine; et si vous m'envoyez votre lettre, je la lui ferai tenir. Il faut bien que je vous donne des nouvelles d'Italie sur l'*Esprit des Lois*; M. le duc de Nivernais en écrivit il y a trois semaines à M. de Forcalquier, d'une manière que je ne saurois vous répéter sans rougir. Il y a deux jours qu'il en reçut une autre, dans laquelle il marque que, dès qu'il parut à Turin, le roi de Sardaigne le lut. Il ne m'est pas non plus permis de répéter ce qu'il en dit : je vous dirai seulement le fait; c'est qu'il le donna pour le lire à son fils le duc de Savoie, qui l'a lu deux fois : le marquis de Breil me mande qu'il lui a dit qu'il vouloit le lire toute sa vie. Il y a bien de la fatuité à moi de vous mander ceci; mais comme c'est un fait public, il vaut autant que je le dise qu'un autre; et vous concevez bien que je dois aveuglément approuver le jugement des princes d'Italie. Le marquis de Breil me mande que S. A. R. le duc de Savoie a un génie prodigieux, une conception et un bon sens admirables.

Huart, libraire, voudroit fort avoir la traduction en vers latins du docteur Clansy[1], du com-

---

[1] Savant Anglais, entièrement aveugle, excellent poète latin,

mencement du Temple de Gnide, pour en faire un corps avec la traduction italienne [1] et l'original : voyez lequel des deux vous pourriez faire, ou de me faire copier ces vers, ou d'obtenir de l'académie de m'envoyer l'imprimé, que je vous renverrois ensuite.

A propos, le portrait [2] de madame de Mirepoix a fait à Paris et à Versailles une très-grande fortune : je n'y ai point contribué pour la ville de Bordeaux, car j'avois détaché l'abbé de Guasco pour en dire du mal. Vous, qui êtes l'esprit de tous les esprits, vous devriez le traduire, et j'enverrois votre traduction à madame de Mirepoix à Londres ; je n'en ai point de copie, mais le président Barbot l'a, ou bien M. Dupin. Vous savez que tout ceci est une badinerie qui fut faite à Lunéville pour amuser une minute le roi de Pologne.

J'oubliois de vous dire que tout est compensé dans ce monde. Je vous ai parlé des jugemens de

qui, pendant le séjour qu'il fit à Paris, entreprit la traduction du *Temple de Gnide* en vers latins, mais dont il ne donna que le premier chant.

[1] Ouvrage de l'abbé Venuti. Il a été fait une autre traduction en italien du *Temple de Gnide*, par M. Vespasiano ; celui-ci a été imprimé avec le texte orignal en regard à Paris en 1766, in-12, chez Prault.

[2] Ce portrait en vers, fait par Montesquieu, se trouve à la page 344 de ce volume. L'abbé Venuti a traduit cette pièce en vers italiens.

l'Italie sur l'*Esprit des Lois*[1]. Il va paroître à Paris une ample critique faite par M. Dupin, fermier général. Ainsi me voilà cité au tribunal de la maltôte, comme j'ai été cité à celui du journal de Trévoux. Adieu, mon cher abbé. Voilà une épître à la Bonardi[2]. Je vous salue et embrasse de tout mon cœur.

Ne soyez point la dupe de la traduction, car si l'esprit ne vous en dit rien, il ne vaut pas la peine que vous y rêviez un quart d'heure.

De Paris.

A M. THOMAS NUGENT[3].

A Londres.

Je ne puis m'empêcher, monsieur, de vous faire mes remercîmens. Je vous les avois déjà

---

[1] La réponse par M. Risteau, directeur de la compagnie des Indes, aux observations de M. Dupin sur l'Esprit des Lois, se trouve dans le cinquième volume. D.

[2] On a déjà parlé, dans une note, de cet écrivain fort versé dans l'histoire de la littérature moderne de France, mais fort prolixe dans ses écrits et dans ses lettres. Il a laissé des manuscrits sur les auteurs anonymes et pseudonymes.

[3] Cette lettre de Montesquieu à M. Thomas Nugent, ainsi que quelques notes que nous avons empruntées à ce savant et judicieux traducteur, sont publiées pour la première fois dans cette édition.

faits, parce que vous m'aviez traduit. Je vous les fais à présent, parce que vous m'aviez si bien traduit. Votre traduction n'a que ceux de l'original, et ces défauts sont à moi; et je dois vous être bien obligé de ce que vous empêchez si bien de les voir. Il semble que vous ayez voulu traduire aussi mon style, et vous y avez mis cette ressemblance, *qualem decet esse sororum.* Quand vous verrez monsieur Domville, je vous prie de vouloir bien lui faire mes complimens. J'ai l'honneur d'être, monsieur, avec une parfaite reconnoissance, votre très-humble et très-obéissant serviteur.

A Paris, le 18 octobre 1750.

A M. DUCLOS.

Je n'ai lu que la moitié de votre ouvrage [1], mon cher Duclos; et vous avez bien de l'esprit et dites de bien belles choses. On dira que La Bruyère et vous connoissiez bien votre siècle; que vous êtes plus philosophe que lui, et que votre siècle est plus philosophe que le sien. Quoi qu'il en soit, vous êtes agréable à lire, et vous faites penser. Permettez des embrassemens de félicitation.

De Paris, le 4 mars 1751.

[1] Ce sont les *Considérations sur les mœurs de ce siècle.*

FRAGMENT

D'UNE LETTRE AU ROI DE POLOGNE,

DUC DE LORRAINE [1].

Sire, il faudra que votre majesté ait la bonté de répondre elle-même à son académie du mérite que je puis avoir. Sur son témoignage, il n'y aura personne qui ne m'en croie beaucoup. Votre majesté voit que je ne perds aucune des occasions qui peuvent un peu m'approcher d'elle, et quand je pense aux grandes qualités de votre majesté, mon admiration demande toujours de moi ce que le respect veut me défendre.

FRAGMENT

DE LA RÉPONSE DU ROI DE POLOGNE

A LA LETTRE PRÉCÉDENTE.

Monsieur, je ne puis que bien augurer de ma société littéraire, du moment qu'elle vous inspire le désir d'y être reçu. Un nom aussi distingué

---

[1] Pour demander à sa majesté une place dans l'académie de Nancy.

que le vôtre dans la république des lettres, un mérite plus grand encore que votre nom, doivent la flatter sans doute; et tout ce qui la flatte me touche sensiblement. Je viens d'assister à une de ses séances particulières. Votre lettre que j'ai fait lire a excité une joie qu'elle s'est chargée elle-même de vous exprimer. Elle seroit bien plus grande, cette joie, si la société pouvoit se promettre de vous posséder de temps en temps. Ce bonheur, dont elle connoîtroit le prix, en seroit un pour moi, qui serois véritablement ravi de vous revoir à ma cour. Mes sentimens pour vous sont toujours les mêmes; et jamais je ne cesserai d'être bien sincèrement, monsieur, votre bien affectionné,

STANISLAS, ROI [1].

---

[1] Cette lettre fut envoyée à Montesquieu, en même temps que celle du secrétaire perpétuel, écrite au nom de l'académie. Le secrétaire lui marquoit que la société avoit vu avec joie la lettre qu'il avoit écrite à Sa Majesté : « Vous lui demandez, monsieur, « disoit-il, une grâce que nous aurions été empressés de vous de- « mander à vous-même, si l'usage nous l'avoit permis. Nous nous « estimons heureux que vous préveniez nos désirs. Vous pouvez, « plus qu'un autre, nous faire entrer dans l'esprit de nos lois, et « nous apprendre à remplir les vues du monarque que vous ai- « mez, et que nous voulons tâcher de satisfaire. C'en est déjà un « moyen que de vous donner une place parmi nous; et nous vous « l'accordons avec d'autant plus de plaisir que nous pouvons par là « nous acquitter envers Sa Majesté d'une partie de notre reconnois-

A M. DE SOLIGNAC,

SECRÉTAIRE DE LA SOCIÉTÉ LITTÉRAIRE DE NANCY.

Monsieur, je crois ne pouvoir mieux faire mes remercîmens à la société littéraire, qu'en payant le tribut que je lui dois, avant même qu'elle me le demande, et en faisant mon devoir d'académicien au moment de ma nomination; et comme je fais parler un monarque, que ses grandes qualités élevèrent au trône de l'Asie, et à qui ces mêmes qualités firent éprouver de grands revers, je le peins comme le père de la patrie, l'amour et les délices de ses sujets; j'ai cru que cet ouvrage convenoit mieux à votre société qu'à toute autre. Je vous supplie d'ailleurs, de vouloir bien lui marquer mon extrême reconnoissance, etc.

De Paris, le 4 avril 1751.

« sance, etc. » La satisfaction qu'avoit l'académie de répondre aux désirs de M. de Montesquieu fut bientôt augmentée par l'envoi que ce nouveau confrère lui fit d'un écrit qui a pour titre *Lysimaque* : il étoit accompagné de la lettre suivante, adressée au secrétaire de la société. On y verra quelle étoit la raison qui engageoit Montesquieu à préférer à tout autre sujet celui qu'il traite dans cet ouvrage.

A LA MARQUISE DU DEFFAND.

Je vous avois promis, madame, de vous écrire; mais que vous manderai-je dont vous puissiez vous soucier? Je vous offre tous les regrets que j'ai de ne plus vous voir. A présent que je n'ai que des objets tristes, je m'occupe à lire des romans; quand je serai plus heureux, je lirai de vieilles chroniques pour tempérer les biens et les maux : mais je sens qu'il n'y a pas de lectures qui puissent remplacer un quart d'heure de ces soupers qui faisoient mes délices. Je vous prie de parler de moi à madame Du Châtel. J'apprends que les requêtes du palais n'ont pas été favorables à madame de Stainville; dites-lui combien je suis sensible à tout ce qui la touche, et cette personne charmante qui n'aura jamais de rivale aux yeux de personne que madame sa mère. Parlez aussi de moi à ce président qui me touche comme les Grâces et m'instruit comme Machiavel, qui ne se soucie point de moi, parce qu'il se soucie de tout le monde, et dont j'espère toujours d'acquérir l'estime, sans jamais pouvoir espérer les sentimens. Je n'aurois jamais fini, si je voulois suivre cette phrase; mais c'est assez le désobliger pour le mal que je lui veux.

Je n'entends ici parler que de vignes, de misère et de procès, et je suis heureusement assez sot pour m'accuser de tout cela, c'est-à-dire pour m'y intéresser. Mais je ne songe pas que je vous ennuie à la mort, et que la chose du monde qui vous fait le plus de mal, c'est l'ennui; et je ne dois pas vous tuer, comme font les Italiens, par une lettre.

Je vous supplie, madame, d'agréer mon respect.

De la Brède, 15 juin 1751 [1].

A LA MÊME.

Vous vous moquez de moi; ce n'est pas le premier président que je crains, c'est le président; ce n'est pas celui qui croit dire tout ce que vous voulez, c'est celui qui dit tout ce qu'il veut. J'aime bien ce que vous dites, que vous n'avez suivi vos compagnes que pour tuer le temps, et que vous n'avez jamais tant trouvé qu'il mérite de l'être. Eh bien ! soit, tuons-le; mais je le connois, il reviendra nous faire enrager. Je suis enchanté que vous ayez fait mon apologie; vous me couvrirez de votre égide, et ce qui sera singulier, les Grâces

---

[1] Dans la Correspondance inédite de madame Du Deffand, quelques-unes de ces lettres portent des dates reculées de dix ans; ce qui est évidemment une erreur, puisqu'il y est parlé d'événemens arrivés postérieurement à ces dates.

y seront peintes. Je vous demande en grâce de me l'envoyer par le premier courrier, avec une lettre de vous, s'il se peut.

Le chevalier d'Aydies m'a mandé qu'il avoit gagné son procès. Le père bénédictin dont je savois si bien le nom, et que j'ai oublié, n'avoit donc évité des coups de pied dans le ventre que pour tomber dans l'infamie de perdre un procès avec lequel il tuoit le temps et le chevalier. Je vous prie, madame, de vouloir bien parler de moi ; c'est au chevalier. Je vous prie de parler aussi de moi à madame du Châtel. Je lui sais bon gré de vous avoir inspiré de me communiquer le secret. Mais pourquoi dis-je que je lui sais bon gré de cela ? je lui sais bon gré de tout. L'abbé de Guasco me barbouille toute cette histoire : il me dit que c'est M. de Révol, conseiller au parlement, qui a donné le manuscrit, qui est, dit-il, très-savant. C'est depuis qu'il a une dignité dans le chapitre de Tournay qu'il ne sait ce qu'il dit. Je vous prie, madame, de vouloir bien remercier M. d'Alembert de la mention qu'il a faite de moi dans sa préface. Je lui dois encore un remercîment pour avoir fait cette préface si belle : je la lirai à mon arrivée à Bordeaux. Agréez, je vous prie, etc.

De Clérac, 15 juillet 1751.

A LA MÊME.

Vous dites, madame, que rien n'est heureux, depuis l'ange jusqu'à l'huître : il faut distinguer. Les séraphins ne sont point heureux, ils sont trop sublimes : ils sont comme Voltaire et Maupertuis, et je suis persuadé qu'ils se font là-haut de mauvaises affaires ; mais vous ne pouvez douter que les chérubins ne soient très-heureux. L'huître n'est pas si malheureuse que nous, on l'avale sans qu'elle s'en doute ; mais pour nous, on vient nous dire que nous allons être avalés, et on nous fait toucher au doigt et à l'œil que nous serons digérés éternellement. Je pourrois parler à vous, qui êtes gourmande, de ces créatures qui ont trois estomacs : ce seroit bien le diable si dans ces trois il n'y en avoit pas de bons. Je reviens à l'huître : elle est malheureuse quand quelque longue maladie fait qu'elle devient perle : c'est précisément le bonheur de l'ambition. On n'est pas mieux quand on est huître verte ; ce n'est pas seulement un mauvais fond de teint, c'est un corps mal constitué.

Vous dites que je n'ai point écrit à madame la duchesse de Mirepoix ; j'en ai découvert deux raisons : c'est qu'elle est malade, et qu'elle est dans les embarras de la cour. A l'égard de d'Alembert, j'ai plus d'envie que lui, et autant d'envie que vous, de le voir de l'académie; car je suis le chevalier de l'ordre du mérite. Il est vrai qu'à la dernière élection il y eut quelque espèce de composition faite, qui barbouille un peu l'élection prochaine ; mais je vous parlerai de tout cela à mon retour, qui sera vers le 15 ou la fin de novembre. Je suis pourtant bien ici ; mais les hommes ne quittent-ils pas sans cesse les lieux où ils savent qu'ils sont bien, pour ceux où ils espèrent d'être mieux? J'irai vous marquer ma reconnoissance des choses charmantes que vous nous dites toujours, et qui nous plaisent toujours plus qu'à vous. Je vous félicite d'être chez madame de Betz. Nous sommes dans des maisons de même goût; car je me trouve au milieu des bois que j'ai semés et de ceux que j'ai envoyés aux airs. Je vous prie de vouloir bien faire mes complimens aux maîtres de la maison, et d'agréer, madame, le respect et l'amitié la plus tendre.

De la Brède, le 12 septembre 1751.

A M. L'ABBÉ DE GUASCO.

J'ai reçu, monsieur le comte, à la Brède, où je suis et je voudrois bien que vous fussiez, votre lettre datée de Turin. M. le marquis de Saint-Germain[1], qui s'intéresse vivement à ce qui vous regarde, m'avait déjà appris la manière distinguée dont vous avez été reçu à votre cour, et la justice qu'on vous y a rendue. Il est consolant de voir un roi réparer les torts que son ministre a fait essuyer, et je vois avec joie qu'avec le temps le mérite est toujours reconnu par les princes éclairés qui se donnent la peine de voir les choses par eux-mêmes. Les bons offices que M. le marquis de Saint-Germain vous a rendus par ses lettres augmentent la bonne opinion que j'avois de lui. Je vous fais bien mes complimens sur l'investiture de votre comté[2]; et si j'avois appris que vous aviez été in-

---

[1] Ambassadeur de Sardaigne à Paris, qui y fut fort estimé.

[2] En Piémont, par les constitutions du pays, les ecclésiastiques ne peuvent point posséder de fiefs, ni en prendre le titre. Les deux frères étant exposés aux périls de la guerre, il pouvoit arriver que, venant à manquer, le fief qui donne le titre à leur famille retombât à la couronne, ou dans une famille étrangère. D'ailleurs, comme il étoit établi en Allemagne, où les ecclésiastiques ne sont pas sujets à la même loi, il demanda au roi de l'investir aussi lui-même de ce

vesti d'une abbaye, ma satisfaction seroit aussi complète qu'eût été la réparation. Au reste, mon cher ami, je ne voudrois point qu'il vous vînt la tentation de nous quitter : vous savez que nous vous rendons justice en France, et que vous y avez des amis. Ce seroit une ingratitude à vous d'y renoncer pour un peu de faveur de cour : permettez-moi de me reposer à cet égard sur la maxime qu'on n'est pas prophète dans sa patrie.

J'ai eu ici milord Hyde[1], qui est allé de Paris à Veret chez notre duchesse, de là à Richelieu chez M. le maréchal, de là à Bordeaux et à la Brède, de là à Aiguillon, où M. le duc a mandé qu'on lui fît les honneurs de son château ; de sorte qu'il trouve partout les empressemens qui sont dus à sa naissance, et ceux qui sont dus à son mérite personnel. Milord Hyde vous aime beaucoup, et auroit bien voulu aussi vous trouver à la Brède.

Vous avez touché la vanité qui se réveille dans mon cœur dans l'endroit le plus sensible, lorsque vous m'avez dit que S. A. R. avoit la bonté de se

---

fief ; grâce que le roi lui accorda par une patente particulière, avec le titre, juridiction et prérogatives du comté de sa famille, dérogeant à cet effet à l'article des constitutions sur ce sujet.

[1] Ou de Cornbury, dernier descendant du célèbre chancelier Hyde, fort aimé en France, où il demeuroit depuis quelques années, et où il mourut de consomption, très-regretté de tous ceux qui connoissoient son caractère et son esprit.

ressouvenir de moi : présentez, je vous prie, mes adorations à ce grand prince ; ses vertus et ses belles qualités forment pour moi un spectacle bien agréable. Aujourd'hui l'Europe est si mêlée, et il y a une telle communication de ses parties, qu'il est vrai de dire que celui qui fait la félicité de l'une fait encore la félicité de l'autre ; de sorte que le bonheur va de proche en proche ; et quand je fais des châteaux en Espagne, il me semble toujours qu'il m'arrivera de pouvoir encore aller faire ma cour à votre aimable prince. Dites au marquis de Breil et à M. le grand-prieur que, tant que je vivrai, je serai à eux : la première idée qui me vint, lorsque je les vis à Vienne, ce fut de chercher à obtenir leur amitié, et je l'ai obtenue. Madame de Saint-Maur me mande que vous êtes en Piémont dans une nouvelle Herculée[1], où, après avoir gratté huit jours la terre, vous avez trouvé une sauterelle d'airain. Vous avez donc fait deux cents lieues pour trouver une sauterelle! Vous êtes tous des charlatans, messieurs les antiquaires. Je n'ai point de nouvelles ni de lettres de l'abbé Venuti depuis son départ de Bordeaux : il avoit quelque

---

[1] Ancienne ville d'*Industria*, dont on a découvert des ruines près des bords du Pô en Piémont, mais dont la découverte n'a pas produit beaucoup de richesses antiques; les morceaux les plus précieux qu'on ait trouvés, sont un beau trépied de bronze, quelques médailles, et quelques inscriptions.

bonté pour moi avant que d'être prêtre et prévôt. Mandez-moi si vous retournerez à Paris : pour moi, je passerai ici l'hiver et une partie du printemps. La province est ruinée ; et dans ce cas tout le monde a besoin d'être chez soi. On me mande qu'à Paris le luxe est affreux : nous avons perdu ici le nôtre, et nous n'avons pas perdu grand'chose. Si vous voyiez l'état où est à présent la Brède, je crois que vous en seriez content. Vos conseils ont été suivis, et les changemens que j'ai faits ont tout développé : c'est un papillon qui s'est dépouillé de ses nymphes. Adieu, mon ami, je vous salue et embrasse mille fois.

De la Brède, le 9 novembre 1751.

AU MÊME.

A Fontainebleau.

CE que vous me mandez par votre billet d'hier ne sauroit me déterminer à renoncer au principe que je me suis fait [1]. Depuis le futile de La Porte [2]

---

[1] De ne point répondre aux critiques de *l'Esprit des Lois*.

[2] L'abbé de La Porte fut le premier qui osa critiquer l'Esprit des Lois, dans ses feuilles périodiques. On disoit dans le public, qu'il y avoit été induit par M. Dupin, fermier-général, qui commençoit à escarmoucher par des troupes légères envoyées en avant.

jusqu'au pesant Dupin[1], je ne vois rien qui ait assez de poids pour mériter que je réponde aux critiques : il me semble même que le public me venge assez, et par le mépris de celles du premier, et par l'indignation contre celles du second. Par le détail que vous me ferez à votre retour de ce que vous avez entendu des deux conseillers au parlement en question, je verrai s'il vaut la peine que je donne quelques éclaircissemens sur les points qui ont paru les choquer. Je m'imagine qu'ils ne parlent que d'après le nouvelliste ecclésiastique, dont les déclamations et les fureurs ne devroient jamais faire impression sur les bons esprits. A l'égard du plan que le petit ministre de Wurtemberg voudroit que j'eusse suivi dans un ouvrage qui porte le titre d'*Esprit des lois*, ré-

---

[1] Ce fermier-général fit ensuite imprimer, à ses frais, une critique presque aussi étendue que *l'Esprit des Lois*, qu'il distribua à ses connoissances, à condition de ne point la prêter. On ne manqua pas cependant de faire passer un exemplaire de cette critique entre les mains de M. de Montesquieu, et dès qu'il eut parcouru quelques parties de cette rapsodie, il dit qu'il ne valoit pas la peine de lire le reste, se reposant sur le public. En effet, la mauvaise foi qu'on découvrit dans les citations des passages mutilés, à dessein de rendre l'auteur de l'Esprit des Lois odieux au gouvernement, ainsi que les mauvais raisonnemens, l'indignèrent au point, que M. Dupin crut devoir retirer les exemplaires distribués, sous prétexte d'en faire une nouvelle édition, pour corriger des fautes qui s'étoient glissées; mais cette nouvelle édition ne parut jamais.

pondez-lui que mon intention a été de faire mon ouvrage, et non pas le sien. Adieu.

De Paris, le ....

AU MÊME.

Mon cher ami, vous volez dans les vastes régions de l'air; je ne fais que marcher, et nous ne nous rencontrons pas. Dès que j'ai été libre de quitter Paris, je n'ai pas manqué de venir ici, où j'avois des affaires considérables. Je pars dans ce moment pour Clérac, et j'ai avancé mon voyage d'un mois pour trouver M. le duc d'Aiguillon, et finir avec lui [1], parce que ses gens d'affaires barbouillent plus qu'ils n'ont jamais fait. J'ai envoyé le tonneau de vin à milord Eliban, que vous m'avez demandé pour lui. Milord me le paiera ce qu'il voudra; et s'il veut ajouter à l'amitié ce qu'il voudra retrancher du prix, il me fera un présent immense : vous pouvez lui mander qu'il pourra le garder tant de temps qu'il voudra, même quinze

---

[1] Des biens, sous la seigneurie d'Aiguillon, causoient un procès qui duroit depuis long-temps au sujet du franc-alleu : procès qui avoit failli le brouiller avec madame la duchesse d'Aiguillon, son ancienne amie, et qu'il avoit par cette raison fort à cœur de voir terminé.

ans s'il veut; mais il ne faut pas qu'il le mêle avec d'autres vins, et il peut être sûr qu'il l'a immédiatement comme je l'ai reçu de Dieu; il n'est pas passé par les mains des marchands.

Mon cher abbé, à votre retour d'Italie, pourquoi ne passeriez-vous pas par Bordeaux, et ne voudriez-vous pas voir vos amis, et le château de la Brède, que j'ai si fort embelli depuis que vous ne l'avez vu? c'est le plus beau lieu champêtre que je connoisse.

Sunt mihi cœlicolæ; sunt cætera numina Fauni!

Enfin je jouis de mes prés pour lesquels vous m'avez tant tourmenté: vos prophéties sont vérifiées; le succès est beaucoup au-delà de mon attente; et l'Éveillé dit : « *Boudri ben que M. l'abbat* « *de Guasco bis aco.* »

J'ai vu la comtesse : elle a fait un mariage déplorable, et je la plains beaucoup. La grande envie d'avoir de l'argent fait qu'on n'en a point. Le chevalier Citran a aussi fait un grand mariage dans le même goût ¹ aux îles, qui lui a porté en dot sept

---

¹ Il arrive souvent, à Bordeaux, que des gentilshommes cherchent à épouser des filles des habitans de l'Amérique, dans l'espérance d'en avoir beaucoup de biens. Montesquieu désapprouvoit ces sortes de mariages faits pour de l'argent, qu'il disoit abâtardir les sentimens de la noblesse, et sur lesquels on étoit souvent

barriques de sucre une fois payées. Il est vrai qu'il a fait un voyage aux îles, et qu'il a pensé apparemment crever. Adieu ; je vous embrasse de tout mon cœur.

De la Brède, le 16 mars 1752.

AU MÊME.

A Bruxelles.

Vous êtes admirable, mon cher comte, vous réunissez trois amis qui ne se sont vus depuis plusieurs années, séparés par des mers, et vous ouvrez un commerce entre eux. M. Michel [1] et moi ne nous étions pas perdus de vue; mais M. d'Ayrolles, que j'ai eu l'honneur de voir à Hanovre, m'avoit entièrement oublié. Je n'ai plus de vin de l'année passée; mais je garderai un tonneau de cette année pour l'un et pour l'autre. Je vous ai déjà mandé que je comptois être à Paris au mois de septembre ; et comme vous devez y être en

---

trompé, parce que les fortunes prétendues des îles se réalisoient rarement.

[1] Alors commissaire d'Angleterre pour les affaires de la barrière à Bruxelles, et depuis ministre plénipotentiaire à Berlin ; homme de beaucoup d'esprit, et d'un caractère fort aimable. M. d'Ayrolles étoit ministre de la même cour à Bruxelles.

même temps, je vous porterai la réponse du négociant à l'abbé de La Porte [1], qui m'a critiqué sans m'entendre : ce n'est pas un négociant, soidisant, comme vous croyez ; c'en est un bien réel, et un jeune homme de notre ville, qui est l'auteur de cet écrit.

Je vous dirai, mon cher abbé, que j'ai reçu des commissions considérables d'Angleterre pour du vin de cette année ; et j'espère que notre province se relevera un peu de ses malheurs. Je plains bien les pauvres Flamands, qui ne mangeront plus que des huîtres et point de beurre.

[1] Cette réponse est de M. Risteau, alors jeune négociant de Bordeaux, et depuis un des directeurs de la Compagnie des Indes. Elle fut imprimée dans quelques éditions des *Lettres familières*. Elle est de 134 pages in-12. On n'en tira qu'un petit nombre d'exemplaires. Montesquieu en faisoit un très-grand cas, et n'y eut aucune part. Il avoua même qu'il eût été fort embarrassé de répondre à certaines objections que son jeune défenseur avoit réfutées de manière à ne laisser aucun lieu à la réplique.

On regarda cette pièce comme supérieure à la *Suite de la défense de l'Esprit des Lois*, par La Beaumelle, quoique celle-ci soit écrite avec chaleur. (Voyez cette réponse de M. Risteau dans le cinquième volume de cette édition.)

On trouve dans la *Bibliothèque d'un homme public* un fragment précieux, en réponse à une critique de *l'Esprit des Lois*.

Langlet, juge de Bapaume, a publié aussi des observations très-judicieuses en l'honneur de ce grand homme.

Tels sont les principaux écrits apologétiques.

Je crois que le système a changé à l'égard des places de la barrière, et que l'Angleterre a senti qu'elles ne pouvoient servir qu'à déterminer les Hollandais à se tenir en paix pendant que les autres seront en guerre. Les Anglais pensent aussi que les Pays-Bas sont plus forts, en y ajoutant douze cent mille florins [1] de revenu, qu'ils ne le seroient par les garnisons des Hollandais qui les défendent si mal; de plus, la reine de Hongrie a éprouvé qu'on ne lui donnoit la paix en Flandre que pour porter la guerre ailleurs. Je ne serois pas étonné non plus que le système de l'équilibre et des alliances changeât à la première occasion. Il y a bien des raisons de ceci : nous en parlerons à notre aise au mois de septembre ou d'octobre. J'ai reçu une belle lettre de l'abbé Venuti, qui, après m'avoir gardé un silence continuel pendant deux ans sans raison, l'a rompu aussi sans raison.

De la Brède, le 27 juin 1751.

AU MÊME.

Soyez le bien arrivé, mon cher comte. Je regrette beaucoup de n'avoir pas été à Paris pour

---

[1] Subside que la cour de Viennne s'étoit engagée de payer aux Hollandais pour les garnisons des places de la barrière.

vous recevoir. On dit que ma concierge, mademoiselle Betti, vous a pris pour un revenant, et a fait un si grand cri en vous voyant, que tous les voisins en ont été éveillés. Je vous remercie de la manière dont vous avez reçu mon protégé. Je serai à Paris au mois de septembre. Si vous êtes de retour de votre résidence avant que je sois arrivé, vous me ferez honneur de porter votre bréviaire dans mon appartement : je compte pourtant y être arrivé avant vous. Vous êtes un homme extraordinaire ; à peine avez-vous bu de l'eau des citernes de Tournay, que Tournay vous envoie en députation. Jamais cela n'est arrivé à aucun chanoine.

Je vous dirai que la Sorbonne, peu contente des applaudissemens qu'elle recevoit sur l'ouvrage de ses députés, en a nommé d'autres pour réexaminer l'affaire[1]. Je suis là-dessus extrêmement tranquille : ils ne peuvent dire que ce que le nouvelliste ecclésiastique a dit ; et je leur dirai ce que j'ai dit au nouvelliste ecclésiastique ; ils ne sont pas plus forts avec ce nouvelliste, et ce nouvelliste n'est pas plus fort avec eux. Il faut toujours en revenir à la raison ; mon livre est un livre de politique et non pas un livre de théologie ; et leurs

---

[1] Après avoir tenu long-temps l'*Esprit des Lois* sur les fonts, la Sorbonne jugea à propos de suspendre sa censure.

objections sont dans leurs têtes, et non pas dans mon livre.

Quant à Voltaire, il a trop d'esprit pour m'entendre : tous les livres qu'il lit, il les fait, après quoi il approuve ou critique ce qu'il a fait. Je vous remercie de la critique du P. Gerdil[1] : elle est faite par un homme qui mériteroit de m'entendre et puis de me critiquer. Je serois bien aise, mon cher ami, de vous revoir à Paris : vous me parleriez de toute l'Europe; moi je vous parlerois de mon village de la Brède, et de mon château, et qui est à présent digne de recevoir celui qui a parcouru tous les pays :

> Et maris et terræ, numeroque carentis arenæ,
> Mensorem.
>
> Hor. Od., lib. 1, 23.

Madame de Montesquieu, M. le doyen de Saint-Surin, et moi, sommes actuellement à Baron, qui est une maison entre deux mers, que vous n'avez point vue. Mon fils est à Clérac, que je lui ai donné pour son domaine avec Montesquieu. Je pars dans quelques jours pour Nisor, abbaye de mon frère : nous passerons par Toulouse, où je rendrai mes

---

[1] Le P. Gerdil, barnabite, outre plusieurs autres ouvrages, a fait la *Vie du bienheureux Alexandre Sauli*, et un *Traité des Vérités de la Religion* : le premier est écrit en français, et le second en italien.

respects à Clémence Isaure[1], que vous connoissez si bien. Si vous y gagnez le prix, mandez-le-moi; je prendrai votre médaille en passant : aussi bien n'avez-vous plus la ressource des intendans. Il vous faudroit un homme uniquement occupé à recueillir les médailles que vous remportez. Si vous voulez, je ferai aussi à Toulouse une visite de votre part à votre muse, madame Montégu[2], pourvu que je ne sois pas obligé de lui parler, comme vous faites, en langage poétique.

Je vous dirai pour nouvelle que les jurats comblent dans ce moment les excavations qu'ils avoient faites devant l'académie. Si les Hollandais avoient aussi bien défendu Berg-op-Zoom, que M. notre intendant[3] a défendu ses fossés, nous n'aurions pas aujourd'hui la paix. C'est une terrible chose que de plaider contre un intendant; mais c'est une chose bien douce que de gagner un procès contre un intendant. Si vous avez quelque rela-

[1] Dame qui fonda le premier prix des jeux floraux dans le quatorzième siècle. On conserve sa statue avec honneur à l'hôtel-de-ville, et on la couronne de fleurs tous les ans.

[2] Femme d'un trésorier de France, qui cultivoit la poésie.

[3] M. de Tourny, intendant de Guienne, à qui Bordeaux doit les embellissemens de cette ville, pour suivre un plan des édifices qu'il entreprit, et faire un alignement, venoit de masquer le bel hôtel de l'Académie ; elle s'y opposa, et obtint de la cour gain de cause contre l'intendant.

tion avec M. de Larrey, à la Haye, parlez-lui, je vous prie, de notre tendre amitié. Je suis bien aise d'apprendre son crédit à la cour du stathouder; il mérite la confiance qu'on a en lui. Je vous embrasse, mon cher ami, de tout mon cœur.

De Raymond en Gascogne, le 8 août 1752.

A LA MARQUISE DU DEFFAND.

Bon cela : le chevalier de Laurency, je l'adorerois s'il ne venoit pas de si bonne heure; mais je vois que vous êtes arrivée à un point de perfection que cela ne vous fait rien. Je suis ravi, madame, d'apprendre que vous avez de la gaieté : vous en aviez assez pour nous. J'ai, je vous assure, un grand désir de vous revoir. Voilà bien des changemens de place : ce sont les quatre coins.

J'ai reçu une lettre de madame la duchesse de Mirepoix. J'ai cru quelque temps qu'elle me querelloit de ce qu'elle ne m'avoit pas fait réponse. Madame, je voudrois être à Paris, être votre philosophe et ne l'être point, vous chercher, marcher à votre suite et vous voir beaucoup. J'ai l'honneur, madame, de vous présenter mes respects.

De la Brède, le 12 août 1752.

A LA MÊME.

Je commence par votre apostille. Vous dites que vous êtes aveugle! Ne voyez-vous pas que nous étions autrefois, vous et moi, de petits esprits rebelles qui furent condamnés aux ténèbres? Ce qui doit nous consoler, c'est que ceux qui voient clair ne sont pas pour cela lumineux. Je suis bien aise que vous vous accommodiez du savant Bailly : si vous pouvez gagner ce point, que vous ne l'amusiez pas trop, vous êtes bien; et quand cela ira trop loin, vous pourrez l'envoyer à Chaulnes.

Je ferai sur la place de l'académie ce que voudront madame de Mirepoix, d'Alembert et vous; mais je ne vous réponds pas de M. de Saint-Maur : car jamais homme n'a tant été à lui, que lui. Je suis bien aise que ma défense ait plu à M. Le Monnier. Je sens que ce qui y plaît est de voir, non pas mettre les vénérables théologiens à terre, mais de les y voir couler doucement.

Il est très-singulier qu'une dame qui a un mercredi n'ait point de nouvelles. Je m'en passerai. Je suis ici accablé d'affaires : mon frère est mort. Je ne lis pas un livre, je me promène beaucoup, je pense souvent à vous, je vous aime. Je vous présente mes respects.

De la Brède, le 13 septembre 1752.

A L'ABBÉ DE GUASCO.

Votre lettre, mon cher comte, m'apprend que vous êtes à Paris; et je suis étonné moi-même de ce que je n'y suis point. Le voyage que j'ai été obligé de faire à l'abbaye de Nisor avec mon frère, qui a duré près d'un mois, a rompu toutes mes mesures, et je n'y serai qu'à la fin de ce mois ou au commencement de l'autre; car je veux absolument vous voir et passer quelques semaines avec vous avant votre départ. Mais, mon cher abbé, vous êtes un innocent, puisque vous avez deviné que je n'arriverois point si tôt, de ne pas vous mettre dans mon appartement d'en bas; et je donne ordre à la demoiselle Betti de vous y recevoir, quoiqu'elle n'ait pas besoin d'ordre pour cela; ainsi je vous prie de vous y camper. Vous allez à Vienne : je crois que j'y ai perdu, depuis vingt-deux ans, toutes mes connoissances. Le prince Eugène vivoit alors, et ce grand homme me fit passer des momens délicieux [1]. MM. les

---

[1] L'auteur disoit qu'il n'avoit jamais ouï dire à ce prince que

comtes Kinski, M. le prince de Lichtenstein, M. le marquis de Prié, M. le comte d'Harak et toute sa famille, que j'eus l'honneur de voir à Naples où il étoit vice-roi, m'ont honoré de leurs bontés : tout le reste est mort ; et moi je mourrai bientôt : si vous pouvez me rappeler dans leur souvenir, vous me ferez beaucoup de plaisir. Vous allez paroître sur un nouveau théâtre, et je suis sûr que vous y figurerez aussi bien que vous avez fait ailleurs. Les Allemands sont bons, mais un peu soupçonneux. Prenez garde, ils se méfient des Italiens comme trop fins pour eux ; mais ils savent qu'ils ne leur sont point inutiles, et sont trop sages pour s'en passer.

Vous avez grand tort de n'avoir point passé par la Brède quand vous revîntes d'Italie. Je puis dire que c'est à présent un des lieux aussi agréables qu'il y ait en France, au château près [1], tant la

---

ce qu'il falloit dire sur le sujet dont on parloit, même lorsqu'en quittant de temps en temps sa partie, il se mêloit de la conversation. Dans un petit écrit que Montesquieu avoit fait sur la *Considération*, en parlant du prince Eugène, il avoit dit qu'on n'est pas plus jaloux des grandes richesses de ce prince qu'on ne l'est de celles qui brillent dans les temples des dieux. Le prince, flatté de ces expressions, fit un accueil très-distingué à Montesquieu à son arrivée à Vienne, et l'admit dans sa société la plus intime.

[1] La singularité de ce château, dont la forme n'a point changé, est assez remarquable. C'est un bâtiment hexagone, à pont-levis, entouré de doubles fossés d'eau vive, revêtu de pierres de taille.

nature s'y trouve dans sa robe de chambre et au lever de son lit. J'ai reçu d'Angleterre la réponse pour le vin que vous m'avez fait envoyer à milord Eliban ; il a été trouvé extrêmement bon. On me demande une commission pour quinze tonneaux; ce qui fera que je serai en état de finir ma maison rustique. Le succès que mon livre a eu dans ce pays-là contribue, à ce qu'il paroît, au succès de mon vin. Mon fils ne manquera pas d'exécuter votre commission. A l'égard de l'homme en question, il multiplie avec moi ses torts à mesure qu'il les reconnoît ; il s'aigrit tous les jours, et moi je

---

Il fut bâti sous Charles VII pour servir de château-fort ; et il appartenoit alors aux MM. de La Lande, dont la dernière héritière épousa un des ancêtres de Montesquieu. L'intérieur de ce château n'est effectivement pas fort agréable par la nature de sa construction ; mais Montesquieu en a fort embelli les dehors par des plantations qu'il y a faites.

Tous les voyageurs distingués s'empressent de le visiter. Ce château fixa l'attention de l'empereur Napoléon et de l'impératrice Joséphine, pendant leur séjour à Bordeaux, en 1808. Le petit-fils de Montesquieu étoit l'un des commandans de la garde-d'honneur bordelaise organisée par M. de Montbadon, alors maire de Bordeaux, et que l'empereur Napoléon nomma gouverneur du palais dont la ville lui avoit fait hommage. M. de Montesquieu ne s'y présentoit que pour le service dont il avoit été chargé. Il sembloit attacher peu d'importance à des fonctions si opposées à la simplicité de ses goûts. Il vit dans ses domaines, et fait sa résidence habituelle dans le château dont le génie de son aïeul a rendu le nom historique.   D.

deviens sur son sujet plus tranquille : il est mort pour moi. M. le doyen, qui est dans ma chambre, vous fait mille complimens, et vous êtes un des chanoines du monde qu'il honore le plus : lui, moi, ma femme et mes enfans, vous regardons et chérissons tous comme de notre famille. Je serai bien charmé de faire connoissance avec M. le comte de Sartirane [1] quand je serai à Paris : c'est à vous à lui donner une bonne opinion de moi. Je vous prie de faire bien des tendres complimens à tous ceux de mes amis que vous verrez ; mais si vous allez à Montigny, c'est là qu'il faut une effusion de mon cœur. Vous autres Italiens êtes pathétiques : employez-y tous les dons que la nature vous a donnés ; faites-en aussi surtout usage auprès de la duchesse d'Aiguillon et de madame Dupré de Saint-Maur ; dites surtout à celle-ci combien je lui suis attaché [2]. Je suis de l'avis de milord Eliban, sur la vérité du portrait que vous avez fait d'elle [3].

[1] Ambassadeur de Sardaigne à Paris, homme de beaucoup d'esprit, et plus véridique qu'on ne souhaite dans les sociétés.

[2] Il disoit d'elle, qu'elle étoit également bonne à en faire sa maîtresse, sa femme, ou son amie.

[3] Cette dame étant un jour en habit d'amazone à la campagne, à Montigny, il en avoit fait le portrait dans un sonnet. Ce sonnet ayant été lu à milord Éliban, qui ne la connoissoit pas, il dit que ce ne pouvoit être qu'un portrait flatté ; et ayant depuis fait connoissance avec elle, il reprochoit à l'auteur de n'en avoir pas assez dit.

Il faut que je vous consulte sur une chose, car je me suis toujours bien trouvé de vous consulter. L'auteur des Nouvelles ecclésiastiques m'a attribué, dans une feuille du 4 juin, que je n'ai vue que fort tard, une brochure intitulée, *Suite de la défense de l'Esprit des Lois*, faite par un protestant, écrivain [1] habile, et qui a infiniment d'esprit. L'ecclésiastique me l'attribue pour en prendre le sujet de me dire des injures atroces. Je n'ai pas jugé à propos de rien dire, 1° par mépris ; 2° parce que ceux qui sont au fait de ces choses savent que je ne suis point auteur de cet ouvrage ; de sorte que toute cette manœuvre tourne contre le calomniateur. Je ne connois point l'air actuel du bureau de Paris ; et si ces feuilles ont pu faire impression sur quelqu'un, c'est-à-dire si quelqu'un a cru que je fusse l'auteur de cet ouvrage, que sûrement un catholique ne peut avoir fait, seroit-il à propos que je donnasse une petite réponse en une page, *cum aliquo grano salis?* Si cela n'est pas absolument nécessaire, j'y renonce, haïssant à la mort de faire encore parler de moi. Il faudroit que je susse aussi si cela a quelque relation avec la Sorbonne. Je suis ici dans l'igno-

---

[1] L'auteur de cet écrit, in-12, *Berlin*, 1751, étoit la Beaumelle. On l'attribua faussement à Montesquieu. Il y a une lettre de lui qui dément cette fausse imputation. *Voyez* le recueil B., n° 1222, à la Bibliothèque Mazarine.

rance de tout, et cette ignorance me plaît assez. Tout ceci entre nous, et sans qu'il paroisse que je vous en aie écrit. Mon principe a été de ne point me remettre sur les rangs avec des gens méprisables. Comme je me suis bien trouvé d'avoir fait ce que vous voulûtes quand vous me poussâtes, l'épée dans les reins, à composer ma défense [1], je n'entreprendrai rien qu'en conséquence de votre réponse. Huart veut faire une nouvelle édition des Lettres persanes : mais il y a quelques *juvenilia* [2] que je voudrois auparavant retoucher; quoiqu'il faut qu'un Turc voie, pense et parle en Turc, et non en chrétien : c'est à quoi bien des gens ne font point attention en lisant les Lettres persanes.

Je vois que le pauvre Clément V retombera dans l'oubli, et que vous allez quitter les affaires de Philippe-le-Bel pour celles de ce siècle-ci. L'histoire de mon pays y perdra aussi bien que la ré-

---

[1] Ce fut lui qui, à force de sollicitations, lui arracha, comme malgré lui, l'unique réponse qu'il ait faite aux critiques sous le titre de *Défense de l'Esprit des Lois*, que le public a reçue comme un chef-d'œuvre de critique et un modèle de bon goût.

[2] Il a dit à quelques amis que, s'il avoit eu à donner actuellement ces Lettres, il en auroit omis quelques-unes, dans lesquelles le feu de la jeunesse l'avoit transporté; qu'obligé par son père de passer toute la journée sur le code, il s'en trouvoit le soir si excédé, que, pour s'amuser, il se mettoit à composer une lettre persane, et que cela couloit de sa plume sans étude.

publique des lettres; mais le monde politique y gagnera. Ne manquez pas de m'écrire de Vienne, et n'oubliez point de me ménager la continuation de l'amitié de monsieur votre frère : c'est un des militaires [1] que je regarde comme destinés à faire les plus grandes choses. Adieu, mon cher ami; je vous embrasse de tout mon cœur.

De la Brède, le 4 octobre 1752.

AU MÊME.

A Vienne.

J'AI reçu, mon cher comte, votre lettre de Vienne du 28 décembre. Je suis fâché d'avoir

---

[1] Il étoit alors général-major au service d'Autriche. Il fut choisi dans la dernière guerre pour quartier-maître général de l'armée de Bohême; il eut part, en cette qualité, à la victoire de Planian; et la réputation qu'il s'est faite dans les défenses mémorables de Dresde et de Schwednitz, prouve que Montesquieu se connoissoit en hommes. Il mourut d'apoplexie à Kœnigsberg, où il étoit prisonnier de guerre, dans le grade de général en chef d'infanterie, et chevalier grand'croix de l'ordre militaire de Marie-Thérèse. Elle honora par des regrets très-marqués la perte de ce général, auquel l'ennemi même rendit les honneurs les plus distingués durant sa captivité et à sa mort; mort qu'il eût peut-être évitée, si les témoignages honorables que le roi de Prusse rendit à sa capacité après le siége de Schwednitz eussent été accompagnés de la grâce de pouvoir aller prendre les bains, suivant la convention faite verbalement avec le général ennemi, lors de la reddition de la place.

perdu ceux qui m'avoient fait l'honneur d'avoir de l'amitié pour moi. Il me reste le prince de Lichtenstein, et je vous prie de lui faire bien ma cour. J'ai reçu des marques d'amitié de M. Duval, bibliothécaire [1] de l'empereur, qui fait beaucoup d'honneur à la Lorraine sa patrie. Dites aussi, je vous prie, quelque chose de ma part à M. Van-Swieten : je suis un véritable admirateur de cet illustre Esculape [2]. Je vis hier monsieur et madame de Sénectère : vous savez que je ne vois plus

---

[1] C'est-à-dire de sa bibliothèque particulière ; homme d'autant plus estimable, que, né dans un état bien éloigné de la culture des lettres, il est parvenu à les cultiver, sans secours, par la seule force du talent.

[2] Il savoit que c'étoit à lui que les libraires de Vienne devoient la liberté de pouvoir vendre *l'Esprit des Lois*, dont la censure précédente des jésuites empêchoit l'introduction à Vienne : car M. le baron de Van-Swieten n'est pas seulement l'Esculape de cette ville impériale par sa qualité de premier médecin de la cour, il est encore l'Apollon qui préside aux muses autrichiennes, tant par sa qualité de bibliothécaire impérial, charge qui, par un usage particulier à cette cour, est unie à celle de premier médecin, que par celle de président de la censure des livres, et des études du pays ; de sorte qu'il pourroit être en même temps le médecin des esprits comme il l'est des corps, si le despotisme sur le Parnasse n'étoit pas trop effrayant pour les Muses, et si la sévérité, lorsqu'elle est trop scrupuleuse, ne rendoit pas plus ingénieux dans la contrebande des livres dangereux, comme elle prive quelquefois de ceux qui sont d'une utilité relative aux différentes professions. Quoi qu'il en soit, malgré la satire qu'on lit dans les dialogues de

que les pères et les mères dans toutes les familles. Nous parlâmes beaucoup de vous; ils vous aiment beaucoup. J'ai fait connoissance avec..... [1]. Tout ce que je puis vous en dire, c'est que c'est un seigneur magnifique, et fort persuadé de ses lumières; mais il n'est pas notre marquis de Saint-Germain; aussi n'est-il pas un ambassadeur piémontais [2]. Bien de ces têtes diplomatiques se pressent trop de nous juger; il faudroit nous étudier un peu plus. Je serois bien curieux de voir les relations que certains ambassadeurs font à leurs cours sur nos affaires internes. J'ai appris ici que vous relevâtes fort à propos l'équivoque touchant la qualification de mauvais citoyen. Il faut pardonner à des ministres, souvent imbus des principes du pouvoir arbitraire, de n'avoir pas des notions bien justes sur certains points, et de hasarder des apophtegmes [3].

Voltaire, portant également sur les fonctions des deux ministères de ce savant médecin, Vienne lui doit déjà quelques changemens utiles au bien des études; et ce poëte célèbre lui doit surtout que son *Histoire universelle* soit, contre toute attente, entre les mains de tout le monde dans ce pays-là.

[1] Ce nom n'a pas pu se lire, l'écriture est effacée.

[2] Il avoit été intimement lié avec le marquis de Breil, le commandeur de Solar son frère, et le marquis de Saint-Germain; tous les trois ambassadeurs de Sardaigne, le premier à Vienne, les deux autres à Paris; tous les trois, hommes du premier mérite.

[3] On parloit de *l'Esprit des Lois* au dîner d'un ambassadeur:

La Sorbonne cherche toujours à m'attaquer : il y a deux ans qu'elle travaille sans savoir guère comment s'y prendre. Si elle me fait mettre à ses trousses, je crois que j'acheverai de l'ensevelir [1]. J'en serois bien fâché, car j'aime la paix par-dessus toutes choses. Il y a quinze jours que l'abbé Bonardi m'a envoyé un gros paquet pour mettre dans ma lettre pour vous. Comme je sais qu'il n'y a dedans que de vieilles rapsodies que vous ne liriez point, j'ai voulu vous épargner un port considérable : ainsi je garde la lettre jusqu'à votre retour, ou jusqu'à ce que vous me mandiez de vous l'envoyer, en cas qu'il y ait autre chose que des nouvelles des rues. J'ai appris avec bien du plaisir tout ce que vous me mandez sur votre sujet. Les choses obligeantes que vous a dites l'impératrice font honneur à son discernement, et les effets de la bonne opinion qu'elle vous a marquée lui feront encore plus d'honneur. Nous lisons ici la réponse du roi d'Angleterre au roi de Prusse,

---

S. Exc. prononça qu'il le regardoit comme l'ouvrage d'un mauvais citoyen. « Montesquieu, mauvais citoyen! s'écria son ami : pour « moi, je regarde *l'Esprit des Lois* même comme l'ouvrage d'un « bon sujet; car on ne sauroit donner une plus grande preuve « d'amour et de fidélité à ses maîtres que de les éclairer et de les « instruire. »

[1] Il venoit de paroître un ouvrage intitulé *le Tombeau de la Sorbonne*, fait sous le nom de l'abbé de Prades.

et elle passe dans ce pays-ci pour une réponse sans réplique. Vous, qui êtes docteur dans le droit des gens, vous jugerez cette question dans votre particulier.

Vous avez très-bien fait de passer par Lunéville : je juge, par la satisfaction que j'eus moi-même dans ce voyage, de celle que vous avez éprouvée par la gracieuse réception du roi Stanislas. Il exigea de moi que je lui promisse de faire un autre voyage en Lorraine. Je souhaiterois bien que nous nous y rencontrassions à votre retour d'Allemagne; l'instance que le roi vient de vous faire par sa gracieuse lettre d'y repasser doit vous engager à reprendre cette route. Nous voilà donc encore une fois confrères en Apollon [1]; en cette qualité recevez l'accolade.

De Paris, le 5 mars 1753.

AU MÊME.

Je trouve, mon cher comte, vos raisons assez bonnes pour ne point vous engager légèrement; mais je crois que celles qu'on a pour vous retenir sont encore meilleures, et j'espère que votre esprit patriotique s'y rendra. Je vois par là avec bien

[1] Le roi Stanislas les avoit fait agréger à son académie de Nancy.

de la joie que ce que l'on m'a dit des soins qu'on prend de l'éducation des archiducs est très-réel. Il ne suffit pas de mettre auprès d'eux des gens savans, il leur faut des gens qui aient des vues élevées et qui connoissent le monde; et je crois, sans blesser votre modestie, qu'à ces titres vous devriez avoir des préférences. Le département de l'étude de l'histoire est un de ceux qui importent le plus à un prince; mais il faut lui faire considérer l'histoire en philosophe; et il est bien difficile qu'un régulier, ordinairement pédant, et livré par état à des préjugés, la lui développe dans ce point de vue, lors surtout qu'il s'agira de temps critiques et intéressans pour l'empire. Si l'on délivre de cette épine le département que l'on vous propose, j'aime trop le bien des hommes pour ne pas vous conseiller de passer par-dessus les autres difficultés qui s'opposent à la réussite de cette affaire. Avec quelques précautions, le climat de Vienne ne nuira pas plus à vos yeux que celui de Flandre, à moins que vous ne préfériez la bière au vin de Tokai. Quant aux convenances d'étiquette de cour, je suis persuadé qu'on pense assez juste pour ne pas perdre un homme utile pour de si petites choses [1]. Je me repose là-dessus sur les

---

[1] L'usage de la cour de Vienne est de ne point donner, comme dans plusieurs autres, un précepteur en chef aux princes de la

vues supérieures de Marie-Thérèse. Vous voyez que je ne vous dis pas un mot des vues de fortune, parce que je sais que ce n'est pas ce qui vous touche le plus. Je vous prie de ne me pas laisser ignorer votre résolution, ou la décision de la cour; elle m'intéresse autant pour elle que pour vous.

Si vous continuez d'être libre, je vous conseille l'entreprise dont vous me parlez. Un chanoine doit être bien plus en état qu'un profane de traiter de l'esprit des lois ecclésiastiques. Votre plan seroit fort bon; mais je trouve le repos encore meilleur, et j'abandonne ce champ de gloire à votre zèle infatigable. Adieu.

1753.

AU MÊME.

A Vérone.

Mon cher ami, vos titres se multiplient tellement que je ne puis plus les retenir : voyons.....

maison, mais seulement des instructeurs, dont chacun est chargé d'enseigner la partie de littérature qu'on leur fait apprendre; et dans le choix de ceux qu'on nomme pour ces différens départemens, on ne consulte que la capacité, sans avoir égard à la condition des personnes.

comte de Clavières, chanoine de Tournay, chevalier d'une croix impériale [1], membre de l'académie des inscriptions, de celles de Londres, de Berlin, et de tant d'autres, jusqu'à celle de Bordeaux : vous méritez bien tous ces honneurs et bien d'autres encore.

Je suis bien aise que vous ayez eu du succès dans la négociation pour votre chapitre [2]. Il est

---

[1] L'impératrice venoit d'accorder une croix de distinction, portant l'aigle impériale avec le chiffre du nom de Marie-Thérèse, au chapitre de Tournay, le plus ancien des Pays-Bas, et le seul où l'on est admis faisant preuves de noblesse.

[2] En vertu d'une bulle de Martin V, ce chapitre, comme plusieurs autres d'allemagne, doit être composé de deux classes de chanoines, de nobles et de gradués. Des gens intéressés à tenir ce corps dans leur dépendance faisoient fréquemment des brèches à la maxime établie, pour y faire entrer de leurs créatures propres à seconder leur vues. C'est pour obvier aux suites des altérations faites contre l'esprit de sa constitution, que ce chapitre chargea ce député d'obtenir un diplôme de sa majesté l'impératrice, qui arrête le cours de cet abus, en fixant d'un côté les degrés de noblesse qu'on doit prouver pour être reçu dans la classe des nobles, et prescrivant, de l'autre, qu'il ne suffiroit pas que les licenciés et docteurs eussent une patente de ces grades, qu'on achetoit souvent; mais qu'ils ne seroient considérés pour tels qu'après avoir fait un cours d'étude en règle, pendant cinq ans, à l'université de Louvain; disposition également utile à l'encouragement des études de cette université, et au chapitre, qui en ressent déjà les effets salutaires par le nombre des sujets distingués qui s'y accroît tous les jours depuis.

heureux de vous avoir, et fait bien de vous députer à la cour pour ses affaires plutôt que de vous retenir pour chanter et pour boire ; car je suis sûr que vous négociez aussi bien que vous chantez mal et buvez peu. Je suis fâché que l'affaire qui vous regardoit personnellement ait manqué. Vous n'êtes pas le seul qui y perdiez ; et il vous reste votre liberté qui n'est pas une petite chose : mais l'étiquette ne dédommagera pas de l'avantage dont on s'est privé; quoique je soupçonne qu'il pourroit bien y avoir d'autres raisons que l'étiquette, que l'exemple des autres cours auroit pu faire abandonner. Quand certaines gens ont pris racine, ils savent bien trouver des moyens pour écarter les hommes éclairés : d'ailleurs, vous n'êtes point un bel-esprit du pays de Liége ou de Luxembourg. Je me réserve là-dessus mes pensées.

Votre lettre m'a été rendue à la Brède où je suis. Je me promène du matin au soir en véritable campagnard, et je fais ici de fort belles choses en dehors.

Vous voilà donc parti pour la belle Italie. Je suppose que la galerie de Florence vous arrêtera long-temps. Indépendamment de cela, de mon temps cette ville étoit un séjour charmant ; et ce qui fut pour moi un objet des plus agréables, fut de voir le premier ministre du grand-duc sur une petite chaise de bois, en casaquin et chapeau de paille devant sa porte. Heureux pays, m'écriai-je ; où le premier ministre vit dans une si grande simplicité et dans un pareil désœuvrement ! Vous verrez madame la marquise Ferroni et l'abbé Niccolini : parlez-leur de moi. Embrassez bien de ma part monseigneur Cerati, à Pise ; et pour Turin, vous connoissez mon cœur, notre grand-prieur, MM. les marquis de Breil et de Saint-Germain. Si l'occasion se présente, vous ferez ma cour à son altesse sérénissime. Si vous écrivez à M. le comte de Cobentzel, à Bruxelles, je vous prie de le remercier pour moi, et marquez-lui combien je me sens honoré par le jugement qu'il porte sur ce qui me regarde. Quand il y aura des ministres comme lui, on pourra espérer que le goût des lettres se ranimera dans les états autrichiens ; et alors vous n'entendrez plus de ces propositions erronées et malsonnantes [1] qui vous ont scandalisé.

---

[1] Cet ami lui avoit mandé qu'il avoit été fort choqué de deux propositions qu'il avoit entendues. La première étoit, qu'à l'occasion d'un ouvrage qu'il avoit fait imprimer, un seigneur lui dit qu'il ne convenoit point à un homme de condition de se donner pour auteur. La seconde étoit d'un militaire du premier rang, dite à son frère, à propos des lectures assidues qu'il faisoit des livres du métier : « Les livres, lui fut-il dit, servent peu pour la guerre ; « je n'en ai jamais lu, et je ne suis pas moins parvenu aux pre-« miers grades. »

Je crois bien que je serai à Paris dans le temps que vous y viendrez. J'écrirai à madame la duchesse d'Aiguillon combien vous êtes sensible à son oubli : mais, mon cher abbé, les dames ne se souviennent pas de tous les chevaliers, il faut qu'ils soient paladins. Au reste, je voudrois bien vous tenir huit jours à la Brede, à votre retour de Rome; nous parlerions de la belle Italie et de la forte Allemagne.

Voilà donc Voltaire qui paroît ne savoir où reposer sa tete [1] : *Ut eadem tellus, quæ modo victori defuerat, deesset ad sepulturam.* Le bon esprit vaut mieux que le bel esprit.

A l'égard de M. le duc de Nivernais, ayez la bonté de lui faire ma cour quand vous le verrez à Rome, et je ne crois pas que vous ayez besoin d'une lettre particulière pour lui. Vous êtes son confrère à l'académie, et il vous connoît; cependant si vous croyez que cela soit nécessaire, mandez-le-moi. Adieu.

De la Brède, ce 28 septembre 1753.

[1] Ceci a rapport à son départ de Berlin, et à sa fâcheuse aventure de Francfort.

A M. D'ALEMBERT.

Vous prenez le bon parti ; en fait d'huître on ne peut faire mieux. Dites, je vous prie, à madame du Deffand, que si je continue à écrire sur la philosophie, elle sera ma *marquise.* Vous avez beau vous défendre de l'académie, nous avons des matérialistes aussi ; témoin l'abbé d'Olivet, qui pèse au centre et à la circonférence ; au lieu que vous, vous ne pesez point du tout. Vous m'avez donné de grands plaisirs. J'ai lu et relu votre Discours préliminaire : c'est une chose forte, c'est une chose charmante, c'est une chose précise, plus de pensées que de mots, du sentiment comme des pensées, et je ne finirois point.

Quant à mon introduction dans l'*Encyclopédie*, c'est un beau palais où je serois bien glorieux de mettre les pieds ; mais pour les deux articles *Démocratie* et *Despotisme*, je ne voudrois pas prendre ceux-là ; j'ai tiré, sur ces articles, de mon cerveau tout ce qui y étoit. L'esprit que j'ai est un moule, on n'en tire jamais que les mêmes portraits : ainsi je ne vous dirai que ce que j'ai dit, et peut-être plus mal que je ne l'ai dit. Ainsi, si vous voulez de moi, laissez à mon esprit le choix de quelques articles ; et si vous voulez ce choix, ce sera chez madame du Deffand avec du marasquin. Le père Castel dit qu'il ne peut pas se corriger, parce qu'en corrigeant son ouvrage, il en fait un autre, et moi je ne puis pas me corriger, parce que je chante toujours la même chose. Il me vient dans l'esprit que je pourrois prendre peut-être l'article *Goût*, et je prouverai bien que *difficile est propriè communia dicere*. (HORAT de Arte poet.)

Adieu, monsieur; agréez, je vous prie, les sentimens de la plus tendre amitié.

De Bordeaux, le 16 novembre 1753.

A MADAME LA DUCHESSE D'AIGUILLON.

J'AI reçu, madame, l'obligeante lettre que vous m'avez fait l'honneur de m'écrire dans le temps que je quittois la Brede pour partir pour Paris. Je resterai pourtant sept ou huit jours à Bordeaux pour mettre en ordre un vieux procès que j'ai. Je pars donc, et vous pouvez être sûre que ce n'est pas pour la Sorbonne que je pars, mais pour vous. Je quitte la Brède avec regret, d'autant mieux que tout le monde me mande que Paris est fort triste. Je reçus, il y a deux ou trois jours, une lettre assez originale : elle est d'un bourgeois de Paris qui me doit de l'argent, et qui me prie de l'attendre jusqu'au retour du parlement; et je lui mande qu'il feroit bien de prendre un terme un peu plus fixe. C'est un grand fléau que cette petite-vérole : c'est une nouvelle mort à ajouter à celle à laquelle nous sommes tous destinés. Les peintures riantes qu'Homère fait de ceux qui meurent, de cette fleur qui tombe sous la faux du moissonneur, ne peuvent pas s'appliquer à cette mort-là.

J'aurois eu l'honneur de vous envoyer les chapitres que vous voulez bien me demander, si vous ne m'aviez appris que vous n'étiez plus dans le lieu où vous voulez les faire voir. Mais je vous les apporterai : vous les corrigerez, et vous me direz : Je n'aime pas cela. Et vous ajouterez : il falloit dire ainsi. Je vous prie, madame, d'avoir la bonté d'agréer les sentimens du monde les plus respectueux.

MONTESQUIEU.

De la Brède, le 3 décembre 1753.

A L'ABBÉ DE GUASCO.

J'ARRIVAI avant-hier au soir de Bordeaux : je n'ai encore vu personne, et je suis plus pressé de vous écrire que de voir qui que ce soit. Je verrai Huart [1]; et s'il n'a pas rempli vos ordres je les lui

---

[1] Imprimeur de ses ouvrages à Paris.

ferai exécuter : vous avez pourtant plus de crédit que moi auprès de lui ; je ne lui donne que des phrases, et vous lui donnez de l'argent.

Je suis bien glorieux de ce que M. l'auditeur Bertolini a trouvé mon livre[1] assez bon pour le rendre meilleur, et a goûté mes principes. Je vous prierai dans le temps de me procurer un exemplaire de l'ouvrage de M. Bertolini : j'ai trouvé sa préface extrêmement bien ; tout ce qu'il dit est juste excepté les louanges. Mille choses bien tendres pour moi à M. l'abbé Niccolini. J'espère, mon cher abbé, que vous viendrez nous voir à Paris cet hiver, et que vous viendrez joindre les titres d'Allemagne et d'Italie à ceux de France. Si vous passez par Turin, vous savez les illustres amis que j'y ai. Je vous embrasse de tout mon cœur.

De Paris, le 26 décembre 1753.

AU MÊME.

A Naples.

Je suis à Paris depuis quelque temps, mon cher comte. Je commence par vous dire que notre libraire Huart sort de chez moi, et il m'a dit de très-bonnes raisons qu'il a eues pour vous faire enra-

[1] *L'Esprit des Lois.*

ger; mais vous recevrez au premier jour votre compte et votre mémoire.

Vous avez une boîte pleine de fleurs d'érudition, que vous répandez à pleines mains dans tous les pays que vous parcourez. Il est heureux pour vous d'avoir paru avec honneur devant le pape [1]; c'est le pape des savans : or, les savans ne peuvent rien faire de mieux que d'avoir pour leur chef celui qui l'est de l'église. Les offres qu'il vous a faites seroient tentantes pour tout autre que pour vous, qui ne vous laissez pas tenter, même par les apparences de la fortune, et qui avez les sentimens d'un homme qui l'auroit déjà faite. Les belles choses que vous me dites de M. le comte de Firmian [2] ne sont point entièrement nouvelles pour moi. Il est de votre devoir de me procurer l'honneur de sa connoissance, et c'est à vous à y travailler, sans quoi vous avez tres-mal fait de me dire de si belles choses. Je ne me souviens point

---

[1] Benoît XIV l'ayant fait agréger à l'académie de l'histoire romaine, il avoit lu une dissertation sur le préteur des étrangers en présence de sa sainteté, qui assistoit régulièrement aux assemblées qu'elle faisoit tenir dans le palais de sa résidence; cette dissertation fut imprimée à Rome, et est insérée dans les *Mémoires de l'Académie de Cortone*, tome VII.

[2] Alors ministre impérial à Naples, et actuellement ministre plénipotentiaire des états de Lombardie à Milan, admirateur des ouvrages de Montesquieu, et ami des gens de lettres de tous les pays.

d'avoir connu à Rome le père Contucci [1]. Le seul jésuite que je voyois étoit le père Vitri, qui venoit souvent dîner chez le cardinal de Polignac : c'étoit un homme fort important [2], qui faisoit des médailles antiques et des articles de foi.

J'ai droit de m'attendre, mon cher ami, que vous m'écriviez bientôt une lettre datée d'Herculée, où je vous vois parcourant déjà tous les souterrains. On nous en dit beaucoup de choses : celles que vous m'en direz, je les regarderai comme les relations d'un auteur grave : ne craignez point de me rebuter par les détails.

Je suis de votre avis sur les querelles de Malte [3], que l'on traite de Turc à Maure, c'est cependant l'ordre peut-être le plus respectable qu'il y ait dans l'univers, et celui qui contribue le plus à entretenir l'honneur et la bravoure dans toutes les nations où il est répandu. Vous êtes bien hardi

[1] Bibliothécaire du collége romain, et garde du cabinet des antiquités que le P. Kircher laissa à ce collége.

[2] Ce jésuite avoit à Rome beaucoup de part dans les affaires de la constitution *Unigenitus*, et brocantoit des médailles. On connoissoit son projet d'un nouveau *Saint-Augustin*, pour l'opposer à l'*Augustin* de Jansénius : ses principes là-dessus étoient tels, que les paradoxes du P. Hardouin n'eussent fait que blanchir, et le pélagianisme se seroit renouvelé dans toute son étendue.

[3] Il s'étoit alors élevé une dispute entre la cour de Naples et l'ordre de Malte au sujet des droits de la monarchie de Sicile, qu'on prétendoit s'étendre sur cette île.

de m'adresser votre révérend capucin : ne craignez-vous pas que je ne lui fasse lire la lettre persane sur les capucins ?

Je serai au mois d'août à la Brède, *O rus, quando te aspiciam?* Je ne suis plus fait pour ce pays-ci, ou bien il faut renoncer à être citoyen. Vous devriez bien revenir par la France méridionale : vous trouverez votre ancien laboratoire, et vous me donnerez de nouvelles idées sur mes bois et mes prairies. La grande étendue de mes landes [1] vous offre de quoi exercer votre zele pour l'agriculture : d'ailleurs j'espere que vous n'oubliez point que vous etes propriétaire de cent arpens de ces landes, où vous pourrez remuer la terre, planter et semer tant que vous voudrez. Adieu ; je vous embrasse de tout mon cœur.

De Paris, le 9 avril 1754.

[1] Il gagna un procès contre la ville de Bordeaux, qui lui porta onze cents arpens de landes incultes, où il se mit à faire des plantations de bois et des métairies, l'agriculture faisant sa principale occupation dans les momens de relâche. Il avoit fait présent de cent arpens de ses terres incultes à son ami, pour qu'il pût exécuter librement ses projets d'agriculture, mais son départ et ses engagemens ailleurs ont fait rester ce terrain en friche.

A M. WARBURTON,

AUTEUR DU COUP D'OEIL SUR LA PHILOSOPHIE

DU LORD BOLINGBROKE.

Extrait d'une gazette anglaise, du 16 août.

J'ai reçu, monsieur, avec une reconnoissance très-grande, les deux magnifiques ouvrages que vous avez eu la bonté de m'envoyer, et la lettre que vous m'avez fait l'honneur de m'écrire sur les *OEuvres posthumes de milord Bolingbroke*; et comme cette lettre me paroît être plus à moi que les deux ouvrages qui l'accompagnent, auxquels tous ceux qui ont de la raison ont part, il me semble que cette lettre m'a fait un plaisir particulier. J'ai lu quelques ouvrages de milord Bolingbroke; et, s'il m'est permis de dire comment j'en ai été affecté, certainement il a beaucoup de chaleur; mais il me semble qu'il l'emploie ordinairement contre les choses : et il ne faudroit l'employer qu'à peindre les choses. Or, monsieur, dans cet ouvrage posthume dont vous me donnez une idée, il me semble qu'il vous prépare une matière continuelle de triomphes. Celui qui attaque la *religion révélée* n'attaque que la religion révélée; mais celui qui attaque la *religion naturelle* attaque toutes les religions du monde. Si l'on enseigne aux hommes qu'ils n'ont pas ce frein-ci, ils peuvent penser qu'ils en ont un autre; mais il est bien plus pernicieux de leur enseigner qu'ils n'en ont pas du tout.

Il n'est pas impossible d'attaquer une religion révélée, parce qu'elle existe par des faits particuliers, et que les faits, par leur nature, peuvent être matière de dispute : mais il n'en est pas de même de la *religion naturelle;* elle est tirée de la nature de l'homme, dont on ne peut pas disputer, et du sentiment intérieur de l'homme, dont on ne peut pas disputer encore. J'ajoute à ceci : quel peut être le motif d'attaquer la religion révélée en Angleterre? on l'y a tellement purgée de tout préjugé destructeur, qu'elle n'y peut faire de mal, et qu'elle y peut faire au contraire une infinité de biens. Je sais qu'un homme, en Espagne ou en Portugal, que l'on va brûler, ou qui craint d'être brûlé parce qu'il ne croit point de certains articles dépendans ou non de la religion révélée, a un juste sujet de l'attaquer, parce qu'il peut avoir quelque espérance de pourvoir à sa défense naturelle; mais il n'en est pas de même en Angleterre, où tout homme qui attaque la religion révélée l'attaque sans intérêt; et où cet homme, quand il réussiroit, quand même il auroit raison dans le fond, ne feroit que détruire une infinité de biens pratiques pour établir une vérité purement spéculative.

J'ai été ravi, etc.

De Paris, le 16 mai 1754.

AU PRÉSIDENT HÉNAULT.

JE voudrois bien, monsieur mon illustre confrère, donner trois ou quatre livres de l'*Esprit des Lois* pour savoir écrire une lettre comme la vôtre; et pour vos sentimens d'estime, je vous en rends bien d'admiration. Vous donnez la vie à mon âme, qui est languissante et morte, et qui ne sait plus que se reposer. Avoir pu vous amuser à Compiègne, c'est pour moi la vraie gloire. Mon cher président, permettez-moi de vous aimer, permettez-moi de me souvenir des charmes de votre société, comme on se souvient des lieux que l'on a vus dans sa jeunesse, et dont on dit : J'étois heureux alors! Vous faites des lectures sérieuses à la cour, et la cour ne perd rien de vos agrémens; et moi, qui n'ai rien à faire, je ne puis me résoudre à faire quelque chose. J'ai toujours senti cela : moins on travaille, moins on a de force pour travailler. Vous êtes dans le pays des changemens; ici, autour de nous, tout est immobile. La marine, les affaires étrangères, les finances, tout nous semble la même chose : il est vrai que nous n'avons point une grande finesse dans le tact. J'apprends que nous avons eu à Bordeaux plusieurs conseillers au parlement de Paris, qui, depuis le rappel, sont venus admirer les beautés de notre ville, outre qu'une ville où l'on n'est point exilé est plus belle qu'une autre. Mon cher président, je vous aimerai toute ma vie.

De la Brède, le 11 août 1754.

A L'ABBÉ DE GUASCO.

Mon cher abbé, vous devez avoir reçu la lettre que je vous ai écrite à Naples, et celle que j'adressai depuis à Rome. Je ne sais plus en quel endroit de la terre vous êtes ; mais comme une de vos lettres du 13 août 1754 est datée de Bologne, et m'annonce votre prochain retour à Paris, j'adresse celle-ci à Turin, chez votre ami le marquis de Barol.

Je commence par vous remercier de votre souvenir pour le vin de Roche-Maurin, vous assurant que je ferai avec la plus grande attention la commission de milord Pembrock. C'est à mes amis, et surtout à vous, qui en valez dix autres, que je dois la réputation où s'est mis mon vin dans l'Europe depuis trois ou quatre ans : à l'égard de l'argent, c'est une chose dont je ne suis jamais pressé, Dieu merci. Vous ne me dites point si milord Pembrock, qui vous parle de mon vin, se souvient de ma personne : je l'ai quitté il y a deux ans, plein d'estime et d'admiration pour ses belles qualités. Vous ne me parlez point de M. de Cloire, qui étoit avec lui, et qui est un homme d'un très-grand mérite, très-éclairé, et que je voudrois fort revoir. Je voudrois bien que vos affaires vous permissent de passer de Turin à Bordeaux. Vous qui voyez tout, pourquoi ne voudriez-vous point voir vos amis, et la Brède, toute prête à vous recevoir avec des *Io?* Mais peut-être vous verrai-je à Paris, où vous ne devez point chercher d'autre logement que chez moi, d'autant plus que la dame Boyer, votre ancienne hôtesse, n'est plus : dès que je vous saurai arrivé, je hâterai mon départ.

Ce que vous a dit le pape de la lettre [1] de

[1] Sa Sainteté lui avoit dit avoir entre ses mains une lettre par laquelle ce monarque promettoit à Clément XI de faire rétracter son clergé de la délibération touchant les quatre propositions du clergé de France, de 1682 ; que cette lettre lui avoit tenu si fort à cœur, que, pour la tirer des mains du cardinal Annibal Albani, camerlingue, qui faisoit difficulté de la livrer, il avoit été obligé de lui accorder, non sans quelque scrupule, disoit-il, certaines dispenses que ce cardinal exigeoit.

Le cardinal de Polignac a conté à quelqu'un une anecdote qui a rapport à ceci, et qui est digne d'être rapportée. Le P. Le Tellier

Louis XIV à Clément XI est une anecdote assez curieuse. Le confesseur n'eut pas sans doute plus de difficulté d'engager le roi à promettre qu'il feroit rétracter les quatre propositions du clergé, qu'il en eut à faire promettre que sa bulle seroit reçue sans contradiction : mais les rois ne peuvent pas tenir tout ce qu'ils promettent, parce qu'ils promettent quelquefois sur la foi de ceux qui les conseillent suivant leurs intérêts. Adieu, mon cher comte ; je vous salue et embrasse mille fois.

De la Brède, le 3 novembre 1754.

A MONSEIGNEUR CERATI.

Je commence par vous embrasser bras dessus et bras dessous. J'ai l'honneur de vous présenter M. de La Condamine, de l'académie des sciences de Paris. Vous connoissez sa célébrité : il vaut mieux que vous connoissiez sa personne ; et je vous le présente parce que vous êtes toute l'Italie

---

alla un jour le trouver, et lui dit que, le roi étant déterminé de faire soutenir dans toute la France l'infaillibilité, il prioit S. Em. d'y donner la main. A quoi le cardinal repondit : « Mon père, si « vous entreprenez une pareille chose, vous ferez mourir le roi « bientôt. » Ce qui fit suspendre les démarches et les intrigues du confesseur à ce sujet.

pour moi. Souvenez-vous, je vous prie, de celui qui vous aime, vous honore et vous estime plus que personne dans le monde.

De Bordeaux, le 1er décembre 1754.

A L'ABBÉ MARQUIS NICCOLINI.

Permettez, mon cher abbé, que je me rappelle à votre amitié : je vous recommande M. de La Condamine. Je ne vous dirai rien, sinon qu'il est de mes amis : sa grande célébrité vous dira d'autres choses, et sa présence dira le reste. Mon cher abbé, je vous aimerai jusqu'à la mort.

De Bordeaux, le 1er décembre 1754.

A L'ABBÉ COMTE DE GUASCO.

Soyez le bienvenu, mon cher comte : je ne doute pas que ma concierge n'ait fait bien échauffer votre lit. Fatigué comme vous deviez l'être d'avoir couru la poste jour et nuit, et des courses faites à Fontainebleau, vous aviez besoin de ces petits soins pour vous remettre. Vous ne devez point partir de ma chambre ni de Paris que je n'arrive, à moins que vous ne vouliez venir à

Paris pour me dire que je ne vous verrai pas. Je vois que vous allez en Flandre. Je voudrois bien que vous eussiez d'assez bonnes raisons de rester avec nous, outre celle de l'amitié ; mais je vois qu'il ne faudra bientôt plus à nos prélats pour coopérateurs que des Doyenart [1]. Eussiez-vous cru que ce laquais, métamorphosé en prêtre fanatique, conservant les sentimens de son premier état, parvînt à obtenir une dignité dans un chapitre ? J'aurai bien des choses à vous dire, si je vous trouve à Paris, comme je l'espère ; car vous

---

[1] Pierre Doyenart fut laquais du fils de Montesquieu, pendant qu'il étoit au collége de Louis-le-Grand. Ayant appris un peu de latin, il se sentit appelé à l'état ecclésiastique, et par l'intercession d'une dame, il obtint de l'évêque de Bayonne, dont il étoit diocésain, la permission d'en prendre l'habit. Devenu prêtre et bénéficier dans l'église, il vint à Paris demander à Montesquieu sa protection auprès du comte de Maurepas, pour avoir un meilleur bénéfice qui vaquoit, le priant à cet effet de se charger d'une requête pour le ministre. Elle débutoit par ces mots : « Pierre Doyenart ; « prêtre du diocèse de Bayonne, ci-devant employé par feu M. l'é-« vêque à découvrir les complots des jansénistes, ces perfides qui « ne connoissent ni pape, ni roi, etc. » Montesquieu, ayant lu ce début, plia la requête, la rendit au suppliant, et lui dit : « Allez, « monsieur, la présenter vous-même ; elle vous fera honneur et « aura plus d'effet : mais auparavant passez dans ma cuisine, pour « déjeûner avec mes valets. » Ce que M. Doyenart n'oublioit jamais de faire dans les visites fréquentes qu'il faisoit à son ancien maître. Il parvint, quelque temps après, à la dignité de trésorier dans un chapitre d'une cathédrale en Bretagne.

ne brûlerez pas un ami qui abandonne ses foyers pour vous courir, dès qu'il sait où vous prendre.

Je suis fort aise que S. A. R. monseigneur le duc de Savoie agrée la dédicace de votre traduction italienne, et très-flatté que mon ouvrage paroisse en Italie sous de si grands auspices. J'ai achevé de lire cette traduction, et j'ai trouvé partout mes pensées rendues aussi clairement que fidelement. Votre épître dédicatoire est aussi très-bien; mais je ne suis pas assez fort dans la langue italienne pour juger de la diction.

Je trouve le projet et le plan de votre traité sur les statues [1] intéressant et beau, et je suis bien curieux de le voir. Adieu.

De la Brède, le 2 décembre 1754.

---

[1] Cet ouvrage, qui n'étoit alors que commencé, a été continué; mais les incommodités survenues à l'auteur l'ont empêché, pendant quelques années, d'y donner la dernière main.

J'apprends cependant qu'il vient d'être terminé, et qu'il ne reste plus que d'être copié, pour être mis en état d'être imprimé. Quelques chapitres qui ont été lus par des savans en font bien juger, et souhaiter d'avoir l'ouvrage en entier. On dit qu'on y trouve autant de philosophie que d'érudition.

AU MÊME.

Dans l'incertitude où je suis que vous m'attendiez, je vous écrirai encore une lettre avant de partir. Vous êtes chanoine de Tournay; et moi je fais des prairies. J'aurois besoin de cinquante livres de graine de trèfle de Flandre, que l'on pourroit m'envoyer par Dunkerque à Bordeaux. Je vous prie donc de charger quelqu'un de vos amis à Tournay de me faire cette commission, et je vous paierai comme un gentilhomme, ou, pour mieux dire, comme un marchand; et quand vous viendrez à la Brède, vous verrez votre trèfle dans toute sa gloire. Considérez que mes prés sont de votre création : ce sont des enfans à qui vous devez continuer l'éducation. Je compte que vous aurez vu nos amis, et que vous leur aurez un peu parlé de moi. Je vous verrai certainement bientôt : mais cela ne doit point vous empêcher de faire des histoires du prétendant à mademoiselle Betti [1]; vous n'en serez que mieux soigné. Je vous marquerai, par une lettre particulière, le jour de mon arrivée, que je ne sais point, et quand je ne vous écrirois pas, en cas que j'apparusse devant vous

[1] Irlandaise, concierge de la maison qu'il tenoit à Paris, fort zélée pour le prétendant.

sans vous avoir prévenu, vous aurez bientôt transporté votre pelisse, votre bréviaire et vos médailles dans l'appartement de mon fils. Quand vous verrez madame Dupré de Saint-Maur, demandez-lui si elle a reçu une lettre de moi. Présentez-lui, je vous prie, mes respects, et à M. de Trudaine, notre respectable ami. L'abbé, encore une fois, attendez-moi.

Puisque vous êtes d'avis que j'écrive à M. l'auditeur Bertolini, je vous adresse la lettre pour la lui faire tenir. Je vous embrasse de tout mon cœur.

De la Brède, le 5 décembre 1754.

A M. L'AUDITEUR BERTOLINI.

A Florence.

Je finis la lecture des deux morceaux de votre préface [1], monsieur, et je prends la plume pour vous dire que j'en ai été enchanté; et quoique je ne l'aie vue qu'au travers de mon amour-propre, parce que je m'y trouve paré comme dans un jour de fête, je ne crois pas que j'eusse pu y trouver tant de beautés si elles n'y étoient pas. Il y a un endroit que je vous supplie de retrancher : c'est

---

[1] Ce magistrat éclairé, de Florence, a fait un ouvrage dans lequel il prouve que les principes de l'*Esprit des Lois* sont ceux des meilleurs écrivains de l'antiquité.

l'article qui concerne les Anglais [1], et où vous dites que j'ai fait mieux sentir la beauté de leur gouvernement que leurs auteurs mêmes. Si les Anglais trouvent que cela soit ainsi, eux qui connoissent mieux leurs livres que nous, on peut être sûr qu'ils auront la générosité de le dire; ainsi renvoyons-leur cette question. Je ne puis m'empêcher, monsieur, de vous dire combien j'ai été étonné de voir un étranger posséder si bien notre langue; et j'ai encore des remercîmens à vous faire sur mon apologie que vous faites, vous qui m'entendez si bien, contre des gens qui m'ont si mal entendu, qu'on pourroit gager qu'ils ne m'ont pas seulement lu. D'ailleurs je dois me féliciter de ce que quelques endroits de mon livre vous ont fourni une occasion de faire l'éloge de la grande reine [2]. J'ai, monsieur, l'honneur d'être avec des sentimens remplis de respect et de considération.

De la Brède, le 5 décembre 1754.

[1] Cet article fut retranché.
[2] L'impératrice Marie-Thérèse, reine de Hongrie.

A L'ABBÉ DE GUASCO.

Je suis bien étonné, mon cher ami, du procédé de la Geoffrin; je ne m'attendois pas à ce trait malhonnête de sa part contre un ami que j'estime, que je chéris, et dont elle me doit la connoissance. Je me reproche de ne vous avoir pas prévenu de ne plus aller chez elle. Où est l'hospitalité? où est la morale? Quels sont les gens de lettres qui seront en sûreté dans cette maison, si l'on y dépend ainsi d'un caprice? Elle n'a rien à vous reprocher, j'en suis sûr; ce qu'elle a dit de vous ne sont que des sottises [1] qu'il ne vaut pas la peine de vous

---

[1] Comme cette tracasserie courut tout Paris, dans le temps il ne sera pas indifférent d'en dire quelque chose. Les raisons que madame Geoffrin disoit avoir pour rompre avec cet étranger, qui avoit été de sa société, étoient, 1° que lui ayant donné une commission d'un service de faïence, pendant qu'il étoit en Angleterre, il le lui avoit fait rembourser en trois paiemens différens, des fonds qu'il avoit à Paris, au lieu de lui envoyer une lettre de change du total; 2° qu'il avoit manqué au ton de la bonne compagnie, en parlant un jour chez elle, dans le moment qu'on alloit dîner, d'une colique dont il étoit tourmenté, et qui l'obligea de se retirer; 3° qu'il tenoit à trop de sociétés; 4° qu'elle le soupçonnoit d'être un espion des cours de Vienne ou de Turin, puisqu'il étoit tant lié avec les ministres étrangers. Mais à ces raisons, sans doute véritables, des

rendre. Après tout, qu'est-ce que tout cela vous fait? Elle ne donne pas le ton dans Paris, et il ne peut y avoir que quelques esprits rampans et subalternes et quelques caillettes qui daignent modeler leur façon de penser sur la sienne. Vous êtes connu dans la bonne compagnie; vous y avez fait vos preuves depuis long-temps; vous tomberez toujours sur vos pieds : voyez la duchesse d'Aiguillon, elle ne pense pas d'après les autres; voyez nos amis du Marais [1], et je suis persuadé que vous ne trouverez point de changement dans leur façon de penser et d'agir à votre égard. Nous nous verrons bientôt, et nous parlerons de cette affaire; elle ne vaut pas la peine que vous vous chagriniez.

Tout bien pesé, je ne puis encore me déterminer

---

gens ont ajouté malicieusement, 1° que cet étranger ayant contracté plus de liaisons dans Paris qu'il n'en eut d'abord, et n'allant plus journellement chez elle, elle se crut négligée; 2° qu'ayant fait la vie du prince Cantimir, et parlé des personnes avec qui il étoit en liaisons, il ne l'avoit pas nommée; 3° que lui ayant fait espérer la connoissance de M. le marquis de Saint-Germain, ambassadeur de Sardaigne, homme très-estimé, qu'elle ambitionnoit beaucoup de voir chez elle, la chose n'eut pas lieu, parce que cet ambassadeur ne s'en soucioit pas, et que ce fut là l'époque du refroidissement. Quoi qu'il en soit, une avanie qu'elle lui fit un jour chez elle décida la rupture totale; elle chercha ensuite à la justifier par bien des voies, jusqu'à viser à indisposer M. de Montesquieu contre lui; mais leur amitié étoit à toute épreuve.

[1] M. de Trudaine.

à livrer mon roman d'Arsace à l'imprimeur. Le triomphe de l'amour conjugal de l'Orient est peut-être trop éloigné de nos mœurs pour croire qu'il seroit bien reçu en France. Je vous apporterai ce manuscrit ; nous le lirons ensemble, et je le donnerai à lire à quelques amis. A l'égard de mes voyages, je vous promets que je les mettrai en ordre dès que j'aurai un peu de loisir, et nous deviserons à Paris sur la forme [1] que je leur donnerai. Il y a encore trop de personnes, dont je parle, vivantes pour publier cet ouvrage, et je ne suis pas dans le système de ceux qui conseillèrent à M. de Fontenelle de *vider le sac* [2] avant que de mourir. L'impression de ses comédies n'a rien ajouté à sa réputation.

Puisque vous vous piquez d'être quelquefois antiquaire, je ne vois point d'inconvénient de

---

[1] Il hésitoit s'il réduiroit les mémoires de ses voyages en forme de lettres, ou en simple récit : prévenu par la mort, nous sommes privés jusqu'ici de l'ouvrage d'un voyageur philosophe qui savoit voir là où les autres ne font que regarder.

[2] En 1749, Fontenelle désirant de publier ses comédies, en fit lecture dans la société de madame de Tencin, pour savoir s'il devoit les faire paroître. Elles furent jugées au-dessous de la grande réputation de leur auteur, et madame de Tencin fut chargée de le détourner de les faire imprimer, ce à quoi Fontenelle déféra : mais l'amour paternel s'étant réveillé, il voulut avoir l'avis d'une autre société, qui lui persuada de *vider le sac* de tous ses manuscrits, et cet avis l'emporta ; mais le public ne fut pas si indulgent pour ses comédies.

donner à votre collection le titre de *Galerie de portraits politiques de ce siècle*, et pour moi, qui ne suis point antiquaire, je la préférerai à une galerie de statues. Vous songez sans doute qu'un pareil ouvrage ne doit être que pour le siècle à venir, auquel on peut être utile sans danger; car, comme vous le remarquez, le caractere et les qualités personnelles des négociateurs et des ministres ayant une grande influence sur les affaires publiques et les événemens politiques, l'entrée de ce sanctuaire est dangereuse aux profanes. Adieu.

De la Brède, le 15 décembre 1754.

AU MÊME.

Que voulez-vous que je vous dise, mon cher ami? je ne veux pas vous porter à la vengeance, mais vous êtes dans le cas de la défense naturelle. Je suis véritablement indigné contre le trait malhonnête de cette femme; mais rien ne m'étonne. Si vous saviez les tours que j'ai essuyés moi-même plus d'une fois, vous seriez moins surpris, et peut-être moins piqué. Votre réputation est faite; les honnêtes gens ne vous la contesteront jamais. Tout le monde n'a pas fait ses preuves comme vous; vous ne devez votre place à l'académie qu'à des triomphes réitérés. Une femme capricieuse ne sauroit vous ravir tout ce que les gens de mérite de Paris, tout ce que les autres nations vous accordent. Ne vous faites point des chimères; vos observations sur la prétendue différence du traitement sont peut-être l'effet de votre découragement. Que vous soyez encore ou que vous ne soyez plus des nôtres, les honnêtes gens, les gens de lettres, sont de toutes les nations, et tous les honnêtes gens de toutes les nations sont leurs compatriotes. Vous étiez bien reçu et aimé de nous lorsque nous étions en guerre contre votre pays; pourquoi fausserions nous la paix à votre égard? Allez votre train : vous nous connoissez, et savez qu'il y a souvent plus d'étourderie ou de précipitation de jugement que de méchanceté dans notre fait; vous connoissez aussi ceux sur qui vous pouvez compter. Ne vous souciez pas d'une femme acariâtre, des caillettes et des âmes basses. Je vous défends bien positivement à présent d'aller chanter matines à Tournay avant que j'arrive à Paris : il ne faut point avoir le cœur plein d'amertume pour louer Dieu. Quand je serai à Paris, j'espère que nous éclaircirons toute cette affaire, et que nous connoîtrons la source de cette tracasserie. Vous êtes un pyrrhonien, si vous doutez de mon voyage : nous nous verrons plus tôt que vous ne croyez.

Mon fils [1], qui est à Clérac, a bien mal aux yeux; nous serons peut-être trois aveugles, vous, lui, et moi. Nous renouvellerons *la danse des aveugles* [2] pour nous consoler.

Adieu, je vous embrasse de tout mon cœur.

De Bordeaux, le 25 décembre 1754.

AU MÊME.

A Tournay.

Je n'ai rien négligé, mon cher ami, pour découvrir d'où est partie la bêtise qu'on a fait courir sur votre compte : mais je n'ai réussi qu'à vérifier qu'on l'a dite, sans en déterrer la source. Je ne jurerois pas que vous ayez eu tort de la soupçonner sortie de la boutique près de l'Assomption. Quand on a un grand tort, il n'est pas étonnant qu'on cherche à l'excuser par toutes sortes de voies : des tracasseries on va jusqu'aux horreurs. Madame Geoffrin est venue chez moi, à ce qu'il m'a paru pour me sonder; elle n'a pas manqué de

---

[1] Le baron de Secondat, fils de Montesquieu, est mort à Bordeaux en 1795. Il avoit paisiblement cultivé les lettres toute sa vie. Il n'a eu qu'un fils.

[2] Pièce de vers de Michaut, poète contemporain de Louis XI.

vous mettre sur le tapis d'un air moqueur : mais j'ai coupé court en lui faisant sentir combien j'étois choqué de son procédé à l'égard d'un ami qu'elle sait bien que j'aime et que j'estime. Elle a été un peu surprise : notre conversation n'a pas été longue, et je me propose bien de rompre avec elle [1]. Je ne la croyois pas capable de tant de méchanceté et de noirceur. Madame d'Aiguillon est aussi choquée que moi de tout ceci : elle a péroré, avec la vivacité que vous lui connoissez, contre la futilité du soupçon de l'espionnage politique, et le ridicule de cette prétendue découverte ; elle n'a pas manqué de relever que vous aviez vécu parmi nous pendant toute la guerre, sans avoir jamais donné lieu de vous soupçonner, et qu'il n'y a nulle occasion de le faire dans le temps que nous sommes en pleine paix avec les pays auxquels vous tenez. Une conjecture jetée en passant à l'occasion de votre voyage à Vienne, et de vos engagemens en Flandre, a pu aisément prendre corps en passant d'une bouche à l'autre ; et la malignité en a sans doute profité. Ce qui m'a

---

[1] On sait de bonne part qu'il dit à quelqu'un qu'il étoit si indigné, qu'il ne mettroit plus les pieds chez elle ; ce qui ne fut malheureusement que trop vrai, puisqu'il tomba malade quelques jours après, et mourut à Paris, d'une fièvre maligne qui l'enleva en peu de jours. Il est sûr que cette rupture eût été en même temps l'apologie et la vengeance la plus complète de son ami.

le plus scandalisé en tout cela, c'est la conduite de quelques-uns de vos confrères. Mais, mon cher abbé, il y a de petits esprits et des âmes viles partout, même parmi les gens de lettres, même dans les sociétés littéraires. Mais enfin vous ne devez votre place qu'à vos succès.

Au reste, puisque vous voilà en repos, profitez de votre loisir pour mettre vos dissertations en état de paroître, ainsi que votre *Histoire de Clément V*, que nous attendons toujours à Bordeaux avec empressement. Le plaisir de chanter au chœur ne doit pas vous faire perdre le goût des plaisirs littéraires.

Quelques mois d'absence feront tomber tous les bruits ridicules, et vous serez à Paris aussi bien que vous y étiez avant cette tracasserie de femmelette. Je vous somme de votre parole pour le voyage de la Brède après votre résidence ; je calcule que ce sera pour le mois d'août. Votre départ me laisse un grand vide ; et je sens combien vous me manquez. N'oubliez pas mon trèfle, vos prairies, et vos mûriers de Gascogne. Je vous embrasse de tout mon cœur.

De Paris, le.... janvier 1755.

AU MÊME.

Vous fûtes hier de la dispute avec M. de Mairan [1] sur la Chine. Je crains d'y avoir mis trop de vivacité, et je serois au désespoir d'avoir fâché cet excellent homme. Si vous allez dîner aujourd'hui chez M. de Trudaine [2], vous l'y trouverez peut-être : en ce cas je vous prie de sonder un peu s'il a mal pris ce que j'ai dit ; et sur ce que vous me rendrez, j'agirai de façon avec lui qu'il soit convaincu du cas que je fais de son mérite et de son amitié.

De Paris, en 1755.

[1] De l'académie des sciences et de l'académie française, très-connu par des ouvrages excellens, et par l'honnêteté et la douceur de son caractère. Ces deux savans n'étoient pas du même avis sur quelques points qui regardoient les Chinois, pour lesquels M. de Mairan étoit prévenu par les lettres du P. Parennin, jésuite, dont Montesquieu se méfioit. Lorsque le *Voyage de l'amiral Anson* parut, il s'écria : « Ah ! je l'ai toujours dit, que les Chinois n'étoient pas si honnêtes gens qu'ont voulu le faire croire les *Lettres édifiantes.* »

[2] Conseiller d'état et intendant des finances, qui vit beaucoup avec les hommes de lettres les plus distingués, et s'occupe avec zèle de l'encouragement des arts. Il étoit un des amis les plus intimes de Montesquieu.

A HELVÉTIUS [1].

Mon cher, l'affaire s'est faite, et de la meilleure grâce du monde. Je crains que vous n'ayez eu quelque peine là-dessus; et je ne voudrois donner aucune peine à mon cher Helvétius; mais je suis bien aise de vous remercier des marques de votre amitié. Je vous déclare de plus que je ne vous ferai plus de complimens; et au lieu de complimens qui cachent ordinairement les sentimens qui ne sont pas, mes sentimens cacheront toujours mes complimens. Faites mes complimens, non complimens, à notre ami Saurin. J'ai usurpé sur lui, je ne sais comment, le titre d'ami, et me suis venu fourrer en tiers. Si vous autres me chassez, je reviendrai; *tamen usque recurret*. A l'égard de ce qu'on peut reprocher, il en est comme des vers de Crébillon : tout cela a été fait quinze ou vingt ans auparavant. Je suis admirateur sincere de *Catilina*, et je ne sais comment cette pièce m'inspire du respect. La lecture m'a tellement ravi, que j'ai été jusqu'au cinquième acte sans y trouver un seul défaut, ou du moins sans le sentir. Je crois bien qu'il y en a beaucoup, puisque le public y

[1] Cette lettre est tirée de l'*Almanach littéraire* de l'année 1783.

en trouve beaucoup; et de plus, je n'ai pas de grandes connoissances sur les choses du théâtre. De plus, il y a des cœurs qui sont faits pour certains genres de dramatique; le mien, en particulier, est fait pour celui de Crébillon : et comme dans ma jeunesse je devins fou de *Rhadamiste*, j'irai aux Petites-Maisons pour *Catilina*. Jugez si j'ai eu du plaisir quand je vous ai entendu dire que vous trouviez le caractère de *Catilina* peut-être le plus beau qu'il y eût au théâtre. En un mot, je ne prétends point donner mon opinion pour les autres. Quand un sultan est dans son sérail, va-t-il choisir la plus belle? Non. Il dit : Je l'aime, je la prends. Voilà comme décide ce grand personnage. Mon cher Helvétius, je ne sais point si vous êtes autant au-dessus des autres que je le sens; mais je sens que vous êtes au-dessus des autres, et moi je suis au-dessus de vous pour l'amitié.

LETTRES ORIGINALES

DE MONTESQUIEU

AU CHEVALIER D'AYDIES[1].

LETTRE I.

Dites-moi, mon cher chevalier, si vous voulez aller mardi à Lisle-Belle, et si vous voulez que nous y allions ensemble; si cela est, je serai enchanté du séjour et du chemin.

Vous êtes adorable, mon cher chevalier; votre amitié est précieuse comme l'or; je vais m'arranger pour profiter de votre avis, et être à Paris avant le départ de cet homme qui distribue la lumière. Mais, mon Dieu, vous serez à Plombières, et je serai bien malheureux de jouer aux barres! Vous ne me mandez point la raison qui vous dé-

---

[1] Nous donnons les huit lettres de Montesquieu au chevalier d'Aydies, telles qu'elles furent publiées, en 1797, par M. Pougens. On y lit cette note de l'éditeur :

« Ceux qui connoissent bien Montesquieu et son siècle n'ont pas
« besoin qu'on leur fournisse aucunes preuves de l'authenticité de
« ce manuscrit : elles seroient inutiles pour ceux qui sont étrangers
« à l'un ou à l'autre. »

termine ; je m'imagine que c'est votre asthme, et j'espère que cela n'est que précaution, et que vous n'en êtes pas plus fatigué qu'à l'ordinaire. Je ne compte pas trouver non plus madame de Mirepoix à Paris ; on me dit qu'elle est sur son départ. Mon cher chevalier, je vous prie d'avoir de l'amitié pour moi ; je vous la demande comme si je ne pouvois pas me vanter que vous me l'avez accordée ; et quant à la mienne, il me semble que je vous la donne à chaque instant. Je quitte ce pays-ci sans dégoût, mais aussi sans regret. Je vous prie de vous souvenir de moi, et d'agréer les sentimens du monde les plus respectueux et les plus tendres.

Bordeaux, ce 11 janvier 1749.

LETTRE II.

Je suis bien charmé de la conversation que vous avez eue ; je ne crains jamais rien là où vous êtes : M. de Fontenelle a toujours eu cette qualité bien excellente pour un homme tel que lui : il loue les autres sans peine.....

Donc, si j'avois fait l'*Esprit des Lois*, j'aurois acquis l'estime de mon cher chevalier, il m'en aimeroit davantage : pourquoi donc ne pas faire l'*Esprit des Lois?* J'ai toute ma vie désiré de lui plaire, c'est pour cela que je lui ai donné une permission générale de faire les honneurs de mon imbécillité. Je vois que l'auteur de cet ouvrage doit prendre son parti, et consentir à perdre l'estime de M. Daube. Votre lettre, mon cher chevalier, est une lettre charmante; je croyois, en la lisant, vous entendre parler. Je suis bien aise que madame de Mirepoix aille en Angleterre, elle y sera adorée; et, j'en suis bien sûr, elle peut plaire même à ceux qui ne se soucient pas qu'on leur plaise. Je vous avertis que lorsque le duc de Richemont sera à Paris, vous devez être de ses amis; il a tant de bonnes qualités, qu'il est nécessaire que vous l'aimiez, et je vous dis la raison qui fait qu'il est nécessaire qu'on vous aime. Adieu, mon cher chevalier; je vous aimerai et vous respecterai jusqu'à la fin de mes jours.

Bordeaux, ce 27 janvier 1749.

LETTRE III.

Je vous prie de parler de moi à M. et madame de Mirepoix, à M. de Forcalquier, à mesdames de Rochefort et de Forcalquier, à madame du Deffand, à M et madame du Châtel, à M. de Bernestorf; sachez, je vous prie, s'ils ont quelque souvenir de moi. N'oubliez pas le président.

Ce que j'ai le plus vu dans votre lettre, mon cher chevalier, c'est votre amitié, et il me semble qu'en la lisant, je faisois plus d'usage de mon cœur que de mon esprit. Je suis bien rassuré par vous sur le bon succès de l'*Esprit des Lois* à Paris On me mande des choses fort agréables d'Italie; je ne sais rien des autres pays.

Mon cher chevalier, pourquoi les gens d'affaires se croient-ils attaqués? j'ai dit que les chevaliers, à Rome, qui faisoient beaucoup mieux leurs affaires que vous autres chevaliers ne faites ici les vôtres, avoient perdu cette république; et je ne l'ai pas dit, mais je l'ai démontré. Pourquoi prennent-ils là-dedans une part que je ne leur donne pas?

J'aurois grande envie de revenir; mais je serai encore ici quelques mois, occupé à rétablir une fortune honnête: il m'en coûte le plaisir de vous voir, et il me faudroit de grands dédommagemens. Je n'en sais point, mon cher chevalier, parce qu'il n'y a rien de comparable au bonheur de vivre avec vous.

Bordeaux, ce 24 février 1749.

Parlez, je vous prie, de moi à tous nos amis.

LETTRE IV.

Mon cher chevalier, que prétendez-vous faire? Ne voulez-vous point revenir de votre Périgord? on ne peut aller là que pour manger des truffes. Vous nous laissez ici; nous vous aimons : vous êtes un philosophe insupportable. Je reçois quelquefois des nouvelles de madame de Mirepoix, qui me dit toujours de vous faire ses complimens. Il y a ici une grande stérilité en fait de nouvelles. Je ne puis vous dire autre chose, si ce n'est que les opéra et les comédies de madame de Pompadour vont commencer, et qu'ainsi M. le duc de La Valliere va être un des premiers hommes de son siècle; et comme on ne parle ici que de comédies ou de bals, Voltaire jouit d'une faveur particuliere : on prétend que le jour qu'il doit donner son Catilina, il donnera une Électre; j'y consens. Les du Châtel sont ici. M. de Forcalquier se porte en général très-bien. Je vous prie de me conserver toujours votre amitié que j'adore, et d'agréer mon respect infini.

De Paris, ce 24 novembre 1749.

LETTRE V.

Vous êtes, mon cher chevalier, mes éternelles amours; et il n'y a en moi d'inconstance que parce que j'aime tantôt votre esprit, tantôt votre cœur. Quant à ce pays-ci, nous sommes tous.....; le riche fait pitié, le pauvre fait verser des larmes, et tout cela avec le découragement que l'on a dans une ville assiégée; pour moi, qui ne me connois d'autre bien que l'épaisseur des murs de mon château, j'y reste, je rêve à la Suisse et je vous aime.

La Brède, ce 1er juin 1751.

Mes respects, je vous prie, à l'hôtel de Forcalquier, à madame du Châtel, à madame du Deffand, et à nos amis.

LETTRE VI.

Mon cher chevalier, si vous venez cet été à la Brède, vous prendrez le seul moyen que vous avez d'augmenter la passion que j'ai pour vous; et quant à ce que vous me dites, de passer par Mayac lorsque j'irai à Paris, je le ferai, et je garde votre lettre pour savoir le chemin; mais vous n'avez pas dit aux dames vos nièces à quel point celui que vous leur proposez est délabré et peu propre à remplir les grandes vues que vous avez. Je me souviens d'une piece de vers où il y avoit :

J'ai soixante ans; c'est trop peu pour vos charmes.

Sylva disoit fort bien : Il n'y a rien de si difficile que de faire l'amour avec de l'esprit ; moi je dis qu'il est encore plus difficile de faire l'amour avec le cœur et avec l'esprit; mais ceci est trop relevé pour un pauvre chasseur devant Dieu : ainsi je ne vous parlerai que de notre misère, qui est extreme, et telle qu'il me semble qu'il vaut mieux s'ennuyer que de se divertir devant des misérables. Je ne sais, ma foi, à quoi tout cela aboutira; mais je sais que tous les lendemains sont pires, et que cela vise à la dépopulation. Nous serons *dépopulés*, mon cher chevalier, et peut-etre passerons-nous devant les autres.

Vous chassez, et je plante des arbres, et je défriche des landes; il faut s'amuser comme on peut. La ville de Bordeaux est fort triste, et je ne tâte guere de ce séjour.

On dit que le charmant milord est malade à Toulouse. Agréez, je vous prie, mes sentimens les plus tendres.

Bordeaux, ce 2 janvier 1752.

LETTRE VII.

Je bus hier, mon cher chevalier, trois verres de vin à la confusion du père de Palène : c'est une santé anglaise. Le pauvre homme auroit bien mieux aimé que vous lui eussiez donné une douzaine de coups de bâton que de signer une transaction qui met le couvent si fort à l'étroit ; mais vous n'avez pas suivi son goût. Le père de Palene est le diable de l'abbé de Grécourt, à qui l'on donne une flaquée d'eau bénite. Mon cher chevalier, je vous aime, je vous honore, et vous embrasse.

La Brède, ce 8 novembre 1753.

LETTRE VIII.

Mon cher chevalier, madame du Deffand m'a fait part d'une lettre de vous qui m'a comblé de joie, parce qu'elle me fait voir que vous m'aimez beaucoup, et que vous m'estimez un peu. Or, l'amitié et l'estime de mon cher chevalier, c'est mon trésor. Je voudrois bien que vous fussiez ici, et vous nous manquez tous les jours ; à présent que je vieillis à vue d'œil, je me retire, pour ainsi dire, dans mes amis.

Bulkelay est au comble de ses vœux ; son fils, pour lequel il est aussi sot que tous les pères, vient d'avoir le régiment ; j'en suis en vérité bien aise : voilà sa fortune faite. M. Pelham, qui étoit à peu près le premier ministre d'Angleterre, est mort. C'est un ministre honnête homme de l'aveu de tout le monde ; il étoit désintéressé et pacifique : il vouloit payer les dettes de la nation ; mais il n'avoit qu'une vie, et il en faut plusieurs pour ces entreprises-là.

Je suis allé voir hier une tragédie nouvelle, intitulée *les Troyennes*[1] ; la pièce est assez mal faite : le sujet en est beau, comme vous savez ; c'est à peu près celui qu'avoit traité Sénèque. Il y a d'excellens morceaux, un quatrième acte très-beau, et le commencement d'un cinquième aussi. Ulysse dit d'un ami de Priam, qui avoit sauvé Astyanax :

> Les rois seroient des dieux sur le trône affermis,
> S'ils ne donnoient leur cœur qu'à de pareils amis.

M. d'Argenson se porte mieux ; mais on craint qu'il ne lui reste une plus grande foiblesse aux jambes. Je ne vous dirai point quand finira l'affaire du parlement, ou plutôt l'affaire des parle-

---

[1] Représentée pour la première fois, au Théâtre-Français, le 11 mars 1754 : elle eut assez de succès. L'auteur, M. de Châteaubrun, maître d'hôtel du duc d'Orléans, l'avoit gardée trente ans en portefeuille. D.

mens; tout cela s'embrouille, et ne se dénoue pas. Mon cher chevalier, pourquoi n'êtes-vous point ici? pourquoi ne voulez-vous pas faire les délices de vos amis? pourquoi vous cachez-vous lorsque tout le monde vous demande? Revenez, nos mercredis languissent. Madame de Mirepoix, madame du Châtel, madame du Deffand... Entendez-vous ces noms, et tant d'autres? J'arrive avec madame d'Aiguillon, de Pont-Chartrain, où j'ai passé huit jours très-agréables. Le maître de la maison a une gaieté, une fécondité qui n'a point de pareille. Il voit tout, il lit tout, il rit de tout, il est content de tout, il s'occupe de tout : c'est l'homme du monde que j'envie davantage ; c'est un caractère unique. Adieu, mon cher chevalier ; je vous écrirai quelquefois, et je serai votre Julien, qui est plus en état de vous envoyer de bons almanachs que de bonnes nouvelles. Permettez-moi de vous embrasser mille fois.

12 mars 1754.

LETTRE

DE Mme LA DUCHESSE D'AIGUILLON

A M. L'ABBÉ DE GUASCO.

JE n'ai pas eu le courage, monsieur l'abbé, de vous apprendre la maladie, encore moins la mort de M. de Montesquieu. Ni le secours des médecins, ni la conduite de ses amis, n'ont pu sauver une tête si chère. Je juge de vos regrets par les miens. *Quis desiderio sit pudor tam cari capitis?* L'intérêt que le public a témoigné pendant sa maladie, le regret universel, ce que le roi en a dit [1] publiquement, que c'étoit un homme impossible à remplacer, sont des ornemens à sa mémoire, mais ne consolent point ses amis. Je l'éprouve; l'impression du spectacle, l'attendrissement, s'effaceront avec le temps; mais la privation d'un tel homme dans la société sera sentie à jamais par ceux qui en ont joui. Je ne l'ai pas quitté [2] jusqu'au moment qu'il

---

[1] Louis XV envoya, outre cela, chez lui un seigneur de la cour (le duc de Nivernais) pour avoir des nouvelles de son état.

[2] Cette assistance ne fut pas inutile au repos du malade; et on lui devra peut-être un jour quelque nouvelle richesse littéraire de cet homme illustre, dont le public auroit été probablement privé; car on a appris qu'un jour, pendant que madame la duchesse d'Aiguillon étoit allée dîner, le P. Routh, jésuite irlandais, qui l'avoit confessé, étant venu, et ayant trouvé le malade seul avec son secrétaire, fit sortir celui-ci de la chambre, et s'y enferma sous clef. Madame d'Aiguillon, revenue d'abord après dîner, trouva le secrétaire dans l'antichambre, qui lui dit que le P. Routh l'avoit fait sortir, voulant parler en particulier à M. de Montesquieu. Comme en approchant de la porte elle entendit la voix du malade qui parloit avec émotion, elle frappa; le jésuite ouvrit: *Pourquoi tourmenter cet homme mourant?* lui dit-elle alors. M. de Montesquieu, reprenant lui-même la parole, dit: *Voilà, madame, le P. Routh, qui voudroit m'obliger de lui livrer la clef de mon armoire pour enlever mes papiers.* Madame d'Aiguillon fit des reproches de cette violence au confesseur, qui s'excusa, en disant: *Madame, il faut*

a perdu toute connoissance, dix-huit heures avant la mort; madame Dupré lui a rendu les mêmes soins; et le chevalier de Jaucourt [1] ne l'a quitté qu'au dernier moment. Je vous suis, monsieur l'abbé, toujours aussi dévouée.

De Pont-Chartrain, le 17 février 1755.

FRAGMENT

D'UNE LETTRE

DU BARON SECONDAT DE MONTESQUIEU

A L'ABBÉ DE GUASCO.

Je n'ai pu lire votre lettre de Florence, du 8 février, sans le plaisir le plus sensible et la plus

que j'obéisse à mes supérieurs; et il fut renvoyé sans rien obtenir. Ce fut ce jésuite qui publia, après la mort de M. de Montesquieu, une lettre supposée, adressée à M Gaultier, alors nonce à Paris, dans laquelle on fait dire à cet illustre écrivain « que c'é- « toit le goût du neuf et du singulier, le désir de passer pour un « génie supérieur aux préjugés et aux maximes communes, l'envie « de plaire et de mériter les applaudissemens de ces personnes qui « donnent le ton a l'estime publique, et qui n'accordent jamais « plus sûrement la leur, que quand on semble les autoriser à se- « couer le joug de toute dépendance et de toute contrainte, qui « lui avoient mis les armes à la main contre la religion. » Le P. Routh eut l'impudence de faire mettre un aveu aussi peu assorti au caractere de sincérité de cet écrivain, dans la *Gazette d'Utrecht*, d'abord après sa mort. (*Note extraite de l'édition des* Lettres familieres *de Montesquieu, Florence,* 1768.)

[1] Ce gentilhomme, fort ami de M. de Montesquieu, a fait une étude particulière de la médecine, et l'exerce simplement par goût

tendre reconnoissance. Je connois depuis longtemps de réputation M. l'abbé marquis Niccolini et monseigneur Cerati. J'en ai cent fois entendu parler à mon père dans les termes les plus affectueux, et qui peignoient le mieux la sympathie qui étoit entre leurs âmes et la sienne. J'accepte vos offres [1] et les leurs; elles sont trop honorables à la mémoire de mon pere, pour n'être pas reçues avec tout le respect et toute la tendresse possibles. Quelques académiciens contribueront avec plaisir à la dépense; mais nous ne pouvons pas faire beaucoup de fond sur ces secours. Je ne puis même vous dire à présent jusqu'où s'étendroit leur générosité. Je ne sais si les Français sont trop vains; mais nous croyons avoir à présent en France des sculpteurs aussi habiles que ceux d'Italie. On étoit même convenu du prix avec M. Lemoine. C'est l'homme du monde le plus généreux et le plus désintéressé. L'académie française ayant dé-

---

et par amitié. C'est celui qui a fourni le plus d'articles à l'Encyclopedie.

[1] Cet ami lui avoit écrt que monseigneur Cerati et M. l'abbé Niccolini, quoiqu'ils ne fussent point membres de l'academie de Bordeaux, vouloient s'associer à l'offre qu'il avoit déjà faite lui-même de contribuer à la depense d'un buste en marbre de M de Montesquieu, qu'il feroit exécuter en Italie par un des plus habiles sculpteurs, pour être placé dans la salle de ses assemblées, et cela pour faciliter l'effet de la délibération que l'académie avoit prise d'ériger un pareil monument, mais qui étoit arrêtée, faute de fonds dans la caisse de l'académie.

siré d'avoir un portrait [1] de mon père, et les peintres fameux de Paris ayant refusé de s'en charger, vu la difficulté de réussir avec le seul secours de la médaille frappée par les Anglais, M. Lemoine se prêta de la meilleure grâce du monde à aider un jeune peintre, par un médaillon en grand, qu'il eut la bonté de faire très-ressemblant à la petite médaille. Or, M. Lemoine ayant eu une fois dans sa tête la figure de mon père, sera plus en état qu'un autre de la rendre dans un buste de marbre; et comme il a gardé le modèle de ce qu'il a fait, et qu'il l'a fait voir à plusieurs personnes qui ont connu mon père, et lui ont fait remarquer les défauts qui étoient restés dans ces essais, c'est encore une raison de plus pour le faire réussir dans un ouvrage de conséquence.

De Bordeaux, le 25 mars 1765.

[1] M. de Montesquieu ne s'étoit jamais soucié de se faire peindre; et ce ne fut qu'après des difficultés infinies qu'il accorda aux instances de M. l'abbé de Guasco, qui étoit à Bordeaux avec lui, de se laisser tirer par un peintre italien qui passoit par cette ville en revenant d'Espagne. Cet ami possède ce portrait, qui est assez ressemblant, et le seul qui existe, fait d'après nature. Il m'a dit que le peintre assuroit n'avoir jamais peint un homme dont la physionomie changeât tant d'un moment à l'autre, et qui eût si peu de patience à prêter son visage.

LE MÊME AU MÊME.

Je vois que vous n'avez point reçu la lettre que j'eus l'honneur de vous écrire de Paris, dans laquelle je vous parlois amplement du buste de l'auteur de l'Esprit des Lois. M. le prince de Beauveau ayant été nommé commandant de la Guienne, en 1765, parut désirer une place à l'académie de Bordeaux; sur-le-champ elle lui fut offerte, et il l'accepta : il pria l'académie d'agréer qu'il fît faire un buste en marbre de l'auteur de l'Esprit des Lois, pour être placé dans la salle de ses assemblées; cela fut agréé avec beaucoup de reconnoissance. M. Lemoine travaille à ce buste; et il sera bientôt achevé. Si monseigneur Cerati et M. le marquis Niccolini pouvoient désirer d'être associés étrangers de l'académie de Bordeaux, je me ferois gloire de les proposer par principe d'estime et de reconnoissance. Je sais qu'il y a mille choses à en dire; mon père ne me parloit d'eux qu'avec des sentimens les plus vifs de respect et d'amitié; mais comme je n'ai pas bien retenu tout ce qu'il m'en disoit, je parlerai mieux d'après ce que vous m'en écrirez; et comme ancien membre de notre académie, vous devez vous intéresser à sa gloire.

De Bordeaux, le. ...

FIN DU SIXIÈME VOLUME.

TABLE

DES MATIÈRES

CONTENUES DANS CE VOLUME.

Arsace et Isménie, histoire orientale............ Page 3
Preface du traducteur...................... 67
Le Temple de Gnide...................... 69
Céphise et l'Amour...................... 112
Lysimaque............................ 115
Avertissement........................... 121
Essai sur le Gout dans les choses de la nature et de
   l'art................................ 123
    Des plaisirs de notre âme................. 125
    De l'esprit en général................... 129
    De la curiosité........................ ibid.
    Des plaisirs de l'ordre.................. 132
    Des plaisirs de la variété................ 133
    Des plaisirs de la symétrie.............. 136
    Des contrastes........................ 137
    Des plaisirs de la surprise............... 140
    Des diverses causes qui peuvent produire un senti-
       ment............................. 142
    De la sensibilité....................... 144
    Autre effet des liaisons que l'âme met aux choses. 145
    De la délicatesse....................... 146
    Du je ne sais quoi...................... 147
    Progression de la surprise................ 150
    Des beautes qui resultent d'un certain embarras de
       l'âme............................ 152
    Des règles............................ 158
    Plaisir fondé sur la raison................ 159
    De la considération de la situation meilleure...... 161
    Plaisir causé par les jeux, chutes, contrastes...... 163

Discours de réception à l'académie des sciences de Bordeaux... 165
— prononcé a la rentrée de l'académie des sciences de Bordeaux... 169
— sur la cause de l'Écho............................... 175
— sur l'usage des Glandes rénales..................... 182
Projet d'une histoire physique de la terre ancienne et moderne.. 192
Discours sur la cause de la pesanteur des corps........ 194
— sur la cause de la transparence des corps........... 201
Observations sur l'Histoire naturelle................ 205
Discours prononcé à la rentrée du parlement de Bordeaux... 230
— sur les motifs qui doivent nous encourager aux sciences... 245
Éloge du duc de La Force.............................. 254
Discours de réception à l'académie française......... 261
Ébauche de l'Éloge historique du maréchal de Berwick... 267
Pensées diverses...................................... 287
    Portrait de Montesquieu par lui-même............. 288
    Des anciens..................................... 298
    Des modernes.................................... 302
    Des grands hommes de France..................... 305
    De la religion.................................. 308
    Des jésuites.................................... 310
    Des Anglais et des Français..................... 311
    Variétés.. 312
Notes sur l'Angleterre................................ 326
Invocation aux Muses.................................. 342
Poésies. Portrait de madame de Mirepoix.............. 344
    Adieux à Gênes.................................. 345
    Chansons.. 347
    Madrigal.. 349
Lettres familières.................................... 350

FIN DE LA TABLE.

www.ingramcontent.com/pod-product-compliance
Lightning Source LLC
Chambersburg PA
CBHW071405230426
43669CB00010B/1452